초등 6년이 든든해지는 대백과 ③

초등 시사 용어 한 권으로 정복하기

옥효진 선생님의

어린이 시사 용어 대백과

글 옥효진 | 그림 장선영

아울북

저자의 글

여러분은 이 세상에 대해 얼마나 알고 있나요? 그리고 여러분이 알고 있는 세상이 얼마나 크다고 생각하나요?

우리가 살고 있는 세상은 멈춰 있지 않고 계속해서 움직이고 있어요. 그래서 매일매일, 매 순간 매 순간 엄청나게 많은 일이 일어나고 있죠. 새로운 소식이 생기고, 새로운 것이 만들어지고, 예전에는 이랬던 것들이 새롭게 바뀌기도 해요. 사람들은 저마다 자기 생각과 의견을 이야기해요. 이렇게 세상에서 일어나는 소식과 변화를 우리는 '시사'라고 불러요. 시사가 조금 어렵게 느껴질 수 있어요. 어른들만 알아들을 수 있는 이야기처럼 느껴질 수도 있죠. 하지만 시사는 초등학생인 여러분도 친해질 수 있는, 사실 우리가 가까이 와 주기를 기다리고 있는 친구예요.

그런데 여러분이 시사라는 친구와 친해지는 데 방해가 되는 것이 있어요. 바로 어려운 단어가 너무 많다는 거예요. 뉴스를 보거나 어른들의 이야기를 들을 때 이해되지 않는 단어들이 너무 많아 고개를 갸우뚱하거나 알아들을 수 없는 말에 하품이 나온 적이 있을 거예요. 단어의 뜻을 알지 못하면 이야기를 들어도 이해할 수가 없거든요.

그래서 선생님은 여러분이 세상을 이해하는 데 조금이라도 도움을 줘야겠다고 생각했어요. '초등학생들도 시사와 친해질 수 있도록 여러 시사 용어를 모은 책을 만들면 어떨까?'하고 말이죠. 그래서 이 책이 만들어졌어요. 여러분이 알았으면 하는 시사 용어들을 담아봤어요.

이 책에는 꽤 많은 시사 용어가 등장해요. 하지만 이 책에 나오는 모든 단어를 외우거나 완벽하게 기억할 필요는 없어요. 이 책을 처음부터 하나하나 꼼꼼히 읽어 가지 않아도 괜찮아요. 여러분이 평소에 관심 있던 분야의 시사 용어부터 읽어도 괜찮아요. 아니면 아무 곳이나 펼쳐서 나오는 단어를 찾아봐도 좋아요. 사전이란 이름대로 뉴스를 보다, 이야기하다, 책을 읽다 모르는 단어가 나오면 이 책에서 그 단어의 뜻을 찾아봐도 좋아요. 조금씩 조금씩, 가벼운 마음으로 이 책을 곁에 두고 시사 용어와 자주 만나다 보면 어느 순간 그전에는 관심이 가지 않던 뉴스가, 어른들의 이야기가, 책 속의 문장들이 이해돼서 절로 고개를 끄덕이는 순간이 생길 거예요.

세상은 아는 만큼 보이고, 아는 만큼 넓어져요. 여러분이 단어 하나를 새롭게 알게 될 때마다 세상을 보는 창문이 하나씩 더 열리는 셈이에요.

아는 만큼 보이는 세상, 《옥효진 선생님의 어린이 시사 용어 대백과》로 세상을 보는 눈을 키우고 여러분의 세상을 넓혀 보세요.

옥효진 선생님이
넓은 세상으로 나아 갈 여러분에게

PART 1

돈과 회사는 어떻게 움직일까?

PART 2 사람과 지구는 어떻게 살아갈까?

PART 3

나라와 세계는 어떻게 연결될까?

PART 4

문화와 예술은 우리에게 어떤 힘이 될까?

PART 5

과학과 기술은 어떻게 미래를 바꿀까?

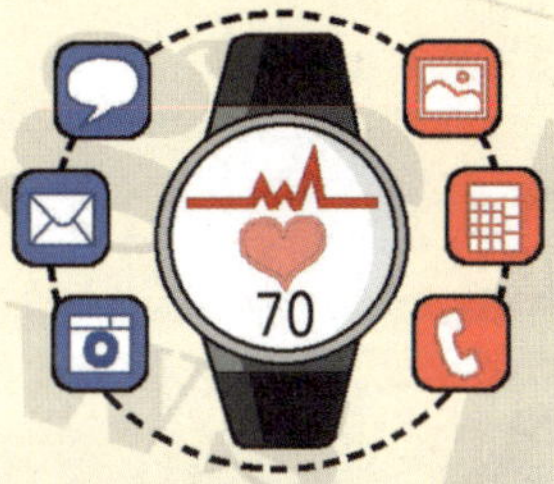
70

20°

NEWS

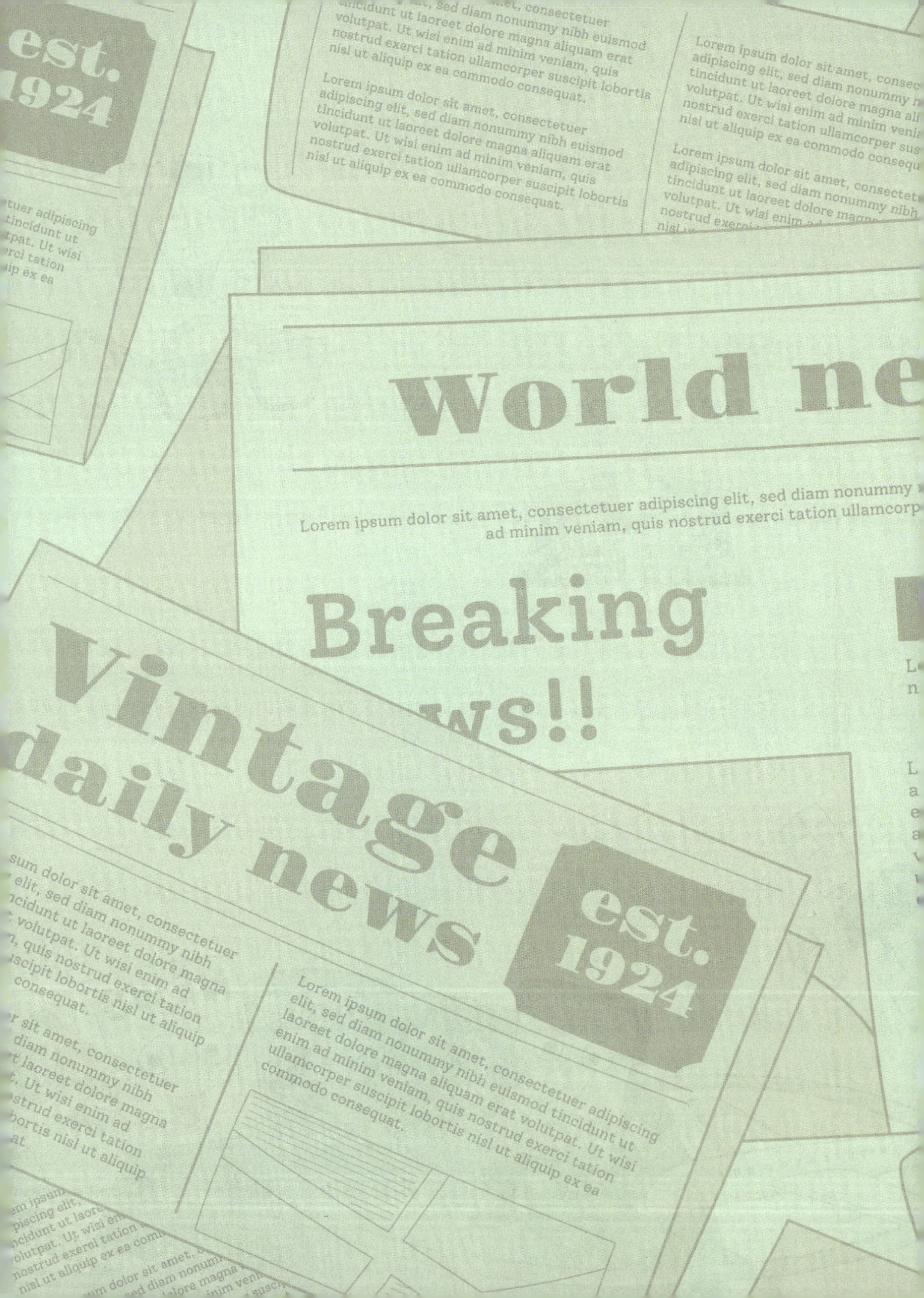
est. 1924
World ne
Breaking
ws!!
Vintage daily news
est. 1924

아울일보

20XX년 X월 XX일 X요일

PART 1

돈과 회사는 어떻게 움직일까?

경제 | 경영 | 금융

경제는 사람들이 살아가는 데 필요한 물건이나

서비스를 사고파는 모든 활동을 말해요.

일상생활에서 경제가 어떻게 흘러가는지 알아볼까요?

1장 경제

경제 | 시장 | 물가 | 수요와 공급 | 세금 | 재화
경제 지표 | 시장을 바라보는 정부의 시선과 인물

키워드	교과 과정	
경제	초등 사회 6-1 중등 사회 2 고등 통합 사회 2	2. 우리나라의 경제 발전 3. 경제생활과 선택 3. 시장 경제와 지속 가능 발전
시장	초등 사회 6-1 중등 사회 2 고등 통합 사회 2	2. 우리나라의 경제 발전 4. 시장 경제와 가격 3. 시장 경제와 지속 가능 발전

경제

경제는 사람들이 살아가는 데 필요한 물건이나 서비스를 만들고, 나누며 사용하는 모든 활동을 말해요.
경제를 모르면 세상을 살아갈 수 없어요. 그게 바로 우리가 경제를 잘 알아야 하는 이유예요.

경제란?

사람들이 생활하면서 필요한 것을 생산하고, 물건을 다른 사람과 분배하고 소비하는 모든 활동을 경제라고 해요. 생산, 분배, 소비는 사회가 안정적으로 유지되기 위한 중요한 조건이에요. 때문에 경제가 잘 돌아가면 사회가 건강하다고 말해요. 반대로 경제에 어려움이 있으면 사회가 불안정할 가능성이 높아요.

경제생활

경제생활이란 우리가 원하는 것을 얻기 위해 돈이나 물건, 시간을 쓰는 모든 행동을 말해요. 농부가 만들고 판 쌀을 사 먹는 것 모두 경제생활이에요. 경제 활동을 하는 3주체로는 가계, 기업, 정부가 있어요. 돈을 벌기 위해 저축하거나 투자하는 것도 경제생활에 속해요. 우리는 한정된 자원 속에서 더 나은 삶을 선택하려 고민하죠. 이런 작은 결정들이 모여 나라 경제에 영향을 준답니다.

경기 침체

경기 침체는 사람들이 소비와 투자를 줄여 나라 경제가 어려워지는 상황을 말해요. 사람들이 돈을 덜 쓰면 기업은 사람을 덜 뽑고 물건도 덜 만들게 돼요. 그러면 실업자가 늘고 사람들의 소비는 더 줄어들어요. 경기 침체가 길어지면 생활이 어려워지기 때문에 정부는 금리(이자)를 낮추는 등 다양한 정책으로 경제를 살리려고 노력해요.

자본주의

자본주의란 사람들이 가진 돈으로 자유롭게 물건을 사고팔며 가게나 회사를 만들 수 있는 경제 사회를 말해요. 자본주의 사회에서는 개인이 이익을 얻기 위한 경제 활동을 하는 걸 긍정적으로 봐요. 이익 추구가 사람들이 일하는 이유가 되고, 소비로 이어져 경제가 활성화된다고 보기 때문이죠.

자본주의 사회에서는 여러 기업이 경쟁하며 더 좋은 상품과 서비스를 만들고 합리적인 가격을 정해요. 덕분에 소비자는 다양한 선택을 할 수 있죠. 하지만 경쟁이 너무 심해지면 문제가 생길 수 있어 정부는 공정한 경쟁이 될 수 있도록 노력해요.

사회주의

사회주의는 개인의 이익보다 사람들이 가진 돈이나 재산을 공평하게 나누는 걸 중요하게 생각해요. 때문에 회사나 땅, 전기, 수도 등을 개인이 아니라 사회 전체가 함께 나누고 관리하는 경우가 많아요. 또 의료나 교육 등의 혜택을 모두가 평등하게 받을 수 있도록 노력해요. 사회주의 사회에서는 모든 사람이 잘살게 하려고 정부가 경제 활동을 조절하고 있어요.

하지만 정부의 제한이 많아지면 개인의 자유로운 활동이 줄어들어요. 또 사회주의 사회는 개인이 재산을 가지는 걸(사유 재산) 허락하지 않아요. 이러면 사람들이 일하고자 하는 의지가 없어지기도 해요. 그러면 점차 경쟁이 줄어들어 물건이나 서비스의 질이 떨어진다는 단점이 있답니다.

시장

시장은 사람들이 물건이나 서비스를 사고팔며 경제 활동이 일어나는 모든 장소를 말해요. 장소는 종류에 따라 눈에 보이기도 하고, 눈에 보이지 않기도 해요. 시장의 모습은 시대와 기술에 따라 달라지고 있어요.

시장의 탄생

시장은 물건을 사고파는 장소를 말해요. 이러한 시장이 생기려면 몇 가지 조건이 필요해요. 첫째, 물건을 사고 싶은 사람과 팔고 싶은 사람이 있어야 해요. 이를 수요와 공급이라고 해요. 둘째, 사람들이 오고 가며 물건을 판매할 수 있는 장소가 필요해요. 전통적인 시장은 직접 만나서 거래하지만 요즘은 온라인을 활용하는 사람이 많아졌어요.

셋째, 거래에 필요한 화폐가 있어야 해요. 과거에는 물건과 물건을 바꾸는 물물 교환을 했지만 화폐가 등장하면서 교환이 훨씬 쉬워졌어요. 화폐는 모든 사람이 가치를 인정하는 수단으로, 시장에서 물건을 사고파는 데 꼭 필요해요. 넷째, 규칙과 신뢰가 필요해요. 시장이 잘 운영되려면 서로를 믿을 수 있어야 해요. 이러한 믿음은 약속으로 생기기도 하지만 법으로 정해 두기도 한답니다.

다양한 시장

시장은 물건을 사고파는 방법이나 규모에 따라 여러 종류로 나눌 수 있어요. 먼저 시장은 전통 시장이나 대형 마트처럼 사람끼리 직접 만나서 물건을 사고파는 '오프라인 시장'과 인터넷을 통해 물건을 구매하는 '온라인 시장'으로 나눌 수 있어요. 또 한 나라 안에서 물건이 오고 가는 '내수 시장'과 나라와 나라 사이에 사고파는 '해외 시장'으로 나누기도 해요. 이뿐만 아니라 경쟁이 치열한 '완전 경쟁 시장', 일부 기업이나 개인이 시장을 차지하는 '독점 시장', '독과점 시장' 등도 있어요. 이처럼 다양한 시장은 우리 삶을 풍요롭게 만들고 경제를 활발하게 해 준답니다.

오프라인 시장

오프라인 시장은 사람들이 직접 찾아가서 물건을 고르고 계산하는 시장을 말해요. 옛날에는 동네마다 3일장, 5일장 등 일정한 날에만 열리는 '정기 시장'이 있었어요. 그런데 사람들이 모여 살기 시작하면서 정기 시장이 매일 열리는 '상설 시장'으로 바뀌었어요. '전통 시장(재래시장)'은 상인이 물건을 늘어놓고 물건을 사려는 손님과 가격을 흥정하는 게 특징이에요. 사람들의 생활 방식이 바뀌면서 시장의 모습도 많이 변했어요. 정해진 건물에서 문을 열어 물건을 판매하는 슈퍼마켓과 대형 마트의 수가 많이 늘어났거든요. 특히 대형 마트는 주차하기 편리한 데다가 원하는 물건을 쉽고 저렴하게 구매할 수 있어 많은 사람이 찾는 오프라인 시장이에요.

온라인 시장

인터넷을 통해 물건이나 서비스를 사고파는 것을 온라인 전자 상거래(이커머스)라고 말해요. 아마존이나 쿠팡처럼 스마트폰이나 컴퓨터로 온라인 쇼핑몰에 접속하고, 물건을 골라 결제해 택배로 받는 모든 과정이 온라인 전자 상거래에 해당해요. 온라인 전자 상거래는 집에 누워서도 편하게 쇼핑할 수 있고, 해외에서 판매하는 물품을 사거나 다른 쇼핑몰과 쉽게 가격을 비교할 수 있다는 장점이 있어요. 하지만 물건을 직접 보지 못하고 사기 때문에 물건의 상태가 내가 생각한 것과는 다를 수도 있다는 단점이 있어요. 이를 예방하기 위해서는 제품 설명을 잘 확인하거나 제품을 구매한 사람들의 후기를 잘 봐야 해요.

내수 시장

내수 시장은 한 나라 안에서 사람들이 생산하고 소비하는 모든 경제 활동을 말해요. 내수 시장이 튼튼하면 경제가 안정되고 일자리가 많아져요. 그래서 우리나라를 포함한 대부분 나라는 내수 시장을 안정적으로 키우기 위해 노력해요.

하지만 내수 시장에서 소비할 수 있는 경제 활동은 한정돼 있어요. 게다가 내수 시장에만 집중하면 다른 나라와의 거래를 놓칠 수도 있죠. 따라서 나라가 안정적으로 성장하기 위해서는 내수 시장만큼이나 다른 나라와 거래하는 것도 중요해요.

플리 마켓

하나 더 알아보기

플리 마켓(벼룩 시장)은 사람들이 직접 만든 물건이나 중고 물품을 자유롭게 사고파는 시장을 말해요. 예전의 플리 마켓은 일부 사람들이 모여 직접 만든 물품이나 구매한 후에 사용한 적이 없는 물품 등을 사고파는 곳이었어요. 하지만 오늘날에는 많은 사람이 각자에게 의미 있는 제품을 사고팔며 물건에 얽힌 이야기를 나누고 특별한 의미를 찾는 문화 공간이 됐어요. 최근에는 어린이 플리 마켓, 반려동물 플리 마켓처럼 특정 주제를 정한 플리 마켓이 열리기도 해요.

완전 경쟁 시장

완전 경쟁 시장은 공급자와 수요자가 많아서 시장 가격에 아무런 영향을 줄 수 없는 시장을 말해요. 이 경우 상품의 품질이 거의 똑같아서 소비자는 어떤 물건을 사도 큰 차이가 없어요. 때문에 소비자의 마음을 끌어당기려면 가격을 조정할 수밖에 없죠. 그러면 가격 경쟁력이 떨어지기 때문에 기업은 쉽게 가격을 내리거나 올리지 못해요.

이 시장에서는 가게를 열고 싶다면 누구든 쉽게 열 수 있고, 그만두고 싶으면 언제든 그만둬도 돼요. 또 시장에 관한 정보가 모두에게 공개돼 있어서 가격이나 품질에 대한 정보를 쉽게 알 수 있어요. 겉으로 보면 완벽한 시장으로 보이지만 이런 조건을 모두 갖춘 시장은 현실에서 찾아보기 힘들어요.

독과점 시장

독과점 시장은 물건이나 서비스를 판매하는 공급자가 혼자이거나 아주 적어서 치열한 경쟁이 거의 없는 시장을 말해요. 독과점 시장은 공급자가 안정적으로 수익을 낼 수 있는 만큼 수익을 바탕으로 제품이나 서비스의 품질을 높일 수 있어요. 그러면 소비자의 만족도가 높아질 수 있죠. 하지만 기업이 서비스 품질을 관리하지 않거나 더 많은 이익을 위해 가격을 올리기도 해요. 이를 막기 위해 정부는 반독점법 등을 만들었어요. 자본주의 사회에서 건강한 시장을 만들기 위해서는 서로 경쟁하는 것이 중요하다고 판단한 거예요.

옥쌤의 시사 상식

독과점이란?

독과점은 독점과 과점을 함께 이르는 말이에요. 독점은 어떤 상품을 하나의 기업이 독차지한 것을 말해요. 한 기업이 어떤 상품에 대한 시장을 50퍼센트 이상 차지하고 있으면 독점 기업이라고 해요. 반면 과점은 경쟁자가 있지만 아주 적은 경우를 말해요. 세 개 이하의 회사가 전체 시장의 75퍼센트 이상을 차지하고 있으면 과점이라고 한답니다.

물가

물가는 사람들이 사고파는 물건이나 서비스의 가격을 말해요. 물가는 나라의 경제가 건강한지 살펴볼 때 아주 중요한 기준이 돼요. 물가가 오르면 생활비가 많이 들고, 물가가 내리면 소비되는 금액의 크기가 줄어들기 때문이에요.

장바구니 물가

장바구니 물가란 한 끼 식사를 준비하기 위해 사는 쌀이나 채소, 고기, 우유처럼 기본적인 식품의 가격을 말해요. 집에서 사용하는 밥상과 연결해 '밥상 물가'라고도 하죠. 장바구니 물가를 말할 땐 특정 식품만을 말하지 않아요. 농산물, 수산물, 축산물 등 전체 식품의 가격을 뜻하거든요. 장바구니 물가는 계절이나 날씨, 자연재해 등 식품의 가격에 영향을 주는 이유로 인해 달라지곤 해요. 장바구니 물가가 오르면 장을 볼 때 필요한 돈이 늘어 가정 경제에 부담이 커진답니다.

생산자 물가 지수

생산자 물가 지수(PPL)는 기업이 상품이나 서비스를 생산하고 판매할 때 받는 가격이 얼마나 오르고 내렸는지를 알려 주는 수치를 말해요. 이 지표는 소비자 물가 지수(CPI)보다 먼저 오르내릴 때가 많아서 앞으로 물가가 어떻게 변할지를 알 수 있어요. 예를 들어 철강이나 밀가루 같은 원자재 가격이 오르면 이를 활용해 만드는 제품들의 생산 비용도 오르게 돼요. 그렇게 되면 결국 소비자가 사는 가격도 오를 수밖에 없게 되는 거죠. 때문에 정부는 생산자 물가 지수를 바탕으로 소비자 물가가 어떻게 움직일지 예상하고 미리 대응하는 정책을 준비해요. 생산자 물가 지수는 매달 한국은행에서 발표하고 있어요.

빅맥 지수

빅맥 지수는 맥도날드에서 판매하는 '빅맥 햄버거' 1개의 가격을 세계 여러 나라에서 비교해 각 나라의 통화(화폐)와 물가가 어떻게 움직이는지를 알 수 있는 수치를 말해요. 영국의 경제 잡지 '이코노미스트'에서 분기마다 빅맥 지수를 발표하고 있어요.

우리나라의 빅맥 햄버거 가격이 5,000원이고, 미국에서 5달러라면 1달러는 1,000원에 해당해요. 그런데 만약 1달러가 1,000원보다 높거나 낮다면 어느 한쪽 나라의 통화와 물가 지수가 높거나 낮다고 볼 수 있죠. 물론 빅맥 지수에도 한계가 있어요. 나라마다 인건비나 임대료, 세금, 정부 규제가 다르기 때문이에요. 그래도 빅맥 지수는 환율이나 물가 수준을 쉽게 이해하는 데 도움이 되는 재미있는 지표로 널리 사용되고 있어요. 최근에는 스타벅스의 카페라테 가격을 통해 통화와 물가를 알아보는 '스타벅스 지수(카페라테 지수)', 애플의 '아이폰 지수'와 같은 다양한 지표들이 생겨났어요.

실질 소득

실질 소득은 사람들이 실제로 사용할 수 있는 돈의 가치를 말해요. 단순히 통장에 들어오는 월급 등 수입만 보는 것이 아니라 물가를 고려해서 계산한 금액이에요. 예를 들어 이번 달 월급이 지난달보다 올랐다고 해도 물가가 월급보다 더 올라갔으면 실질 소득은 줄어들었다고 할 수 있어요. 손에 쥔 돈의 액수가 늘었으나 경제 수준은 나아지지 않은 거죠. 반대로 이번 달 월급이 지난달과 똑같다고 해도 지난달보다 물가가 내렸으면 실질 소득이 늘어났다고 봐요. 이처럼 실질 소득은 국민의 생활 수준을 알 수 있는 중요한 기준이에요.

공공요금

공공요금은 전기나 가스, 수도, 대중교통처럼 사람들이 생활하는 데 꼭 필요한 공공 서비스에 대해 내는 요금을 말해요. 보통 공공요금은 정부나 지방 자치 단체가 정해요. 장바구니 물가처럼 요금의 변화가 자주 일어나진 않지만 한 번 올라가면 많은 사람의 생활비에 큰 영향을 줄 수 있어요. 그래서 정부는 공공요금을 올리기 전 많은 요소들을 생각해요.

옥쌤의 시사 상식

수도세는 세금이 아니라고요?

혹시 수도세라는 말을 들어본 적이 있나요? 수도세는 수돗물을 사용하고 내는 요금을 말해요. 마치 세금을 내는 것처럼 느껴지기 때문에 수도세라고 많이 부르죠. 하지만 세금은 국가나 지방 자치 단체가 재정 운영을 위해 강제적으로 거둬들이는 돈이에요. 반면 수도세는 내가 물을 사용한 대가로 내는 사용료예요. 그렇기 때문에 수도세는 세금이 아니라 공공요금, 즉 공과금이랍니다.

인플레이션

인플레이션(물가 상승)은 물건이나 서비스의 가격이 계속 올라서 돈의 가치가 떨어지는 현상을 말해요. 같은 돈으로 살 수 있는 물건의 양이 줄어들거나 사지 못하게 되는 거죠. 1인분에 3,000원이던 떡볶이가 3,500원이 돼서 살 수 없게 된 거예요. 3,000원이란 숫자가 달라지지 않았지만 3,000원이 가진 금액의 가치는 떨어진 거죠. 적당한 인플레이션은 경제가 건강하게 성장하고 있다는 신호지만 계속되면 생활비 부담이 커지고 경제가 불안해질 수 있어요.

디플레이션

디플레이션(물가 하락)은 물건과 서비스의 가격이 계속해서 떨어지는 현상을 말해요. 디플레이션이 일어나면 소비자들은 물건이나 서비스를 싸게 사거나 이용할 수 있어서 좋을 수 있어요. 하지만 물건이나 서비스를 만드는 생산자는 돈을 많이 벌지 못하죠. 그러면 기업은 물건을 덜 만들거나 물건을 만드는 데 필요한 사람을 줄여야 해요. 결국 그 피해는 소비자에게까지 오게 돼요. 이런 현상이 길어지면 경기 침체까지 올 수 있어요. 때문에 물가가 계속 떨어지는 것은 경제에 좋지 않은 신호로 받아들여져요.

스태그플레이션

스태그플레이션(고물가 경기 침체)은 경기가 성장하지 못하는 데도 물가는 계속 오르는 현상을 말해요. 보통 경제가 나빠지면 소비가 줄어 경쟁력을 확보하기 위해 물가를 내려요. 하지만 스태그플레이션이 일어나면 그렇지 않아요. 물가는 오르는데 일자리는 줄어 사람들의 생활이 점점 더 어려워지죠. 인플레이션이나 디플레이션보다 더 위험한 상황이에요.

수요와 공급

물건과 서비스를 만들거나 파는 사람이 있으면 그것을 사거나 소비하고 싶은 사람도 있어요. 이때 사거나 소비하고 싶은 마음을 '수요', 사려는 사람을 '수요자'라고 해요. 반대로 만들거나 팔고 싶은 마음을 '공급', 팔려는 사람을 '공급자'라고 해요.

수요와 공급 법칙

수요와 공급의 법칙은 시장에서 가격과 거래량이 어떻게 결정되는지를 알려 줘요. 보통 어떤 물건의 가격이 오르면 사람들이 사려는 마음(수요)은 줄어들고 팔려는 마음(공급)은 늘어나요. 수요자가 가진 돈은 정해져 있는데 사고 싶은 물건의 가격이 오르면 다른 물건을 사지 못하거나 적게 사야 하기 때문이에요.

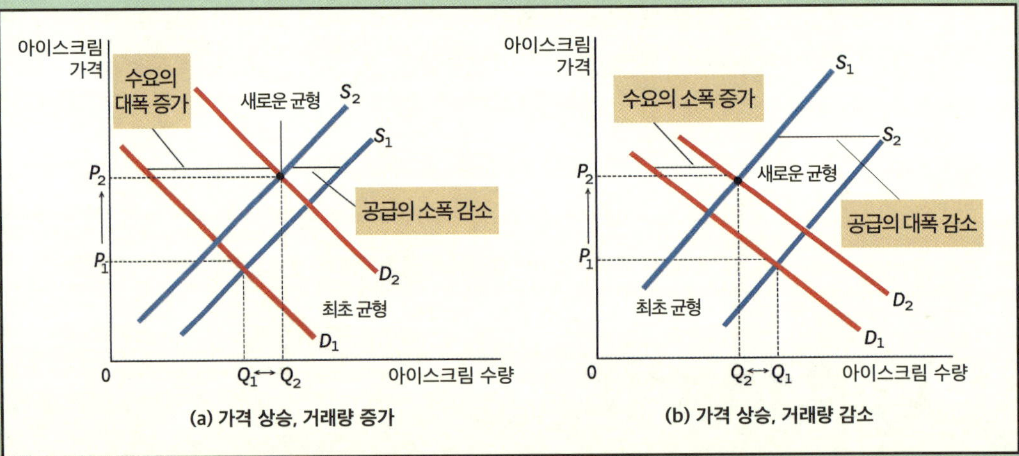

이 경우 공급자는 같은 개수를 팔아도 손에 쥐는 금액이 많으니까 이득이 될 수 있어요. 반대로 물건의 가격이 내려가면 사고 싶은 사람은 많아지고 팔려는 사람은 줄어들게 돼요. 이처럼 수요와 공급이 서로 영향을 주고받으며 균형 있는 가격을 결정하는 것을 '균형 가격' 혹은 '시장 가격'이라고 해요.

희소성

희소성은 어떤 자원을 원하는 사람들의 마음을 모두 만족시킬 만큼 자원이 충분하지 않아서 발생하는 현상을 말해요. 보통 희소한 자원은 수요가 늘어나고 공급이 제한돼서 가격이 오르게 돼요. 예를 들어 한여름에 A 가게의 아이스크림을 원하는 사람은 10명인데 아이스크림이 1개뿐이라면 이 아이스크림은 희소성을 가져요. 이때 A 가게 주인은 아이스크림을 원래 가격대로 팔아도 되지만 기존보다 가격을 올려서 팔기도 해요. 가격이 올라도 살 사람이 있기 때문이죠.

희소성의 대표적인 예로 명품을 들 수 있어요. 명품은 가격이 비싸면서도 같은 물건의 수가 아주 적다는 특징이 있어요. 사람들이 명품을 구매하는 이유는 품질이 좋아서이기도 하지만, 희소성 있는 물건을 손에 쥐었다는 특별함이 자신을 더 돋보이게 만들기 때문이기도 해요. 이처럼 다른 사람에게 과시하기 위해 가격이 비쌀수록 물건을 사려는 사람이 많아지는 현상을 '베블런 효과'라고 해요.

암표

암표는 미리 산 표를 정해진 가격보다 더 비싸게 되파는 행위를 말해요. 보통 정해진 가격보다 비싼 가격으로 표를 사려고 하지는 않지만 암표의 유혹에 흔들리기도 해요. 암표를 파는 사람들은 이러한 마음을 이용하려 해요. 암표는 정당하지 않고 다른 사람들의 기회를 빼앗기 때문에 사회적인 문제로도 볼 수 있어요. 실제로 암표는 공정한 거래를 방해하기 때문에 많은 나라에서 불법으로 정해 놓았어요.

사재기

사재기는 어떤 물건이 없어질까 봐 사람들이 한꺼번에 많이 사들이는 행동을 말해요. 수요가 급격히 늘면 공급이 따라가지 못해 가격이 오를 수 있어요. 예를 들어 코로나19 초기엔 마스크 수요가 급등해 가격이 크게 올랐고, 이를 비싸게 되파는 일도 있었어요. 정부는 이런 문제를 막기 위해 판매 수량이나 가격을 제한하기도 해요.

세금

세금은 나라가 잘 운영될 수 있도록 국민이 내는 돈을 말해요. 국가는 모은 세금으로 국민이 안전하고 편리하게 살아갈 수 있도록 해요.

세금의 역할

세금은 크게 세 가지 역할을 해요. 첫째, 우리가 다니는 학교나 아플 때 가는 병원, 비가 와도 편하게 다닐 수 있는 도로 등 공공시설을 만드는 데 세금을 사용해요. 둘째, 경찰관이나 소방관, 군인처럼 나라를 지키거나 국민을 도와주는 사람들의 월급을 세금으로 줘요. 셋째, 세금은 어려운 사람을 돕는 복지 사업에 사용돼요. 돈을 많이 벌지 못하는 사람도 국가에서 살아가는 데 최소한의 혜택을 받을 필요가 있기 때문이에요. 그래서 세금은 '나라 살림의 뿌리'라고도 불러요.

국세와 지방세

세금은 쓰이는 곳에 따라 국세와 지방세로 나뉘어요. 국세는 나라 전체를 위해 쓰이는 세금이에요. 국세는 국가의 예산 수입으로 사용돼요. 한 지역이 아니라 국가의 경제 발전 및 국민의 복지를 지원하는 데 중점을 두고 있어요. 부가 가치세, 소득세, 관세 등이 국세에 속해요. 일반적으로 국세청, 관세청 등 중앙 정부 기관에서 세금을 거둬요.

지방세는 자신이 사는 지역을 위해 걷는 세금이에요. 지방세는 지역 주민들의 생애와 복지를 보장하기 위해 쓰여요. 예를 들어 지역 내의 도서관, 공원 등을 짓거나 관리하는 데 사용돼요. 일반적으로 시청, 구청, 도청 등 지방 관청에서 세금을 거둬요. 이처럼 국세와 지방세는 서로 다른 목적을 가지지만, 모두 국민의 생활을 더 나아지게 한다는 공통점이 있어요.

예산안

예산안은 정부가 1년 동안 어디에 얼마만큼 돈을 쓸지 미리 계획해 놓은 것을 말해요. 복지 사업에는 얼마를 쓸지나 공공시설을 짓는 데는 얼마를 쓸지, 군대를 유지하는 데는 얼마나 쓸지 등 다양한 계획이 포함돼요. 정부가 예산안을 국회에 제출하면 국회는 꼼꼼하게 살펴본 뒤 예산안을 받아들이거나 수정해요. 이러한 과정 끝에 국민의 세금이 함부로 낭비되지 않고 필요한 곳에 잘 쓰일 수 있어요.

복지

복지는 모든 국민이 건강하고 행복하게 살 수 있도록 나라가 도움 주는 것을 말해요. 복지가 있어야 사람들이 공공시설을 편하게 사용할 수 있고, 환자는 병원비를 걱정하지 않고 치료를 받을 수 있어요. 복지는 모든 사람들에게 제공되지만 그 중 경제적으로 어려운 사람들에게는 꼭 필요한 지원이에요. 복지 서비스를 운영하기 위해서 정부는 세금을 걷어요. 이처럼 세금은 더 나은 세상을 만드는 데 쓰이는 소중한 자원이에요.

면세

보통 물건을 사거나 서비스를 이용할 때 세금이 붙어요. 그런데 특별한 조건에서는 어떤 물건이나 서비스에 세금을 내지 않아도 돼요. 이러한 제도를 면세라고 해요. 예를 들어 면세점에서 물건을 살 때 일정 금액 안에서는 세금 없이 물건을 살 수 있어요. 또 생필품이나 의료, 교육 서비스처럼 많은 사람에게 꼭 필요한 것에도 세금을 붙이지 않아요. 이처럼 면세는 사람들의 생활비를 줄이고 필요한 소비를 돕도록 한답니다.

옥쌤의 시사 상식

우리는 언제 세금을 내나요?

우리나라 국민이라면 세금을 내야 하는 '납세의 의무'를 지니고 있어요. 때문에 우리는 돈을 벌 때(소득세), 재산을 갖고 있을 때(재산세), 물건을 살 때(부가 가치세), 재산을 물려받았을 때(상속세) 등 다양한 형태로 세금을 내요.

재화

재화는 우리가 쓰거나 소비할 수 있는 모든 물건이나 자원을 말해요. 옷이나 음식, 스마트폰처럼 눈에 보이고 만질 수 있는 것도 있고, 공기나 햇빛처럼 만질 순 없어도 쓸 수 있는 것이 있어요.

경제재

경제재는 희소성을 가진 재화로 사람들이 경제재를 사용하기 위해서는 돈이나 시간 등 일정한 대가를 치러야 해요. 우리 주위에서 흔히 볼 수 있는 식품이나 의류, 장난감, 책, 자동차, 아파트 등이 경제재에 속해요. 경제재는 만들어지는 숫자가 한정돼 있어요. 생산하는 과정에서 시간이나 돈, 노동력 등이 필요하기 때문이에요. 반대로 햇빛, 공기, 물 등 누구나 자유롭게 쓸 수 있고 숫자가 한정되지 않는 재화를 자유재라고 해요.

필수재와 사치재

필수재는 사람들이 생활하는 데 꼭 필요한 재화를 말해요. 예를 들면 쌀, 물, 휴지, 비누 같은 것들이에요. 이런 재화는 대체재를 대신 사용할 수 있지만 오랜 시간 사용하긴 어려워요. 그래서 필수재는 가격이 조금 오르거나 생산에 잠시 문제가 생겨도 계속 구매하게 돼요.

사치재는 있으면 좋지만 없어도 크게 상관이 없는 것으로, 경제적으로 여유가 있을 때 구매하는 재화예요. 명품 가방이나 고급 스포츠카, 비싼 아파트 등이 있어요. 사치재는 보통 가격이 비싸지만 희소성이 있는 만큼 가격이 올라도 사려는 사람들이 있어요.

대체재

대체재는 비슷한 역할을 해서 서로 바꿔 써도 괜찮은 재화를 말해요. 밥 대신 빵과 죽 등을 먹거나, 사이다 대신 콜라와 우유 등을 마실 수 있죠. 이때 빵, 죽, 콜라, 우유 등을 대체재라고 해요. 사람들은 어떤 재화의 가격이 오르거나 제품의 생산에 문제가 생기면 대체재를 대신 사용해요. 이처럼 대체재는 소비자의 선택을 넓혀 주고 시장 가격에도 긍정적인 영향을 미쳐요. 대체재가 많을수록 한 제품에만 의존하지 않아도 되기 때문에 현명한 소비를 할 수 있어요.

생필품

생필품은 일상생활에 꼭 필요한 물건들을 말해요. 쌀, 물, 휴지, 치약처럼 필수재가 생필품이기도 해요. 샴푸나 물티슈, 마스크 등 필수재는 아니지만 없으면 생활이 불편해지는 것도 생필품이라 할 수 있어요. 생필품의 가격이 오르거나 생산이 제대로 안 되면 많은 사람이 불편을 겪기도 해요. 코로나19 같은 특수한 상황이 오면 생필품을 사재기하는 일이 생겨요. 이 경우 정부는 생필품 생산과 가격을 안정시키기 위해 노력한답니다.

중고 거래

하나 더 알아보기

중고 거래는 누군가 쓰던 물건을 다른 사람에게 파는 거래를 말해요. 책이나 옷, 전자제품 등 다양한 물건으로 거래할 수 있어요. 예전엔 인터넷 카페를 이용했지만 요즘은 전용 애플리케이션을 통해 쉽게 사고팔아요. 중고 거래는 자원을 아끼고 쓰레기를 줄이는 데 도움이 돼요. 또 파는 사람은 돈을 벌고 사는 사람은 저렴하게 살 수 있죠. 다만 판매자의 신뢰도에 따라 문제가 생길 수 있는 만큼 주의가 필요해요.

경제 지표

경제 지표는 나라 경제의 건강 상태를 숫자로 보여 주는 중요한 자료예요. 이런 지표를 보면 경제가 잘 돌아가고 있는지, 어려운 상황인지를 알 수 있어요.

국내 총생산과 국민 총생산

국내 총생산(GDP)은 1년 동안 한 나라에서 벌어들인 돈을 모두 합친 거예요. 만든 사람의 국적에 상관없이 우리나라에서 생산된 것이라면 모두 국내 총생산에 포함돼요. 국내 총생산이 높으면 경제가 활발하고 사람들이 돈을 많이 벌고 쓴다는 뜻이에요. 반대로 낮으면 경제가 어려울 수 있어요. 국내 총생산은 세계 여러 나라에서 경제 수준 및 성장 속도를 판단하는 데 중요한 기준으로 삼아요.

국민 총생산(GNP)은 1년 동안 한 나라의 국민이 만들어 낸 돈을 모두 합친 거예요. 우리나라 국민이 만들어 낸 것만 국민 총생산이기 때문에 우리나라에 있는 외국인이 만들어 낸 돈은 국민 총생산에 포함되지 않아요.

경제 성장률

경제 성장률은 나라 전체 경제가 얼마나 성장했는지 나타낸 수치를 말해요. 경제 성장률이 높다는 것은 사람들이 많이 생산하고 소비한다는 뜻이에요. 이는 경제가 잘 돌아가고 있다고도 볼 수 있어요. 반대로 경제 성장률이 낮아지고 있거나 마이너스가 되면 일자리와 소비가 줄어 경제에 빨간불이 들어왔다고도 볼 수 있어요.

소비자 물가 지수

소비자 물가 지수(CPI)는 사람들이 자주 사는 물건이나 서비스 가격이 얼마나 오르고 내렸는지를 알려 주는 숫자를 말해요. 사람들이 주로 소비하는 식비나 의류비, 주거비, 교육비 등의 가격 변화를 조사해서 숫자화 해요. 소비자 물가 지수가 오르면 생활비가 늘어났다고 볼 수 있으며 인플레이션이 일어날 거라고 예상할 수도 있어요.

실업률

실업률은 일할 수 있는 사람 중에서 일자리를 제대로 구하지 못한 사람들의 비율을 말해요. 예를 들어 15세 이상의 사람 중 돈을 벌 수 있는 사람의 수가 100명인데 그중 일자리를 제대로 구하지 못한 사람이 5명이면 실업률은 5퍼센트예요.

보통 경제가 활발하면 일자리가 많아져 실업률이 낮아지고, 경제가 어려우면 일자리가 줄어 실업률이 높아져요. 실업률이 높아지면 소비가 줄고 기업들도 투자에 신중해지므로 경제가 더 나빠질 확률이 높아요. 때문에 정부는 실업률을 낮추기 위해 공공 일자리를 만들거나 일자리를 만드는 기업에 혜택을 지원하는 등의 다양한 정책을 펼쳐요.

유가

유가는 석유의 가격을 말해요. 석유는 자동차 연료뿐만 아니라 공장을 운영하거나 집에서 난방을 트는 등 많은 곳에 사용해요. 우리나라는 국민의 수에 비해 자동차 수가 많아 유가에 민감하게 반응하는 편이에요. 석유는 물건을 만들 때 다양하게 활용되는 만큼 유가가 오르면 물건의 가격도 같이 오를 수 있어요. 세계 경제 상황이나 기름을 생산하는 국가들의 결정에 따라 유가는 크게 변하곤 해요. **유가가 갑자기 크게 오르거나 내려 세계 경제에 큰 영향을 주는 것을 '오일 쇼크'**라고 한답니다.

금리

금리는 사람들이 은행에서 돈을 빌리거나 저축할 때 붙는 이자율을 말해요. 이자란 돈을 빌려 쓴 대가로 치르는 일정한 비율의 돈이에요. 금리는 금리 체계의 기준이 되는 '기준 금리'에 의해 결정돼요. 기준 금리가 올라가면 저축할 때의 이자 비율이 높아져 저축을 하는 사람들이 많아져요. 하지만 대출 이자도 올라 돈을 빌리기 어려워지고 소비가 줄어들 수 있어요. 반대로 기준 금리가 내려가면 대출이 쉬워져 사람들이 돈을 더 쓰거나 투자할 수 있지만 저축을 하는 사람들은 적어질 수 있어요.

시장을 바라보는 정부의 시선과 인물

정부는 법을 만들고 세금을 걷으며 나라를 운영하는 데 아주 중요한 역할을 해요. 그런데 경제 활동에 있어서 정부가 얼마나 관심을 갖고 얼마나 개입해야 하는지에 대해 바라보는 시선이 다르기도 해요.

큰 정부와 작은 정부

시장을 바라보는 정부의 시선으로는 크게 큰 정부와 작은 정부가 있어요. 큰 정부는 정부가 적극적으로 경제에 개입해야 한다는 거예요. 여러 가지 이유로 소득 차이가 발생하기 때문에 정부가 중간에서 조절 역할을 해야 공정하고 안정적인 사회가 된다고 생각한 거죠. 정부가 세금을 걷어 복지를 늘리고 공공 일자리를 많이 만드는 등 경제를 살리기 위해 정부가 많은 관여를 하는 게 큰 정부예요. 하지만 정부의 지나친 개입은 경제의 활력을 떨어뜨린다는 단점이 있어요.

작은 정부는 정부의 역할을 최대한 줄이자는 거예요. 정부가 시장에 너무 많이 관심을 가지면 사람들과 기업이 자유롭게 경제 활동을 하는 데 방해가 된다고 생각한 거죠. 작은 정부는 정부의 역할을 줄여 사람들이 자유롭게 활동을 해야 한다고 생각해요. 하지만 그렇게 되면 사람들의 경쟁하는 힘이 줄어들어 경제 흐름에 문제가 발생할 수 있다는 단점이 있어요.

옥쌤의 시사 상식

큰 정부와 작은 정부 정책은 언제 실시됐나요?

정부는 경제 상황에 따라 큰 정부와 작은 정부 정책을 선택하곤 해요. 1930년대에 경제 대공황으로 인한 시장 실패를 극복하기 위해 미국의 루스벨트 대통령이 실시한 뉴딜 정책이 대표적인 큰 정부 정책이에요. 1970년대에 이르러 정부의 지나친 간섭으로 인해 시장의 경제의 효율성이 떨어져 '정부 실패'가 일어나자 작은 정부 정책이 실시됐어요.

애덤 스미스

작은 정부를 설명할 때 대표적으로 이야기되는 인물이 영국의 철학자이자 경제학자인 애덤 스미스예요. 스미스는 '경제학의 아버지'라고 불릴 만큼 경제학에서 유명한 사람이에요. 특히 그가 쓴《국부론》은 경제학을 공부하는 사람이라면 필수로 읽어야 하는 책 중 하나기도 하죠. 스미스는 국가가 부유해지면 사람들이 잘살 수 있을 거라고 생각했어요. 그래서 어떻게 하면 국가가 경제적으로 성장할 수 있을지 늘 고민했죠. 그 결과 경제가 발전하려면 정부의 개입을 최소화해 시장의 자율적 기능에 맡겨야 한다고 주장했어요. 사람들이 각자 자기 이익을 위해 열심히 일하고 물건을 만들면 결국 사회 전체가 잘살게 되는 거예요. 또 스미스는 정부의 간섭이 많을수록 문제가 발생할 수 있다고 여겼어요. 그래서 물건을 얼마나 만들지 그 물건의 값이 얼마일지를 시장이 알아서 조절하도록 놔두는 게 좋다고 했죠. 만약 시장에 문제가 생기면 '보이지 않는 손'이 개입해서 문제를 해결할 거라 했어요. 시장에서의 자율적인 경쟁을 통해 자연스럽게 시장의 균형이 맞춰진다는 거예요. 이러한 스미스의 생각은 오늘날 자본주의에 많은 영향을 주었어요.

존 메이너드 케인스

큰 정부를 설명할 때 대표적으로 이야기되는 인물이 영국의 경제학자인 존 메이너드 케인스예요. 케인스는 애덤 스미스보다 훨씬 뒤인 1900년대 초에 활동했는데 그 시기에는 많은 나라가 '대공황'을 겪고 있었어요. 대공황이란 역사적으로 기록될 만큼 큰 경제 위기를 말해요. 대공황 때 많은 사람이 일자리를 잃었고 굶는 사람도 많았어요. 나라 전체가 정말 힘든 상황이었죠. 케인스는 이러한 위기를 해결하기 위해 시장에 경제를 맡겨 두는 것이 아니라 정부가 적극적으로 나서야 한다고 말했어요. 정부가 돈을 써서 도로를 만들거나 학교를 짓는 일을 하면 사람들이 그 일자리를 통해 돈을 벌게 되고, 그 돈으로 물건을 사면서 경제가 다시 살아날 수 있다고 생각한 거죠. 케인스는 이를 통해 경제적인 안정성을 유지하고 국민들의 복지를 보장할 수 있다고 보았어요. 이러한 이론을 '수정 자본주의' 또는 '케인스주의'라고도 불러요.

경영은 계획을 세워 가게나 회사가
더 잘되도록 만드는 활동을 말해요.
경영이 우리의 삶에 어떤 영향을 미치는지 알아봐요.

2장
경영

경영 | 기업 | 주식회사 | 경영 전략 | 기업 전략 | 마케팅
브랜드 | 경영 방식이 다른 두 경영자

키워드	교과 과정	
경영	초등 사회 6-1 중등 사회 2 고등 통합 사회 2	2. 우리나라의 경제 발전 3. 경제생활과 선택 3. 시장 경제와 지속 가능 발전
기업	초등 사회 6-1 중등 사회 2 고등 통합 사회 2	2. 우리나라의 경제 발전 4. 시장 경제와 가격 3. 시장 경제와 지속 가능 발전

경영

경영은 제조나 연구 개발, 마케팅, 판매, 재무 등 회사나 조직을 잘 이끌어가기 위해 하는 모든 활동을 말해요. 경영을 어떻게 하느냐에 따라 조직의 미래가 결정돼요. 경영이 제대로 이뤄지지 않으면 조직은 모래성처럼 무너질 수 있어요.

경영이란?

어떤 일을 잘하려면 무작정 열심히 하기보다 계획을 세우고 실천하는 게 중요해요. 예를 들어 분식집을 열 때는 메뉴, 가격, 재료 구매, 일하는 사람, 영업시간, 홍보 방법 등을 미리 정해야 해요. 이런 과정이 바로 경영이에요.

회사처럼 큰 조직일수록 더 많은 계획과 수정이 필요해요. 누가 어떤 일을 맡을지, 실수가 생겼을 때 어떻게 빠르게 대처할지, 다른 회사와의 경쟁에서 어떻게 살아남을지 등을 고민하고 결정해야 해요. 좋은 경영은 회사를 튼튼하게 만들고, 일하는 사람과 소비자 모두가 만족할 수 있도록 하는 거예요. 반대로 나쁜 경영은 회사의 상황을 힘들게 만들 수 있어요.

CEO

CEO는 '최고 경영자'란 뜻으로 한 회사를 대표하여 가장 중요한 결정을 내리는 사람을 말해요. 회사의 방향을 결정하고 그에 맞춰서 어떻게 움직일지를 정하죠. 또 회사의 경영 상태가 오랫동안 건강하게 유지될 수 있도록 최선을 다해요. 만약 회사가 어려운 환경에 처하면 문제를 해결할 방법을 고민해 회사를 정상화해야 해요. CEO는 그만큼 책임이 무거운 자리예요. 좋은 CEO가 되기 위해서는 경영, 경제, 리더십 등을 열심히 배워야 한답니다.

리더십

리더십은 한 사람이 다른 사람들을 이끌어 함께 목표를 이루는 능력을 말해요. 좋은 리더는 명령만 하는 게 아니라 다른 사람의 의견을 잘 듣고 함께 움직이게 해요. 리더십이 뛰어난 조직은 목표를 빠르게 달성하고, 문제가 발생해도 큰 어려움 없이 잘 헤쳐 나갈 수 있어요. 리더십은 말을 잘하는 능력보다 배려심이나 책임감, 협력하려는 태도가 중요해요. 누군가를 억지로 따라오게 하는 게 아니라 자연스럽게 따르고 싶게 만드는 것이 진짜 리더십이에요. 리더십은 타고나기도 하지만 사람들과 어울리고, 어려운 일에 앞장서는 경험을 통해 충분히 발전시킬 수 있어요.

경영권 다툼

회사와 같은 조직은 보통 CEO가 책임을 지고 이끌어 가요. 그런데 누군가 그 자리를 원하면 경쟁이 생기는데 이를 경영권 다툼이라 해요. 경영권 다툼이 오래가면 회사 직원들의 불안이 커져요. 또 경영권 다툼은 단순한 말싸움이나 경쟁이 아니라 조직 전체에 영향을 줄 수도 있어요. 이를 잘 해결하려면 공정한 절차와 투명한 정보가 필요해요.

기업

기업은 제품이나 서비스를 만들어 이익을 얻기 위한 조직이에요. 기업은 정부, 가계와 함께 경제를 움직이는 3대 요소로 불려요. 그만큼 기업은 시장에서 경제가 돌아가게 하는 데 아주 중요한 역할을 해요.

대기업과 중소기업

기업은 크게 대기업과 중소기업으로 구분할 수 있어요. 대기업은 규모가 큰 기업이에요. 많은 돈과 사람을 바탕으로 국내뿐만 아니라 외국에서도 활발히 활동하며 국내외 경제에 큰 영향을 미쳐요. 우리나라에는 삼성, 현대, SK 같은 대기업이 있어요. 대기업은 직원들의 월급이나 복지가 뛰어난 편이에요. 또 연구 개발이나 마케팅, 생산 설비 등에 많은 힘을 쏟아서 세계적인 기업들과 경쟁해요.

중소기업은 대기업보다 규모는 작지만 독특한 기술이나 아이디어로 경쟁력을 갖춘 경우가 많아요. 가족이 운영하는 작은 가게부터 기술력이 있는 벤처 기업까지 다양해요. 중소기업은 스스로 제품이나 서비스를 만들어 판매하기도 하고, 대기업에 부품이나 서비스를 제공하며 함께 성장하기도 해요. 하지만 중소기업은 돈이나 사람 확보에 어려움을 겪는 일이 많아서 정부의 지원을 받곤 해요. 이처럼 대기업과 중소기업은 경쟁 관계이면서도 협력해야 하는 관계예요. 서로 존중하고 도와줘야 건강하고 균형 잡힌 경제를 만들 수 있답니다.

스타트업

스타트업은 새로운 아이디어와 기술로 빠르게 성장하려는 신생 기업이에요. 배달 애플리케이션을 만든 곳도 처음엔 스타트업이었죠. 유연하고 창의적인 문화를 가진 만큼 짧은 시간 안에 성장하거나 실패할 수도 있어요. 사회 문제를 해결하기 위해 시작하며 자금이 부족할 땐 외부 투자를 받기도 해요. 최근엔 환경이나 인공 지능(AI), 교육 등 다양한 분야에서 생겨나고 있어요.

유니콘 기업

유니콘 기업(거대 신생 기업)은 기업 가치가 10억 달러(약 1조 3천억 원) 이상인 비상장 스타트업을 말해요. 전설 속 유니콘처럼 드물고 특별하다는 의미가 담겨 있어요. 보통 혁신적인 기술이나 차별화된 아이디어로 빠르게 성장하고, 큰 투자를 받아 시장을 이끄는 기업이 되기도 해요. 하지만 투자받기까지 어렵고 실패할 위험도 있어요.

실리콘 밸리

하나 더 알아보기

실리콘 밸리는 미국 캘리포니아주에 있는 지역으로 세계적인 기술 산업 중심지를 말해요. '실리콘'은 컴퓨터 칩을 만들 때 쓰이는 재료이며, '밸리'는 계곡이란 뜻이에요. 처음에는 전자 회사들이 중심을 이루었으나 현재는 스타트업과 IT 산업의 중심지가 됐어요. 구글, 애플, 메타, 넷플릭스 같은 세계적으로 유명한 기업들이 이곳에서 사업을 시작했죠. 이 지역은 기업이나 대학, 투자자가 잘 연결돼 있어 창의적이고 도전적인 아이디어를 통해 다양하고 자유로운 시도를 하는 기업들이 자주 탄생하곤 해요. 이러한 특징 덕분에 실리콘 밸리는 전 세계에서 가장 많은 스타트업과 기술 기업이 보여 있는 곳이에요.

레드 오션과 블루 오션

레드 오션과 블루 오션은 기업이 활동하는 시장의 경쟁 상태를 설명하는 말이에요. 그중 레드 오션은 이미 많은 기업이 경쟁하고 있는 상황을 말해요. 가격과 품질 경쟁이 치열한 거죠. 시장 규모는 크지만 서로 비슷한 상품을 팔고 있어서 기업의 차별화가 쉽지 않아요.

블루 오션은 상대적으로 경쟁자가 많지 않아요. 기존에 없던 제품이나 서비스를 통해 새로운 수요를 만들어 냈기 때문이죠. 블루 오션에서는 독점에 가까운 이익을 얻을 기회도 생겨요. 하지만 계속해서 블루 오션 상황인 건 아니에요. 스마트폰이 처음 등장했을 때는 블루 오션이었지만 시간이 지나면서 수많은 기업이 참여해 레드 오션으로 바뀐 것처럼 말이죠. 기업은 블루 오션을 찾음과 동시에 레드 오션에서 살아남을 방법을 고민하고 있답니다.

옥쌤의 시사 상식

페이퍼 컴퍼니란?

페이퍼 컴퍼니는 실질적인 사업 활동 없이 서류상으로만 존재하는 회사를 말해요. 주로 해외 투자를 효율적으로 관리하거나 인수 합병(M&A)을 위해 만들어지죠. 하지만 세금을 내지 않거나 조금만 내게 하는 '조세 회피처'에 만들어지는 경우가 많아요. 페이퍼 컴퍼니는 불법이 아니지만 불법적인 목적으로 사용하면 법적인 처벌을 받기도 해요. 오늘날 국제 사회는 투명한 기업 운영과 세금 제도의 공정성을 위해 페이퍼 컴퍼니에 대한 규제를 강화하고 있어요.

노사

노사란 노동자와 사용자, 즉 회사에서 일하는 사람과 회사를 경영하는 사람을 말해요. 노동자는 회사에서 일하면서 월급을 받고, 사용자는 회사를 경영해 이익을 얻어요. 이 두 집단은 자기 자리에서 최선을 다하지만 회사를 바라보는 시선이 달라요. 때문에 월급이나 근로 시간, 정규직 전환 등에서 충돌이 생기기도 하죠. 예를 들어 노동자는 월급이 오르거나 근무 환경이 더 나아지길 원하지만 사용자는 회사의 비용을 생각하며 신중하게 접근해요. 서로 돕는 노사 관계는 건강한 기업을 만들 수 있지만 갈등이 심해지면 여러 문제가 발생하기도 해요. 이를 해결하려면 서로를 존중하는 태도가 중요해요.

노동조합

노동조합은 노동자가 힘을 합쳐 만든 조직을 말해요. 더 나은 근로 환경을 위해 노동자를 대표해 사업자와 협상을 진행하죠. 노동자는 노동조합을 통해 임금이나 근무 시간, 복지 등 다양한 사항을 사업자에게 요구할 수 있어요. 노동조합은 노동자의 안전한 근무 환경, 고용 안정, 차별 해소, 노동자 권리 보호 등 다양한 사항을 전달하며 기업에 책임 있는 경영을 요구해요. 또 노동자와 사업자 간의 갈등을 조정하고 합의를 끌어내 기업 내 소통과 안정성에 도움을 줘요. 그러나 노동조합의 활동이 지나치게 정치화되면 기업의 경쟁력에 부담이 되기도 해요.

어닝 서프라이즈와 어닝 쇼크

하나 더 알아보기

어닝 서프라이즈(실적 급등)는 기업의 실제 실적이 사람들의 예상치보다 크게 높을 때를 말해요. 주식회사라면 주가가 상승하는 주요 요인이에요. 반대로 어닝 쇼크(실적 급락)는 실적이 사람들의 예상치보다 낮을 때를 말하죠. 주식회사라면 주가가 하락하는 주요 요인이에요. 이러한 현상들은 투자자의 기대와 기업의 실적 간의 차이에서 발생해요. 기업은 투자자를 위해서가 아니더라도 기업의 안정적인 성장을 위해 꾸준히 실적을 올릴 필요가 있어요.

주식회사

주식은 회사를 아주 잘게 나눈 조각이에요. 회사를 큰 빵이라고 하면, 주식은 그 빵을 작은 조각으로 나눈 것과 같아요. 주식회사란 그러한 주식을 가진 사람들이 모인 회사를 말해요.

상장

상장은 회사의 주식을 다른 사람도 자유롭게 사고팔 수 있도록 회사를 주식 시장에 등록하는 것을 말해요. 회사가 상장하면 사람들이 관심을 가지는 만큼 많은 돈을 모을 수 있고, 회사를 널리 알리는 데 도움이 돼요. 대신 회사와 관련된 내용을 공개해야 하는 만큼 회사에 부담도 생겨요. 즉 상장은 회사가 성장할 기회이면서도 그에 따른 책임을 져야 하는 제도예요.

주주 총회

주주 총회는 주식을 가진 사람들이 모여 회사의 중요한 일을 함께 결정하는 회의예요. 회사 운영이나 규칙 변경, 실적 등을 논하죠. 주주는 보유한 주식 수에 따라 의견의 영향력이 달라져요. 정기 주주 총회 말고도 임시 총회가 열리는데 이는 기업의 신뢰와 주주의 권리를 지키는 중요한 제도예요.

배당

배당은 회사가 이익을 낸 뒤에 그 일부를 주주에게 나눠 주는 것을 말해요. 배당은 크게 두 가지 방법이 있어요. 한 가지는 주식 한 주당 얼마의 금액을 주는 '현금 배당'이고, 다른 한 가지는 주식으로 주는 '주식 배당'이에요. 배당은 회사가 얼마나 건강하게 이익을 내는지 보여 주는 신호이기도 해요. 주주는 주식뿐만 아니라 배당으로 이익을 얻을 수 있어요.

시가 총액

시가 총액은 기업의 현재 가치를 숫자로 나타낸 것을 말해요. 시가 총액 계산 방법은 주식 가격에 발행 주식 수를 곱하면 돼요. 예를 들어 A 회사의 주가가 1만 원이고, 발행 주식 수가 100만 주라면 시가 총액은 100억 원이에요. 시가 총액은 기업이 주식 시장에서 어느 정도 규모와 영향력을 가지는지 잘 보여 줘요. 보통 시가 총액이 큰 기업은 경영이 잘 이뤄지고 있다고 평가돼요. 투자자들은 시가 총액을 참고해 투자 전략을 세우고 시장 전체 흐름을 파악하곤 해요.

코스피, 코스닥, 다우, 나스닥

코스피와 코스닥은 우리나라의 대표적인 주식 시장이에요. 코스피는 삼성 전자 같은 대기업이, 코스닥은 IT나 바이오처럼 성장 기업이 주로 등록돼 있어요. 미국에는 다우와 나스닥이 있는데 다우는 전통 대기업, 나스닥은 애플, 구글 같은 IT 기업 중심이에요. 이 네 가지 지수는 우리나라와 미국을 대표하는 경제 지표로 쓰이며 세계적인 경제 흐름을 살피는 데도 중요해요.

옥쌤의 시사 상식

우리나라는 왜 개인 투자자를 개미라고 하나요?

우리나라에서 개인 투자자를 개미라고 부르는 데는 여러 가지 이야기가 있어요. 가장 유명한 이야기로는 개인 투자자가 생겨났을 당시 개미의 작은 모습에서 비롯됐다는 거예요. 또 주가 변동에 크게 영향을 주지 못하거나 적은 양의 주식을 차곡차곡 옮기는 모습이 개미의 모습과 닮아서 개미라고 부르게 됐다는 등 다양한 이야기가 있어요. 일반적으로 국내 주식 시장에 투자하는 사람을 '동학 개미', 미국 시장에 투자하는 사람을 '서학 개미'라고 해요. 거액의 돈을 투자하는 사람을 '슈퍼 개미'라고도 한답니다.

경영 전략

경영 전략은 기업이 목표를 달성하기 위해 세우는 계획을 말해요. 시장 변화에 맞춰서 어떤 방향으로 나아갈지, 어떤 방법으로 경쟁력을 확보할지 정하는 게 중요해요.

차별화 전략

차별화 전략은 경쟁 업체와는 다른 자기만의 특별함을 소비자에게 제공하는 전략을 말해요. 다른 기업과 제품이나 서비스가 비슷하다면 소비자의 마음을 끌어당기기 쉽지 않아요. 차별화를 위해서는 새로운 아이디어뿐만 아니라 소비자가 느끼는 '이 기업, 이 브랜드만의' 특별함이 있어야 해요.

주변에서 쉽게 볼 수 있는 카페로 예를 들어볼까요? 사람들이 카페에 가는 이유는 커피를 마시기 위해서예요. 이때 카페 주인은 손님들을 끌어모으기 위해 다양한 차별화 전략을 쓸 수 있어요. 커피의 종류를 다양하게 하고 쉽게 구하기 힘든 커피를 판매하는 거죠. 커피 가격을 저렴하게 하는 것도 한 방법이에요. 또 사람들이 오랫동안 머무는 공간인 만큼 사람들의 마음을 끌 수 있는 공간을 꾸미면 돼요. 카페 안에 특별한 향을 사용하거나 배경음악을 잘 선택할 수도 있어요. 이런 노력이 잘 이뤄지면 사람들이 그 카페에 가는 이유가 돼요. 이처럼 차별화 전략은 짧은 유행을 따르기보다 기업의 특징을 꾸준하게 담아내는 것이 중요해요.

구조 조정

시장 상황이 나빠지거나 계속해서 손해를 보면 기업은 문제를 해결할 방법 중 하나로 구조 조정을 선택해요. 구조 조정은 기업이 조직을 새롭게 정비하거나 인력을 조절해 위기를 극복하기 위한 전략을 말해요. 이익이 적은 팀의 인원을 재조정하거나 여러 부서를 하나로 통합해 불필요한 업무를 줄이는 식으로 조직의 사람을 줄이는 거죠. 구조 조정은 기업의 체질을 바꾸는 과정으로, 혼란이 생기지만 잘 진행되면 기업이 다시 성장할 수 있는 기회가 되기도 한답니다.

비용 절감

비용 절감은 제품을 만드는 비용을 줄여 다른 기업보다 저렴한 가격을 유지하거나 더 많은 이익을 내는 전략을 말해요. 단순히 지출을 줄이는 게 아니라 불필요한 소비를 없애고 효율적인 운영 방법을 찾는 거예요. 비용을 줄이는 방법으로는 재료비를 줄이거나 자동화 시스템을 통한 생산 비용을 줄이기, 에너지를 절약해 운영 비용 줄이기 등이 있어요. 예를 들어 세계 최대 가구 업체 중 하나인 이케아는 소비자에게 가구를 '직접 조립'하게 해서 생산 비용을 줄였어요. 처음 소비자들은 직접 가구를 조립하는 걸 어색하게 느꼈어요. 하지만 시간이 지날수록 저렴하면서도 품질이 좋은 가구라는 입소문이 나면서 소비자의 만족도가 커졌죠.

비용 절감은 기업에 많은 이익을 줄 수 있어요. 하지만 지나치게 사람이나 제품에 들어가는 비용을 줄이면 품질에 문제가 생겨 고객에게 신뢰를 잃을 수 있어요. 때문에 무작정 비용을 줄이기보다 전략적으로 접근하는 게 필요해요.

ESG 경영

하나 더 알아보기

ESG 경영은 환경(Environment), 사회(Social), 지배구조(Governance)의 세 가지 요소를 더해 지속 가능한 성장을 추구하는 경영 전략을 말해요. 과거에는 이익이 커야 기업이 성공했다고 여겼어요. 하지만 오늘날에는 친환경 경영을 실천하고 사회적 책임을 다하며 조직에서 투명한 의사 결정 구조를 가진 기업을 더 높이 평가하고 있어요. 대표인 예로는 미국의 패션 기업인 파타고니아가 있어요. 이 기업은 환경 보호를 위해 재활용 소재로 옷을 만들고 판매 수익 일부를 환경 단체에 기부하곤 해요. ESG 경영을 하는 기업은 소비자와 투자자 모두에게 신뢰를 얻어 시간이 지나도 안정적인 성장을 이어 갈 수 있답니다.

기업 전략

기업은 안정적으로 성장하기 위해 다양한 계획을 세워요. 새로운 제품을 만들기도 하고, 경쟁 업체와 힘을 합치기도 하죠. 이러한 계획을 기업 전략이라고 해요.

인수 합병

인수 합병(M&A)이란 기업이 다른 회사를 사들이거나 두 기업이 하나로 합쳐지는 일을 말해요. 이를 통해 다른 기업의 기술과 자본을 확보하고 시장 점유율을 빠르게 높일 수 있어요. 예를 들어 미국의 디즈니는 영화 제작사였어요. 하지만 기업의 안정적인 성장을 위해 픽사나 마블 등을 인수하면서 짧은 시간 내에 세계 최고 수준의 종합 미디어 회사가 됐죠.

인수 합병 후 조직 문화가 충돌하기도 해요. 또 인수 합병을 할 때 큰 비용이 들었다면 예상하지 못한 문제가 발생할 수도 있죠. 인수 합병은 단순한 계약 이상의 의미를 지닌 만큼 꼼꼼하고 체계적인 전략이 필요해요.

시장 분석

시장 분석은 기업이 새로운 사업을 시작하거나 제품 및 서비스를 시작하기 전 시장의 상태를 꼼꼼히 조사하고 이해하는 과정을 말해요. 고객이 어떤 제품을 원하는지, 경쟁사는 어떤 전략을 쓰는지, 소비 흐름은 어떻게 바뀌고 있는지 등을 파악하는 거예요. 예를 들어 A 기업이 B 나라에 전기 자동차를 만들어 팔기 위해선 B 나라 사람들이 전기 자동차에 대해서 어떻게 생각하는지, B 나라에 전기 자동차와 관련된 어떤 혜택이나 부담 등이 있는지를 빠르고 정확하게 파악해야 하는 거죠. 이처럼 시장 분석을 할 때는 느낌이나 추측이 아닌 실제 데이터나 통계, 설문 조사 등과 같은 객관적인 정보를 사용해야 해요.

사업 철수

사업 철수는 이익이 나지 않거나 시장의 규모가 줄어들면 사업에서 손을 떼는 전략을 말해요. 처음에는 사업 성장의 가능성이 보였지만 시장 경쟁이 심해지거나 기술 변화가 빠르게 일어나면 수익성이 떨어질 수 있어요. 그러면 기업은 손해를 막기 위해 과감하게 사업을 접기도 해요. 예를 들어 LG전자는 국내에서 스마트폰을 생산하는 대표 기업 중 하나였어요. 하지만 스마트폰 시장에서의 경쟁력이 약하다고 판단해 해당 사업을 철수하고 더 잘할 수 있는 분야에 집중하는 선택을 했어요. 사업 철수는 겉으로는 사업 실패처럼 보이지만 미래를 위한 선택이기도 해요.

사업 다각화

기업은 한 분야에 집중해 사업을 진행하기도 하지만 다양한 분야로 사업을 확장하기도 해요. 이처럼 여러 분야에 걸쳐 사업을 펼치는 전략을 사업 다각화라고 해요. 이 전략은 위험을 분산하면서 새로운 이익 구조를 만들어 내는 거예요. 사업을 다각화할 경우 한 분야에서 어려움을 겪더라도 다른 분야에서 이익을 낼 수 있어요. 그 예로 삼성 전자는 원래 가전제품 생산 중심의 기업이었지만 반도체나 스마트폰, 디스플레이 등 다양한 분야로 사업을 확장하면서 전 세계에 이름을 알리는 다국적 기업이 됐어요. 다각화에 성공하면 기업은 안정적인 성장을 할 수 있는 힘을 얻게 되지만 너무 많은 사업에 동시에 손을 대면 자원이 분산되고 집중력이 약해질 수 있답니다.

마케팅

제품이나 서비스를 소비자의 눈에 띄게 만들거나, 사고 싶게 만드는 모든 전략을 마케팅이라고 해요. 홍보나 가격 결정, 유통 전략 등 소비자의 마음을 사로잡기 위한 다양한 활동 등이 있어요.

광고

광고는 기업이나 조직이 소비자에게 제품이나 서비스를 널리 알리고 사고 싶은 마음을 갖게 하는 대표적인 마케팅 방식을 말해요. 광고는 다양한 매체를 통해 전달되고, 각 매체의 특성에 따라 다양한 효과를 만들어요. 예전에는 텔레비전이나 라디오, 신문, 잡지 등의 전통 매체를 주로 이용했어요. 요즘은 유튜브, 사회 관계망 서비스(SNS) 등 현대 매체를 통한 온라인 광고를 더 많이 볼 수 있어요.

광고에서 가장 중요한 것은 메시지를 정확하고 설득력 있게 전달해 소비자의 행동을 유도하는 거예요. 제품이나 서비스에 관심을 가지게 만들거나 사도록 만드는 거죠. 최근에는 단순히 정보를 전달하는 것을 넘어 브랜드의 이미지와 가치까지 소비자에게 전달해요. 이를 위해 감성적인 메시지나 창의적인 이미지, 유명인 모델을 통해 사람들에게 인상을 주는 게 오늘날 광고의 특징이에요. 효과적인 광고는 소비자의 기억에 남아 브랜드 충성도를 높이며 기업의 성장에도 큰 영향을 미친답니다.

4P

4P는 효과적인 마케팅을 구성하는 기본 4요소인 제품(Product), 가격(Price), 유통(Place), 촉진(Promotion)을 말해요. 제품은 고객이 필요한 부분을 채우는 상품이나 서비스고, 가격은 제품의 가치를 돈으로 표현한 거예요. 유통은 제품이 고객에게 전달되는 과정이죠. 촉진은 제품을 알리고 판매를 부추기는 활동이에요. 이 네 가지 요소는 서로 연결돼 있어요. 효과적인 마케팅을 위해서는 각 요소에 대한 빠르고 정확한 정보가 필요해요.

간접 광고

간접 광고(PPL)는 드라마, 영화, 예능 프로그램 등에 제품이나 브랜드를 자연스럽게 등장시켜 간접적으로 광고하는 것을 말해요. 드라마 속 인물들이 특정 자동차만 타거나 예능에서 출연자가 특정 음식을 먹는 게 간접 광고죠. 간접 광고는 제품이나 브랜드를 드라마나 영화 속 이야기와 연결돼 거부감이 적어요. 시청자는 무의식적으로 제품이나 브랜드에 관심을 가지게 돼요. 드라마나 영화의 인기가 많아질수록 제품이나 브랜드의 인기가 상승할 수 있어요. 하지만 장면과 상관없는 제품이 자주 등장하거나 간접 광고가 이야기의 흐름을 끊는다면 거부감을 느끼기도 해요.

바이럴 마케팅

바이럴 마케팅은 바이러스처럼 정보나 콘텐츠가 사람들 사이에서 입에서 입으로 빠르게 퍼져나가는 현상을 이용한 마케팅 전략을 말해요. 바이럴 마케팅을 통한 광고 콘텐츠가 사람들의 관심을 끌면 오프라인이나 온라인을 통해 자연스럽게 퍼지고, 더 많은 사람이 제품이나 브랜드를 알게 돼요. 바이럴 마케팅은 소셜 미디어의 활성화로 더욱 효과적으로 활용되고 있어요.

이 마케팅의 장점은 광고비를 상대적으로 많이 들이지 않아도 큰 효과를 기대할 수 있다는 거예요. 하지만 정보나 콘텐츠가 재미있거나 특별하지 않으면 사람들의 관심을 끌기 어려워서 창의성이 매우 중요해요. 또 한 번 퍼진 정보의 방향을 바꾸기 어려운 만큼 부정적인 방향으로 마케팅이 이어질 수도 있죠. 따라서 바이럴 마케팅을 한 경우 소비자의 반응을 꾸준히 관찰할 필요가 있어요.

역바이럴 마케팅

역바이럴 마케팅은 특정 제품이나 브랜드의 부정적인 정보나 이미지 등을 통해 브랜드 등의 인지도를 높이는 마케팅 전략을 말해요. 바이럴 마케팅이 긍정적인 이미지를 사람들에게 심어 준다면 역바이럴 마케팅은 의도적으로 논란을 만들어 내는 거예요. 역바이럴 마케팅에는 소비자들이 직접 부정적인 경험을 겪은 후 내 경험을 공유하는 '자발적 역바이럴 마케팅'과 경쟁 업체 등에 의해 생겨난 '조직적 역바이럴 마케팅'이 있답니다.

노이즈 마케팅

노이즈 마케팅은 기업이 일부러 논란이나 이슈를 만들어 브랜드나 제품을 간접적으로 알리는 마케팅 전략을 말해요. 이 전략은 전통적인 광고보다 짧은 시간 내에 화제성이 생겨서 빠르고 자연스럽게 입소문을 퍼뜨릴 수 있어요. 성공적인 노이즈 마케팅은 사람들의 관심을 끌뿐만 아니라 브랜드의 인지도를 높이고, 브랜드 충성도를 높이는 데 긍정적인 영향을 미쳐요. 하지만 과도한 노이즈 마케팅은 사람들에게 부정적인 이미지만 심어서 오히려 기업 이미지에 피해를 주기도 해요. 때문에 마케팅 전략을 선택할 때는 신중한 계획과 실행이 필요해요.

협업 마케팅

협업 마케팅(캘래버레이션)은 서로 다른 분야의 두 브랜드가 힘을 합쳐 새로운 상품이나 서비스를 만드는 마케팅 전략을 말해요. 협업을 통해 각 브랜드의 이미지를 좋게 만들거나 수익을 올리는 등 서로의 이익을 위해서 진행해요. 특정 캐릭터와 식품 회사가 함께 신제품을 만들면서 기존의 소비자가 가지던 시선에서 벗어나 새로운 소비자들을 끌어당기게 되는 거예요. 또 독특하고 한정된 제품임을 강조하며 희소성을 주기도 해요. 협업 마케팅은 취향을 중요시하는 소비자나 물건을 구매하는 데 재미를 추구하는 펀슈머에게 큰 인기를 얻고 있어요.

팝업 스토어

하나 더 알아보기

팝업 스토어는 짧은 기간 임시로 운영되는 매장을 말해요. 새로운 제품을 소개하거나 특정 이벤트를 홍보하는 거예요. 온라인으로만 운영하는 곳이라면 고객과 직접 소통하면서 시장 반응을 확인하는 데도 많은 도움이 돼요. 기존의 온오프라인 상점과 달리 차별성 있는 스토리나 사람들의 감성을 사극하는 다양한 체험 요소를 즐길 수 있는 게 팝업 스토어의 특징이에요.

브랜드

브랜드란 특정 제품 및 서비스를 구별하는 데 사용되는 기호나 문자 등을 말해요. 과거에는 단순히 제품의 이름이나 로고를 구별하는 정도였지만 오늘날에는 그 기업의 이미지를 연상시키는 인물 등을 떠올려요.

브랜드 아이덴티티

브랜드 아이덴티티는 기업의 브랜드가 소비자에게 어떤 모습으로 알려지고 기억되길 원하는지에 대한 고유한 특성을 말해요. 쉽게 말해서 사람들이 어떤 브랜드를 떠올릴 때 느끼는 이미지예요. 브랜드 아이덴티티는 로고나 색상, 글꼴처럼 제품이나 서비스의 외형에서부터 시작돼요. 예를 들어 '코카콜라' 하면 빨간색과 시원한 탄산을 떠올리죠. 또 '스타벅스' 하면 초록색 로고와 편하게 쉴 수 있는 공간을 떠올라요. 그게 바로 브랜드 아이덴티티예요.

브랜드 아이덴티티는 기업과 브랜드가 추구하는 철학이나 문화, 메시지 등을 모두 포함하고 있어요. 예를 들어 '애플'은 도전과 혁신을 강조하며 'Think Different(다르게 생각하라)'를 메시지로 내세우고 있어요. 이에 따라 사람들은 애플이라고 하면 창의적이면서도 고급스러운 이미지를 느끼곤 하죠. 이처럼 브랜드 아이덴티티가 뚜렷할수록 사람들이 그 브랜드를 쉽게 기억하고 믿게 돼요. 때문에 기업들은 사람이 오래 기억하는 기업 이미지를 만들기 위해 노력하고 있어요.

브랜드 가치

브랜드 가치는 소비자가 브랜드에 느끼는 만족감이나 기대감으로, 브랜드가 시장에서 가지는 힘을 의미해요. 똑같은 품질의 제품이라도 소비자는 브랜드 가치에 따라 그 제품을 살지, 사지 않을지를 결정하기도 해요. 또 브랜드 가치가 높은 기업은 새로운 제품을 선보여도 사람들이 믿고 사기도 하죠. 이러한 브랜드 가치는 짧은 시간에 생기는 게 아니라 오랫동안 소비자들이 그 브랜드의 제품을 사용하면서 생겨난 신뢰도라고 할 수 있어요.

브랜드 충성도

브랜드 충성도는 소비자가 한 브랜드를 계속해서 믿고 사용하는 태도를 말해요. 다른 업체에서 비슷한 상품이나 서비스가 나와도 같은 브랜드에서 계속 구매하는 거죠. 예를 들어 A 기업과 B 기업에서 새로 스마트폰이 나왔을 때 A 기업의 브랜드 충성도가 높은 사람은 B 기업 스마트폰의 가격이 더 싸도 A 기업의 스마트폰을 사곤 해요. 하지만 단순히 같은 브랜드의 제품을 자주 구매한다고 충성도가 생기는 건 아니에요. 브랜드에 대한 깊은 신뢰와 만족까지 연결돼야 하거든요. 그래서 기업들은 한 번 물건을 산 사람이 계속 다시 찾게 만들기 위해 고객 관리와 서비스에 많은 신경을 써요.

퍼스널 브랜딩

하나 더 알아보기

퍼스널 브랜딩은 개인을 하나의 브랜드처럼 만드는 걸 말해요. 자기의 장점을 찾아 다른 사람들에게 알리는 거죠. 특히 사회 관계망 서비스(SNS)나 유튜브 같은 형태가 발전할수록 퍼스널 브랜딩의 중요성은 커지고 있어요. 퍼스널 브랜딩에는 한 사람의 행동이나 말투, 복장, 글 등이 모두 영향을 미쳐요. 퍼스널 브랜딩이 잘 된 사람은 더 잘 기억될 뿐만 아니라 취업, 사업 등에서 더 많은 기회를 얻을 수 있어요. 때문에 많은 사람이 자신만의 브랜드를 만들고 홍보하기 위해 노력하고 있납니다.

경영 방식이 다른 두 경영자

경영자는 회사를 이끄는 아주 중요한 사람이에요. 경영자가 어떤 방식으로 조직을 이끌어 가느냐에 따라서 회사의 문화와 성과가 크게 달라질 수 있어요. 경영자의 경영 방식은 크게 두 가지로 나뉘어요.

이론형 경영자와 실전형 경영자

'이론형 경영자'는 경영과 관련된 전문 지식을 바탕으로 구체적으로 계획을 세워 장기 전략을 세워요. 즉 '생각하고 계획하는 리더'라 할 수 있어요. 반대로 '실전형 경영자'는 경영 관련 이론만큼이나 현장에서의 경험과 그 경험에서 깨달은 생각을 바탕으로 실제 문제를 해결하죠. 즉 '움직이고 실행하는 리더'라 할 수 있어요.

두 방식 모두 장단점이 있어요. 이론형 경영은 계획에 따라 움직이는 만큼 회사가 나아갈 방향성이 잘 잡히지만 지나치게 계획적이면 좋은 기회를 놓칠 수 있어요. 반면 실전형 경영은 눈앞에 다가온 문제를 빠르게 해결할 수 있지만 체계적인 시스템을 만드는 데는 약할 수 있죠. 회사의 크기와 상황에 따라 바라는 경영 방식이 달라 어떤 경영 방식이 더 낫다고 할 수 없어요. 하지만 이론과 실전을 균형 있게 할 수 있다면 좋은 경영자라 말할 수 있을 거예요.

피터 드러커

1909년 오스트리아 빈에서 태어난 피터 드러커는 다양한 학문과 예술을 접했어요. 이는 그가 말한 경영 이론에 큰 영향을 미쳤어요. 그는 대학을 졸업하고 경제, 경영과 관련한 다양한 경험을 한 후 대학에서 교수로 일하며 본격적으로 경영과 조직에 관한 연구를 시작했어요. 그는 기업이 안정적으로 성장하려면 변화하기 위해 끊임없이 노력해야 한다고 생각했어요. 그러기 위해서는 경영자가 조직의 목표를 잘 세우고, 이를 달성하기 위한 전략을 구체적으로 계획하는 게 중요하다고 했죠. 또 경영자는 직원들의 동기 부여와 능력 개발을 통해 조직의 성과를 계속 키워야 한다고 말했어요. 이러한 드러커의 경영 이론은 경영학의 중요한 기초를 만들며 많은 경영자와 학자들에게 큰 영향을 미쳤어요. 때문에 사람들은 드러커를 '이론형 경영자'의 대표 주자이자 '현대 경영학의 아버지'라고 부르기도 해요.

잭 웰치

1935년 미국에서 태어난 잭 웰치는 '실전형 경영자'의 대표 주자로 뽑혀요. 그는 1960년 미국의 대표 기업인 GE에서 엔지니어로 일했어요. 이후 1972년에 부사장이 됐으며 1981년에는 최고 경영자가 됐죠. 그는 20년 동안 GE를 이끌며 기업의 가치를 무려 수십 배 이상 성장시켰어요. 웰치는 경영에서 이론만큼이나 행동을 중요하게 여겼어요. 어떤 문제에 부딪혀도 빠르고 정확하게 행동해 문제를 해결해 회사를 성장시키려 했죠. 또 사무실에서 종이에 적힌 숫자보다 현장에 자주 나가 직원들과 대화하는 걸 더 중요하게 생각했어요. 숫자보다는 사람을 통해 경영을 이해하려 한 거예요. 이러한 그의 경영 방식은 많은 CEO에게 영향을 줬어요. 그로 인해 잭 웰치는 '20세기 최고의 경영자'로 손꼽히기도 해요. 그런데 그가 회사를 성장시키는 과정에서 많은 사람이 회사를 그만두는 일이 생기기도 했어요. 결과를 중요하게 여기다 보니 여러 가지 문제가 발생하기도 했죠. 이와 같은 과감한 구조 조정과 결과 중심 경영으로 비판받기도 했답니다.

금융은 돈과 관련된 활동을 말해요.
일상생활에서 볼 수 있는 금융을 찾아보고
무엇을 할 수 있는지 알아볼까요?

3장 금융

금융 | 은행 | 화폐 | 환율 | 투자 | 대출
금융 범죄 | 금융 위기를 바라보는 두 인물

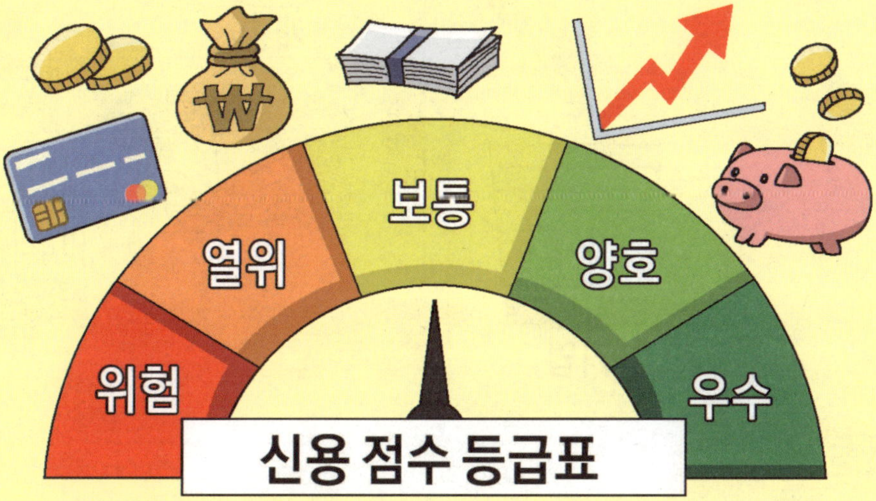

키워드	교과 과정	
금융	초등 사회 6-1 중학 사회 1 고등 통합 사회 2	2. 우리나라의 경제 발전 10. 국민 경제와 국제 거래 3. 시장 경제와 지속 가능 발전
은행	초등 사회 6-1 중학 사회 1 고등 통합 사회 2	2. 우리나라의 경제 발전 4. 시장 경제와 가격 3. 시장 경제와 지속 가능 발전

금융

금융이란 사람과 사람, 사람과 기업 사이에 돈이 오가는 모든 활동을 말해요. 금융은 돈이 필요한 곳에 돈이 잘 흘러가도록 도와줘요. 저축, 투자, 대출 모두 금융이에요.

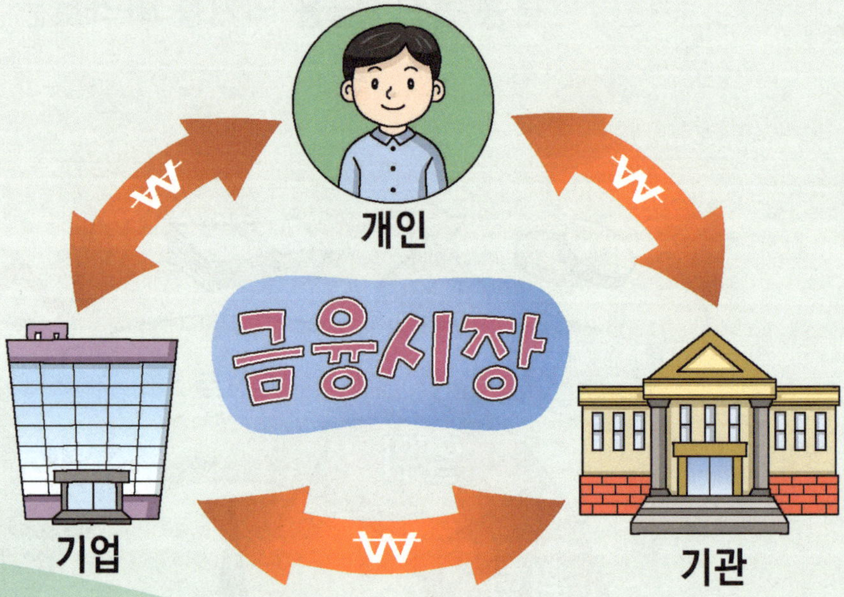

금융 시장

금융 시장은 개인이나 기업, 기관들이 돈을 거래하는 시장을 말해요. 금융 시장 덕분에 돈이 한 군데에만 머무르지 않고 꼭 필요한 곳으로 흘러갈 수 있죠. 금융 시장은 크게 직접 금융 시장과 간접 금융 시장으로 나뉘어요. 직접 금융 시장은 주식이나 채권 등 돈을 만드는 사람과 그것을 사는 사람인 투자자가 직접 거래하는 시장을 말해요. 이 시장의 가장 큰 특징은 중개 기관이 없다는 거예요. 투자자는 투자에 쓰이는 비용이 줄어들고 자신이 원하는 투자에 선택의 폭이 넓어져요. 대신 투자자가 직접 관리해야 하는 만큼 시간과 노력이 많이 들 수 있어요. 대표적인 직접 금융 시장으로는 주식 시장이 있답니다.

간접 금융 시장은 은행이나 보험 회사 같은 금융 기관이 중간에 있는 시장을 말해요. 투자자는 금융 기관이 제공하는 상품을 이용하고 그에 따른 이득을 얻어요. 또 금융 전문가들이 운영해 위험이 줄어들 수 있어요. 대신 직접 거래하는 것보다 비용이 더 들 수 있으며 투자에 선택의 폭이 줄어들어요. 은행 예금, 보험 시장 등이 간접 금융 시장이에요.

금융 기관

금융 기관은 돈을 모으고 빌려주는 일을 전문으로 하는 기관을 말해요. 대표적인 예로 은행, 보험사, 증권사, 신용 카드사 등이 있어요. 은행은 돈을 보관하거나 빌려주는 일을 해요. 이런 은행은 사람들이 일상에서 주로 사용하는 일반 은행과 특수한 목적을 위한 특수 은행으로 나뉘어요. 보험사는 사람들이 위험에 대비해 낸 돈을 모아 나중에 사고나 질병 등이 발생할 때 보상해 주는 역할을 해요. 크게 사람의 생명을 다루는 생명 보험과 재산을 다루는 손해 보험으로 나뉘죠. 증권사는 사람들의 주식 거래를 도와주며 투자 상품을 판매해요. 신용 카드사는 사람들이 신용 카드를 만들고 사용하는 일을 도와요.

오늘날 인터넷 은행이나 간편결제 기업 같은 새로운 금융 기관이 등장하면서 금융 서비스는 더 편리하고 다양해졌어요. 금융 기관은 단순히 돈을 모으고 빌려주는 걸 넘어 돈의 흐름을 조절해 경제가 건강해지는 데 꼭 필요한 역할을 한답니다.

금융 감독원

금융 감독원은 금융 기관이 올바르게 운영되고 있는지 감독하는 기관을 말해요. 금융 기관이 법을 어기거나 잘못된 선택과 판단으로 사람들에게 피해가 가지 않도록 관리하죠. 문제가 생기면 조사를 진행하고 그에 따른 규제도 진행해요. 예를 들어 금융 범죄, 허위 광고, 고객 정보 유출 같은 일이 일어나면 금융 감독원이 재빠르게 나서요. 만약 금융 기관 때문에 사람들이 피해를 보았다면 사람들의 피해를 줄이기 위해 노력해요. 금융 감독원은 사람들의 돈이 안전하게 흐르고, 금융 시장 전체가 투명하고 안정적으로 운영되도록 만드는 중요한 역할을 해요. 금융 감독원은 보이지 않는 곳에서 금융의 질서를 지키는 조력자랍니다.

은행

은행은 사람들로부터 돈을 맡아 보관하고 그 돈을 다른 사람이나 기업에 빌려주는 곳이에요. 돈의 흐름을 안전하고 효율적으로 관리하는 등 경제 활동의 중심 역할을 하죠.

1금융권과 2금융권

금융은 금융의 성격과 규모에 따라 1금융권과 2금융권으로 나뉘어요. 1금융권은 흔히 우리가 '은행'이라 부르는 중앙은행, 일반 은행, 지방 은행, 인터넷 은행 등으로 정부에게 은행의 역할을 허락받은 곳을 말해요. 1금융권은 주로 개인과 기업을 대상으로 예금과 대출 서비스를 제공해요. 은행에 돈을 맡기는 예금자를 보호할 수 있는 정책인 '예금자 보호'가 확실해요. 또 금리(이자)가 안정적이며 사용자도 많아 금융 거래의 중심 역할을 한답니다.

2금융권은 보험사, 카드사, 상호 금융, 캐피탈 회사 등 은행을 제외한 금융기관을 말해요. 예전에는 1금융권에서 쉽게 대출받지 못하는 사람들이 많이 이용했어요. 1금융권보다 금리는 높지만 심사 과정이 간단하기 때문이에요. 오늘날에는 예금과 적금에서 더 많은 이자를 받기 위해 사용하는 사람이 늘고 있어요.

두 금융권의 역할을 다르지만 서로 부족한 부분을 채워 주며 사람들의 편의를 돕는 역할을 한다는 공통점이 있어요.

중앙은행

중앙은행은 한 나라의 금융을 조절하고 경제를 안정시키는 공공 기관을 말해요. 개인이나 기업의 돈을 직접 빌리거나 받지 않고 나라 전체의 통화 정책을 담당해요. 우리나라의 중앙은행인 '한국은행'에는 크게 세 가지 역할이 있어요. 첫째, 화폐를 발행해요. 한국 조폐 공사에서 만든 화폐를 사람들이 쓸 수 있게 널리 퍼뜨리는 역할을 하는 거죠. 둘째, 통화량을 조절해 물가 안정을 도와요. 물가가 많이 오르면 사람들의 생활이 힘들어지고, 많이 내리면 기업들이 어려워질 수 있어요. 때문에 물가를 적절한 수준으로 유지해야 해요. 중앙은행은 통화량을 조절해 관리하는 과정에서 기준 금리를 활용해요. 기준 금리를 올리면 대출이 줄고 소비가 감소해 물가를 안정시킬 수 있어요. 반대로 기준 금리를 내리면 소비와 투자가 늘어나 경제 분위기를 살릴 수 있죠. 셋째, 금융 안정을 도와요. 중앙은행은 금융 시장이 불안정할 때 은행에 돈을 줘서 위기를 막기도 해요. 금융 시스템 전체의 보호벽 역할을 하는 거랍니다.

인터넷 은행

인터넷 은행은 오프라인 영업점에 직접 방문하지 않고 컴퓨터나 스마트폰 등 온라인을 통해 모든 금융 서비스를 제공하는 은행이에요. 온라인 뱅킹에 스마트폰 중심의 모바일 뱅킹을 더한 형태죠. 인터넷 은행은 기존 은행에서 하는 업무인 계좌 개설이나 이체, 대출 신청, 카드 발급 등을 24시간 비대면으로 진행해요. 카카오뱅크, 케이뱅크, 토스뱅크 등을 예로 들 수 있어요. 인터넷 은행은 오프라인 매장이 없어서 운영 비용이 적어요. 때문에 고객에게 낮은 수수료와 높은 이자 등을 제공할 수 있어요. 또 모바일 애플리케이션을 기반으로 만들어진 서비스는 사용자의 편의를 높일 수 있죠. 대신 사이버 보안이나 개인 정보 보호 등은 꾸준히 관심을 갖고 해결해야 할 문제예요.

단리와 복리

이자는 계산 방법에 따라 단리 이자와 복리 이자로 나뉘어요. 단리는 원금(처음 맡긴 돈)에만 이자가 붙는 방식이에요. 예를 들어 100만 원을 연 10퍼센트 이율로 2년간 맡기면 매년 10만 원씩 이자가 붙어서 총 120만 원이 돼요. 복리는 원금뿐만 아니라 이전에 생긴 이자에 또 이자가 붙는 방식이에요. 첫해에 10만 원이 붙어 110만 원이 되고, 둘째 해에 110만 원의 10퍼센트, 즉 11만 원의 이자가 붙어 총 121만 원이 되는 거죠. 장기적으로 보면 복리가 단리보다 훨씬 더 많은 돈을 받을 수 있어요. 투자나 저축할 때는 복리가 유리하지만 은행으로서는 부담이 크기 때문에 단리 상품을 더 많이 제공한답니다.

공동 인증서

공동 인증서는 온라인 세상에서 모든 전자 거래를 안심하고 사용할 수 있게 도와주는 증명서를 말해요. 컴퓨터나 USB, 스마트폰 등에 저장해 사용할 수 있죠. 예전에는 공인 인증서라고 했지만 2020년 법이 바뀌어 공동 인증서라고 불러요. 공동 인증서는 금융 거래나 전자 민원 등에서 신원을 확인하는 데 사용되며 1년마다 새롭게 만들어야 해요. 최근에는 다양한 인증 수단이 생겨서 공동 인증서의 사용이 줄어들고 있지만 일부 기관에서는 필수로 사용을 요구하고 있어요. 공동 인증서는 온라인 세상에서 자신임을 증명하는 중요한 문서인 만큼 다른 사람이 가져가지 못하도록 잘 보관해야 해요.

옥쌤의 시사 상식

금융 실명제란?

금융 실명제는 모든 금융 거래를 할 때 실제 자기 이름으로 거래하는 제도를 말해요. 이 제도가 생기기 전에는 실제 자기 이름이 아닌 가짜 이름이나 별명 등으로 통장을 만들 수 있었어요. 그러자 다른 사람 이름으로 만든 통장이 범죄에 이용되는 문제가 발생했죠. 이를 해결하기 위해 1993년 8월부터 금융 실명제를 시행하게 됐답니다.

예금자 보호법

예금자 보호법은 금융 기관이 무너지더라도 예금자의 돈 일부를 돌려받을 수 있게 보장하는 제도를 말해요. 우리나라는 한 사람당 한 금융 기관에서 최대 5천만 원까지 보호됐지만 2025년 9월부터 1억 원까지로 보호 가능한 금액이 올라갔어요. 예전에는 금융 기관이 망하면 예금자들이 전 재산을 잃는 일이 많았어요. 하지만 이 제도가 생기면서 최소한의 재산을 지킬 수 있게 됐죠. 만약 이 제도가 없었다면 은행을 이용하는 사람들은 엄청난 불안감을 느꼈을 거예요. 불안이 심해지면 뱅크 런이 발생할 수도 있어요. 즉 예금자 보호법은 단순히 개인의 돈을 지키는 걸 넘어 금융 전체의 신뢰와 질서를 유지하는 중요 장치예요.

뱅크 런

평소 사람들은 필요할 때 은행에 돈을 맡기거나 빌리곤 해요. 그런데 은행에 문제가 발생할 수 있다는 소문이 돌면 어떻게 될까요? 자신이 맡긴 돈을 돌려받지 못할지도 모른다는 불안감이 생겨날 거예요. 그러면 많은 예금자가 갑자기 한꺼번에 은행에서 돈을 찾아가는 상황이 발생하기도 해요. 이게 바로 뱅크 런이에요.

사실 은행은 고객이 맡긴 돈을 은행 안에 다 갖고 있지 않아요. 고객이 맡긴 돈 중 일부를 다른 고객에게 대출해 주거나 기업에 투자하거든요. 그래서 사람들이 동시에 돈을 빼내면 은행뿐만 아니라 금융 전체에 문제가 발생할 수 있어요. 실제로 2008년 미국에서 대규모 뱅크 런이 일어나면서 많은 금융 기관이 문을 닫았고, 세계 경제가 큰 충격을 받았어요. 뱅크 런이 일어나면 정부는 문제를 해결하기 위해 은행에 돈을 전달하거나 예금자 보호 제도를 만들어 은행에 대한 고객의 신뢰를 지키려 해요. 최근에는 인터넷 뱅킹을 통해 쉽고 빠르게 돈을 빼낼 수 있게 되면서 '디지털 뱅크 런'이라는 새로운 문제가 등장했어요.

화폐

화폐는 사람들이 물건이나 서비스를 사고팔 때 주고받는 돈을 말해요. 옛날에는 조개나 은, 금 등을 화폐로 사용했지만 오늘날에는 동전과 지폐를 쓰곤 해요.
시간이 지나갈수록 동전이나 지폐 같은 실물 화폐 대신 카드나 디지털 화폐를 쓰는 사람들이 많아지고 있어요.

물물교환

옛날에는 필요한 물건이 있으면 짐승의 가죽이나 곡물, 가축 등 자신이 가진 물건과 맞바꾸곤 했어요. 그러다가 조개와 돌 등을 화폐처럼 사용했고, 점차 은과 금 같은 금속을 화폐로 사용하기 시작했어요. 이렇게 물건을 화폐로 사용하는 것을 '상품 화폐' 또는 '물품 화폐'라고 해요.

동전과 지폐

세계 최초의 동전은 지금으로부터 약 3600년 전 튀르키예 지역에 있던 리디아 왕국에서 만들어졌어요. 그 후 그리스와 로마에서 동전을 만들었고, 동양에서도 동전을 만들기 시작했어요. 금속으로 만든 화폐를 '금속 화폐'라고 해요. 세계 최초의 지폐는 약 1000년 전 중국 송나라 때 만들어진 '교자'예요. 남송 시대에 시장과 무역이 발달하면서 가볍고 들고 다니기 좋은 종이 화폐가 생겨났어요.

신용 카드

신용 카드는 소비자가 물건을 사거나 서비스를 이용할 때 실제 현금을 쓰지 않고 거래할 수 있는 결제 수단이에요. 사용자는 카드로 먼저 결제한 뒤 일정 기간 후에 카드사에서 돈을 갚아요. 즉 소비자가 지금 가진 돈이 없어도 소비자의 신용을 믿고 거래가 이뤄지는 거예요. 소비자는 내가 사용한 돈을 갚음으로써 신용을 유지할 수 있어요.

최초의 신용 카드는 1950년 미국의 '다이너스 클럽'에서 만들어졌고, 우리나라는 1969년 한국 외환 은행에서 국내 최초로 신용 카드를 만들었어요. 당시에는 신용 카드를 사용하는 사람이 아주 적었고 특정 가게에서만 사용할 수 있었죠. 하지만 점차 카드를 사용할 수 있는 곳이 늘어나면서 오늘날에는 현대인의 필수품이 됐어요.

신용 카드는 현금이 없어도 거래를 할 수 있다는 큰 장점이 있어요. 게다가 단순한 결제 도구를 넘어서 할인이나 포인트 적립, 무이자 할부 등의 부가 서비스를 제공해요. 최근에는 모바일 결제 기술이 발전하면서 스마트폰에 카드 정보를 등록해 터치 한 번으로 결제가 가능해졌어요. 하지만 신용 카드에는 단점도 있어요. 편리한 만큼 계획에 없던 과도한 소비로 이어질 수 있거든요. 카드비를 제때 갚지 못하면 경제적으로 큰 부담이 될 수 있고 신용 점수에도 부정적인 영향을 미칠 수 있어요. 아무리 편한 서비스라고 해도 올바른 사용 습관을 지닐 필요가 있답니다.

화폐 개혁

하나 더 알아보기

화폐 개혁은 국가가 경제적 안정을 원하거나 인플레이션을 막기 위해 기존 화폐 체계를 변경하는 것을 말해요. 예전의 화폐를 새로운 화폐로 바꾸거나 화폐 단위를 변경하는 등의 방법이 있죠. 우리나라는 1905년, 1950년, 1953년, 1962년에 화폐 개혁을 했어요. 화폐는 경제에 아주 중요한 역할을 하는 만큼 화폐 개혁을 할 때는 신중하게 생각할 필요가 있어요. 갑작스러운 화폐 개혁은 경제 혼란을 발생시킬 수 있거든요.

디지털 화폐

디지털 화폐는 동전이나 지폐와 같이 손에 잡히는 물리적 형태가 아닌 컴퓨터 데이터에 저장된 화폐를 말해요. 인터넷의 발달과 스마트폰 사용자의 증가로 인해 나타난 화폐예요. 디지털 화폐로는 암호 화폐, 전자 화폐, 중앙은행 디지털 화폐(CBDC) 등이 있어요. 암호 화폐는 비트코인, 이더리움과 같이 블록 체인이라는 컴퓨팅 기술을 바탕으로 하고 특정 기관의 통제를 받지 않는다는 특징이 있어요. 전자 화폐는 칩이나 전자 기기에 돈의 가치가 저장돼요. 중앙은행 디지털 화폐는 국가가 발행하고 관리하는 공식 전자 화폐로 기존 현금과 같은 가치를 가지며 전자적 형태로만 존재해요. 오늘날 중앙은행 디지털 화폐를 활용하는 국가의 수가 계속해서 늘어나고 있어요.

디지털 화폐는 생산 비용을 줄이고 어디서든 편하게 쓸 수 있어요. 최근에는 국제 송금이나 무역 결제 등에서도 사용 가능성이 커지고 있죠. 대신 사이버 보안 문제나 개인 정보 보호 문제, 사용자의 접근성 문제 등을 해결해야 해요. 이러한 문제들이 잘 해결될수록 디지털 화폐의 중요성은 더욱 커질 거예요.

옥쌤의 시사 상식

기념 화폐란?

기념 화폐는 우리나라의 중앙은행인 한국은행에서 역사적 사건이나 인물을 기념하기 위해 만들어지는 특별한 화폐예요. 올림픽 개최나 건국 100주년, 독립 기념일, 위인 탄생 등을 기념해 금화나 은화 형태로 만들어요. 일부 기념 화폐는 법적으로 통화로서 기능이 있어서 일반 화폐처럼 사용할 수 있죠. 하지만 보통은 유통의 목적보다는 수집이나 기념의 의미로 제작해요. 한정된 수량으로 만들어진 기념 화폐는 희소성이 생겨 시간이 지날수록 가치가 커져요. 만약 기념 화폐 속 인물이나 사건에 상징성이 있다면 가치의 크기는 더욱 커지기도 해요. 때문에 기념 화폐는 투자의 대상이 되기도 한답니다.

통화량

통화량은 한 나라 안에서 실제로 움직이는 돈(통화)의 총량을 말해요. 지폐와 동전뿐만 아니라 예·적금, 카드 결제까지 포함해요. 통화량은 경제 활동의 안정성이 큰 영향을 미쳐요. 그래서 통화 정책을 관리하는 각 나라의 중앙은행은 경제 상황을 살펴 통화량을 조절하죠. 예를 들어 경제 상황이 너무 좋으면 물가가 오르니 돈의 양을 줄여요. 반대로 경제 상황이 좋지 않으면 소비를 늘리기 위해서 돈을 푸는 거죠. 통화량이 지나치게 많으면 물가가 심하게 올라서 인플레이션이 발생할 수 있고, 너무 적으면 소비와 투자가 줄어들어 경기가 더 나빠질 수 있기 때문이에요. 국가의 안정적인 경제를 위해선 통화량 관리가 아주 중요해요. 중앙은행은 적절한 통화량을 유지하기 위해 금리를 조절하는 등의 방법을 활용한답니다.

최근에는 디지털 화폐가 발달하면서 통화량의 개념과 관리 방식에도 변화가 생기고 있어요. 디지털 화폐는 기존의 통화량 측정 방식에 포함되지 않는 경우가 많기 때문이에요. 그래서 디지털 화폐를 포함하는 방식이 만들어질 필요가 있다는 의견이 생겨나고 있어요.

블록 체인

하나 더 알아보기

블록 체인은 정보를 안전하게 기록하고 보관하는 특별한 컴퓨터 기술이에요. 정보 상자(블록)를 차례로 연결해 기록해 둔 거죠. 주로 비트 코인과 같은 가상 화폐를 만들거나 중요한 서류들을 기록해요. 위조하거나 잃어버릴 걱정 없이 안전하게 보관할 수 있기 때문이에요.

환율

한 나라의 돈을 다른 나라의 돈을 바꿀 때의 비율인 환율은 국가 경제나 무역, 개인의 해외 소비 등 다양한 분야에 영향을 미쳐요.

평가 절하와 평가 절상

평가 절하는 환율이 움직이면서 특정 돈의 가치가 다른 나라의 돈에 비해 낮아지는 현상이에요. 반면 평가 절상은 특정 돈의 가치가 높아지는 현상을 말해요. 원인으로는 물가, 금리, 경기 등을 들 수 있어요.

원화(우리나라의 화폐)를 기준으로 했을 때 평가 절하는 원화의 가치가 떨어지는 것을, 평가 절상은 반대로 원화의 가치가 오르는 걸 말해요. 예를 들어 1달러를 1,000원에 바꿨는데 나중에는 1,300원을 줘야 1달러가 된다면 원화는 평가 절하, 달러는 평가 절상된 거예요. 원화가 평가 절하가 되면 우리나라 물건이 외국에 더 싸게 팔려 수출에는 유리하지만 해외 물건을 사 올 때는 더 비싸져서 수입이 불리해져요. 반대로 평가 절상은 외국 제품을 사는 소비자는 좋지만 수출하는 기업은 부담이 늘어나요.

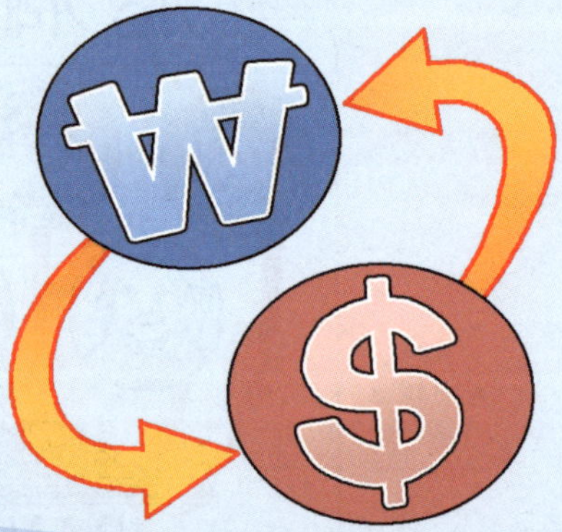

원·달러 환율

원·달러 환율은 우리나라 돈인 원화와 미국 돈인 달러 사이의 교환 비율을 말해요. 원·달러 환율이 1,300원이라면 1달러를 얻기 위해 1,300원을 내야 한다는 뜻이에요. 환율은 기업이나 여행객, 유학생, 투자자 등 많은 사람에게 영향을 줘요. 예를 들어 원·달러 환율이 높아지면 미국을 여행할 때 부담이 올라가지만 미국에 수출하는 사람은 외국에서 받은 달러를 원화로 바꿀 때 더 많은 돈을 벌 수 있어요. 원·달러 환율은 미국의 금리나 세계 경제, 정치 상황 등에 따라 민감하게 움직인답니다.

기축 통화

기축 통화는 여러 나라가 거래할 때 기준이 되는 통화를 말해요. 보통 국가의 경제 규모나 정치의 안정성, 국제 신뢰도 등을 따져서 결정되죠. 현재 대표적인 기축 통화는 미국 달러예요. 나라 간의 거래를 진행할 때 대부분 달러가 사용되거든요. 때문에 각 나라의 중앙은행은 달러를 많이 모아 둬요. 만약 기축 통화인 달러의 가치가 크게 흔들리면 미국뿐만 아니라 전 세계 경제에도 큰 충격이 갈 수 있어요. 특히 우리나라는 외환 위기 이후 기축 통화의 중요성을 더욱 깨달았어요.

환테크

재테크란 갖고 있는 돈을 효율적으로 관리해 기진 재산을 불리는 행위예요. 재테크 방식 중의 하나인 환테크는 환율 차이를 이용해서 이익을 얻는 재테크를 말하죠. 이때 생겨나는 이익을 환차익이라고 해요. 예를 들자면 환율이 낮을 때 달러를 사 두었다가 나중에 환율이 오르면 팔아서 이익을 얻는 거예요. 환율이 정치나 경제, 전쟁 등 다양한 요소에 의해 크게 움직이는 만큼 환테크에는 큰 위험이 따라요. 때문에 환테크를 포함한 모든 재테크는 큰 돈을 벌 기회를 주기도 하지만 돈을 잃을 위험이 있기도 해요.

옥쌤의 시사 상식

IMF 사태란?

1997년 우리나라 정부와 많은 기업이 외국에서 돈을 빌렸어요. 그런데 세계 경제가 안 좋아지자 외국 투자자들이 우리나라에서 돈을 빼가면서 경제가 흔들리기 시작했어요. 그러자 정부는 국제 통화 기금(IMF)에 돈을 빌렸고, 그 조건으로 정부의 지출을 줄이고 기업을 정비해야 했어요. 그 결과 국내의 많은 기업이 문을 닫고 힘든 시간을 보내야 했죠. 이를 'IMF 사태' 또는 '1997년 외환 위기'라고 해요. 우리나라뿐만 아니라 아시아 전반에 금융 위기가 있었기 때문에 '1997년 아시아 금융 위기'라고도 부른답니다.

투자

투자는 가진 돈을 불리기 위해 시간과 노력을 들이는 행위를 말해요. 투자하면 수익이 생기기도 하지만 손해를 보기도 하는 만큼 신중하게 접근하는 태도가 필요하답니다.

금

금은 반짝이는 금속이라 과거에는 장신구로 주로 쓰였지만 요즘에는 주식처럼 투자 대상으로도 봐요. 전쟁이나 경제 위기처럼 세계가 불안정해도 금의 가치는 쉽게 떨어지지 않기 때문이에요. 금의 가치는 경제가 불안하거나 물가가 오를 때 더욱 커져요. 돈의 가치가 떨어지면 사람들은 금처럼 가치가 쉽게 떨어지지 않는 안전 자산을 찾기 때문이죠. 반대로 경제가 안정되거나 달러, 주식 등 다른 투자의 가치가 커지면 금의 경제적 가치는 떨어지기도 해요.

달러

달러는 미국의 화폐 단위로 전 세계에서 가장 많이 쓰이는 기축 통화예요. 대부분 나라가 무역할 때 달러를 사용하는 만큼 달러는 아주 중요해요. 달러에 투자한다는 것은 세계 경제 흐름에 투자하는 것과 비슷해요. 게다가 달러를 가진 국가가 많은 만큼 상대적으로 안정적인 투자로 구분되죠. 반대로 미국의 경제가 약해지거나 투자 관련 정책에 변화가 생기면 달러의 가치에도 영향을 준답니다.

옥쌤의 시사 상식

달러 국가란?

미국 말고 에콰도르나 팔라우처럼 달러를 공식 화폐로 쓰는 달러 국가가 있어요. 이는 경제의 안정성을 위해서예요. 또 외환 보유고에 달러를 많이 갖고 있거나 달러에 많이 의존하는 개발 도상국을 달러 국가라고 부르기도 한답니다.

부동산

부동산은 땅이나 건물처럼 움직일 수 없는 자산을 말해요. 집을 사고팔거나 건물과 토지를 가지면서 전세, 월세 등의 임대료를 받는 것 모두 부동산 투자에 해당해요. 부동산은 사람들이 일상에서 가장 쉽게 접하는 투자예요. 땅이나 건물의 특성상 시간이 흐르면 가치가 올라가는 경우가 많아서 투자 대상으로 인기가 있죠.

특히 우리나라는 수도권을 중심으로 집값이 많이 오르면서 부동산 투자에 관심이 높아졌어요. 부동산은 투자하는 금액이 큰 편이기에 수익도 크게 나는 편이에요. 하지만 투자 단위가 큰 만큼 손해 금액이 클 수도 있어요. 다른 투자 방식보다 거래하는 방식이 복잡하기도 하고, 지역이나 정부의 정책에 따라서 수익 변화도 심한 편이에요.

채권

채권은 정부나 기업이 투자자에게 돈을 빌릴 때 주는 종이를 말해요. 쉽게 말해 빌린 돈뿐만 아니라 이자까지 더해서 투자자에게 갚겠다는 공식적인 약속이죠. 나라가 발행하면 국채, 회사가 발행하면 회사채라고 불러요. 채권은 정해진 기간이 지나면 원금과 이자를 돌려주기 때문에 주식보다 투자 위험이 낮아요. 하지만 금리의 변화나 발행 기관의 신용도에 따라 손해를 볼 수도 있어요.

대출

대출은 돈이 필요한 개인이나 기업이 은행이나 보험사 등의 금융 기관에서 돈을 빌리는 걸 말해요. 금융 생활에서 쉽게 접할 수 있으나 무리하면 큰 위험으로 이어질 수 있어요.

법정 금리

법정 금리는 정부가 정한 이자율을 말해요. 이 제도는 사람들이 올바르게 대출을 할 수 있도록 도와줘요. 예전에는 대출 이자율이 너무 높은 곳도 있어서 대출하는 사람들의 부담이 상당히 컸어요. 그러한 문제를 없애기 위해 국가가 '이자 제한법'을 통해 법정 최고 금리를 정한 거예요.

만약 법정 최고 금리를 넘는 이자를 요구하면 불법으로 처벌받기도 하고 받은 이자를 돌려줘야 해요. 우리나라는 대출 환경에 따라 법정 최고 금리를 정기적으로 조정하고 있어요. 2021년부터 우리나라의 최고 금리는 연 20퍼센트로 설정돼 있답니다.

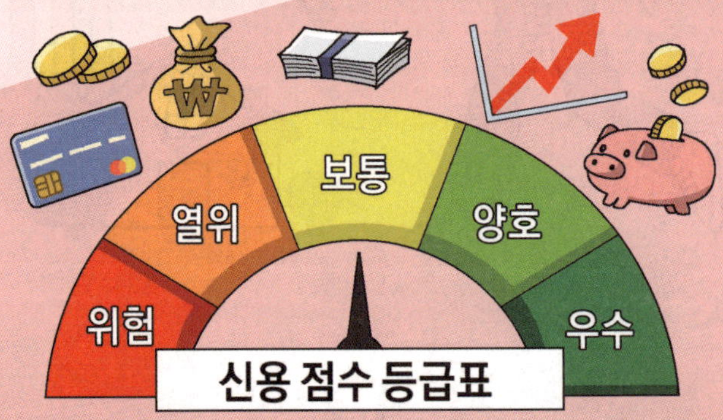

신용 점수

신용 점수는 개인의 신용이 어떤지 알려 주는 수치예요. 대출 기관은 신용 점수를 참고해 그 사람에게 돈을 빌려줘도 되는지, 얼마를 빌려줄 수 있는지를 결정해요. 예전에는 신용 등급(1~10등급) 제도를 썼지만 지금은 점수제로 바뀌었어요. 보통 1점에서 1,000점까지로 평가되며 점수가 높을수록 신용도가 높아요. 보통 신용 점수는 수입, 카드 결제 및 납부 상황, 대출 경험 등과 같은 다양한 요소로 평가해요. 점수가 높으면 대출이 쉽게 되거나 이자율이 낮게 적용돼요. 반대로 점수가 낮으면 이자율이 높게 적용되거나 대출이 안 될 수도 있어요. 때문에 평소 신용 점수를 잘 관리하는 습관이 필요해요.

상환

상환은 금융 기관에서 빌린 돈을 돌려주는 것을 말해요. 대출을 받으면 돈을 빌린 원금뿐만 아니라 이자도 함께 갚아야 해요. 상환 방식에는 크게 세 가지가 있어요. 첫째, 원리금 균등 상환 방식이에요. 원리금이란 '원금+이자'를 의미해요. 매달 원리금을 나눠서 상환해 나가는 방식이에요. 매달 같은 금액이 나가기 때문에 금융 계획을 세우기 좋지만 이자 부담이 큰 편이에요. 둘째, 원금 균등 상환 방식이에요. 원금만 똑같이 상환하고 이자는 매월 달라져요. 갚아야 하는 이자 부담이 적지만 대출을 갚는 초반에는 부담해야 할 대출 금액이 큰 편이에요.

셋째, 만기 일시 상환 방식이에요. 매달 이자만 갚다가 마지막에 원금을 갚아요. 매달 들어가는 돈이 적지만 큰 금액을 한꺼번에 갚아야 해요.

한편 제대로 상환하지 않고 연체가 반복되면 신용 점수가 떨어지게 돼요. 그러면 나중에 대출을 받거나 할 때 문제가 생겨요. 때문에 자기 소득과 소비 수준을 잘 파악한 뒤 무리하지 않는 선에서 대출받고 상환하는 게 중요하답니다.

디폴트

디폴트란 대출한 돈을 제대로 갚지 못한 상태를 말해요. 대출을 받은 사람이 약속한 날짜에 원금이나 이자를 제대로 갚지 못하면 디폴트, 즉 채무 불이행이 돼요. 디폴트는 개인뿐만 아니라 기업이나 나라도 해당할 수 있어요. 디폴트가 되면 개인은 신용 점수가 떨어지거나 대출이 제한돼요. 기업의 경우 투자자들이 기업에 넣은 돈을 빼려고 하고 부도가 나기도 하죠. 국가는 외국에서 돈을 빌릴 수 없게 되고 경제가 크게 흔들려요. 실제로 아르헨티나, 그리스 등은 디폴트가 되면서 큰 어려움을 겪기도 했어요.

금융 범죄

금융 범죄는 돈과 관련된 불법 행위를 말해요. 개인의 재산을 빼앗거나 금융 질서를 해치는 행동들이 포함돼요. 기술 발전과 함께 범죄 수법도 점점 다양해져서 이에 따른 대비가 필요해요.

보이스 피싱과 스미싱

보이스 피싱은 전화 목소리로 사람을 속여서 돈을 빼앗는 사기를 말해요. 은행원, 경찰, 법원 쪽 관계자라고 속여 '당신 계좌가 범죄에 이용됐다', '당신의 자녀가 위험하다' 등의 메시지를 통해 상대를 불안하게 만들고, 그 불안을 이용해 돈을 입금하게 해요. 스미싱은 문자 메시지를 이용해서 사람을 속이는 범죄예요. 특정 내용이 담긴 거짓 링크를 메시지로 보낸 후 그 링크를 클릭하면 개인 정보가 유출되거나 악성 애플리케이션이 설치돼서 여러 문제를 발생시켜요.

많은 사람이 알고 있는 범죄 방식이어서 속지 않을 거로 생각하지만 여전히 많은 피해자가 발생하고 있어요. 인공지능(AI) 기술이 발전하면서 예상하지 못한 방식으로 접근할 때가 많아요. 특히 이 범죄들은 어르신이나 어린 학생처럼 기술 및 금융 지식이 부족한 사람들을 노리는 일이 많아 사회적 문제가 되고 있어요.

횡령

횡령은 다른 사람의 돈이나 회사의 돈을 몰래 자기 마음대로 쓰는 범죄를 말해요. 개인이 아닌 기업이나 공공 단체가 쓰는 돈인 '공금'을 가져갔다고 해서 공금 횡령이라고도 해요. 회사에 말하지 않고 회삿돈으로 개인 물건을 사거나 투자했다면 횡령이라 할 수 있어요. 횡령을 하면 기업 경영에 문제가 생길 수도 있고, 기업의 신뢰가 떨어지면 소비자와 투자자에게도 부정적인 영향을 미쳐요. 실제로 기업에서 횡령 사건이 생기면 그 회사의 주식은 떨어질 때가 많아요. 횡령을 예방하려면 개인의 깨끗한 양심과 함께 정기적인 재무 점검이 필요하답니다.

탈세

탈세는 법적으로 내야 할 세금을 일부러 내지 않는 범죄를 말해요. 벌어들인 돈을 숨기거나 거짓으로 비용을 부풀려서 세금을 줄인 것도 탈세예요. 탈세는 기업뿐만 아니라 개인에게도 해당해요. 보통 부동산이나 주식을 거래할 때는 세금 신고를 해야 해요. 이때 제대로 신고하지 않으면 탈세가 될 수 있어요. 세금은 나라를 운영하는 데 중요한 요소예요. 때문에 탈세는 개인이나 기업뿐만 아니라 사회 전체에 피해를 준다고도 볼 수 있어요. 정부는 이러한 문제를 예방하기 위해 세무 조사를 활용해요. 올바른 세금 납부는 국민의 아주 중요한 의무예요.

개인 정보 유출

온라인 사이트를 활용할 때 이름이나 주민 등록 번호, 전화번호, 은행 계좌 번호 같은 개인 정보를 입력하기도 해요. 그런데 이러한 중요한 개인 정보를 외부로 빼돌려 범죄로 활용하는 일이 있어요. 유출된 개인 정보는 인터넷에서 불법으로 거래되거나 범죄에 악용되기도 해요. 주소와 전화번호가 유출되면 스팸 전화 및 문자, 보이스 피싱 등에 이용돼요. 또 계좌 번호와 비밀번호가 유출되면 자신도 모르게 통장에서 돈이 빠져나갈 수도 있죠.

만약에 유출 사고가 발생하면 금융 피해뿐만 아니라 심리적인 충격이 더 크게 다가올 수 있어요. 왜냐하면 이후에 어떤 피해가 더 발생할지 모르기 때문이에요. 그래서 기업이나 기관은 개인 정보를 안전하게 저장하고 관리해야 해요. 사용자는 비밀번호를 자주 바꾸고 처음 보는 링크를 쉽게 클릭하지 않는 등의 개인 정보 보호 습관을 기를 필요가 있답니다.

금융 위기를 바라보는 두 인물

금융 위기란 금융 시스템이 정상적으로 작동하지 못하는 상황을 말해요. 금융 위기가 오면 은행 부도나 주가 폭락 등의 상황이 발생해 경제에 심각한 영향을 미쳐요.

2008년 세계 금융 위기

사람들은 투자할 때 돈이 필요하면 다양한 금융 기관에서 돈을 빌려요. 보통 금융 기관은 사람들의 신용도를 보고 대출해 주죠. 그런데 2000년대 미국은 신용 등급이 낮은 사람들에게도 집을 담보로 해서 대출해 줬어요. 이러한 주택 담보 대출을 '서브프라임 모기지'라고 해요. 그런데 2000년대 초 미국의 경제가 어려워지면서 집값이 급격히 내려갔어요. 집을 팔아도 대출금을 갚을 수 없게 된 거죠. 게다가 정부가 금리를 대폭 올려 사람들의 이자 부담이 상당히 커졌어요. 결국 대출을 받은 사람들은 빚을 갚지 못하게 됐고, 돈을 돌려받지 못한 금융 기관들은 큰 피해를 보았어요. 결국 2008년 미국의 대형 투자 은행인 리먼 브러더스가 파산하면서 세계 금융 위기가 발생했어요. 이 일을 '리먼 브러더스 사태' 또는 '리먼 쇼크'라고 해요. 리먼 쇼크를 막기 위해 각 나라의 중앙은행은 금리를 낮추고 많은 돈을 시장에 풀어야 했죠. 몇 년에 걸친 노력 끝에 금융 시장은 조금씩 안정을 되찾았답니다.

워런 버핏

워런 버핏은 세계적으로 유명한 투자자예요. 버핏은 어린 시절부터 투자에 눈을 떴고, 버크셔 해서웨이라는 회사를 통해 전 세계적으로 다양한 기업에 투자했어요. 버핏의 투자 철학은 아주 간단해요. '현재보다 기업의 미래 가치에 집중하라'는 거예요. 그의 원칙은 아주 쉬워 보이지만 긴 시간을 투자해야 하는 만큼 짧은 시간 내에 수익을 원하는 사람들에게는 아주 어려운 일이었어요. 실제로 2008년 세계 금융 위기 때 대부분 투자자가 불안과 두려움에 빠져 가진 주식을 팔았어요. 하지만 버핏은 최악의 위기를 최고의 기회로 보았죠. 그는 당시 기업의 가치에 비해 인기가 많지 않았던 골드만삭스, 뱅크오브아메리카 같은 금융 기업에 과감히 투자했어요. 사람들은 아무리 버핏이라도 무리한 투자라고 생각했어요. 그러나 그의 가치 투자는 성공적인 결과를 만들었어요. 그 결과 사람들은 버핏을 통해 투자에서 기업의 미래 가치가 얼마나 중요한지를 깨달을 수 있게 됐죠.

벤 버냉키

미국의 경제학자인 벤 버냉키는 2006년 미국 연방 준비 제도 이사회(FED)의 의장을 맡은 세계 경제의 책임자였어요. 미국 연방 준비 이사회는 미국뿐만 아니라 세계 금융 경제에서도 아주 중요한 기관이에요. 그런데 2년 후인 2008년, 미국은 금융 위기를 맞이하게 돼요. 이러한 상황 속에서 버냉키는 역사상 쉽게 본 적이 없는 강력한 정책들을 진행했어요. 기준 금리를 거의 0퍼센트까지 낮추고, 미국 국채나 주택 담보 채권을 대규모로 사들이는 '양적 완화' 정책을 펼친 거예요. 이러한 정책은 시장에 돈의 흐름이 돌 수 있게 해서 위기를 진정시키고 소비와 투자를 빠르게 일으키려는 전략이었어요. 또 대형 금융 기관들이 무너지는 것을 막기 위해 긴급 지원도 진행했죠. 당시 이런 정책들을 두고 여러 논란이 있었지만 결과적으로 미국 경제 및 세계 경제가 큰 위기에서 빠져나올 수 있는 역할을 했다는 평가를 받아요. 버냉키가 이러한 성과를 낼 수 있었던 이유는 이미 오래전부터 경제 위기에 관한 연구를 진행해 왔기 때문이에요.

est.
1924
World ne
Lorem ipsum dolor sit amet, consectetuer adipiscing elit, sed diam nonummy
ad minim veniam, quis nostrud exerci tation ullamcor
Breaking
ws!!
Vintage
daily news
est.
1924
Lorem ipsum dolor sit amet, consectetuer adipiscing elit, sed diam nonummy nibh euismod tincidunt ut laoreet dolore magna aliquam erat volutpat. Ut wisi enim ad minim veniam, quis nostrud exerci tation ullamcorper suscipit lobortis nisl ut aliquip ex ea commodo consequat.

아울일보

20XX년 X월 XX일 X요일

PART 2

사람과 지구는 어떻게 살아갈까?

사회 | 교육 | 지리와 환경

사회는 사람들이 함께 살아가는 세상이고,
사회 구조는 사회가 어떻게 구성돼 있는지를 말해요.
우리 사회에서 어떤 일들이 일어나는지 알아봐요.

1장 사회

사회 | 사회 구조 | 사회 현상 | 사회 문제 | 사회 복지
사회 만족도 | 미래 사회 | 계급과 계층을 바라보는 두 인물

키워드	교과 과정	
사회	초등 사회 3-2	1. 사회 변화와 다양한 문화
	초등 사회 6-2	2. 통일 한국의 미래와 지구촌의 평화
	중학 사회 1	8. 다양한 문화의 이해
	고등 통합 사회 1	4. 문화와 다양성
사회 구조	초등 사회 5-1	1. 국토와 우리 생활
	중학 사회 1	7. 인간과 사회생활
	중학 사회 2	7. 인구 변화와 인구 문제
	고등 통합 사회 1	4. 문화와 다양성

사회

사회에서 살아가는 사람 사이에는 역할과 규칙이 존재해요. 사회 변화와 기술 발전에 따라 다양한 문제가 일어나기도 한답니다.

사회란?

사회는 사람들이 함께 살아가는 집단을 말해요. 가족, 학교, 직장, 나라 모두 사회예요. 이러한 사회를 구성하는 다양한 요소들이 어떻게 서로 연결돼 있는지 나타낸 게 사회 구조예요. 가족, 교육, 경제, 정치, 법, 종교 등이 포함되죠. 사회는 고정되지 않고 시대에 따라 바뀌어요. 과거 산업화 시대에는 생산 중심의 구조였어요. 하지만 정보화 시대인 오늘날에는 지식과 기술이 중심이 됐죠. 사회 구조를 이해하면 사회에서 일어나는 다양한 일들의 원인과 결과를 이해하고 받아들일 수 있답니다.

디지털 네이티브

하나 더 알아보기

디지털 네이티브란 태어날 때부터 디지털 환경에서 자란 세대를 말해요. 스마트폰이나 인터넷, 사회 관계망 서비스(SNS) 등을 자연스럽게 사용하면서 성장해 디지털 문화에 아주 익숙하죠. 다른 사람과 소통할 때는 스마트폰을 이용해 메신저나 사회 관계망 서비스 등을 활용하는 경우가 많아요. 또 글자보다는 이미지나 짧은 영상에 친숙해요. 과제를 할 때도 종이책이나 신문보다는 유튜브나 블로그를 검색해 정보를 찾죠. 하지만 디지털 환경에 지나치게 의존하면 가짜 뉴스나 디지털 중독과 같은 여러 문제가 일어날 수 있어요.

다문화

다문화란 서로 다른 민족이나 언어, 종교, 문화 배경 등을 가진 사람들이 함께 살아가는 사회의 모습을 말해요. 예전에는 한 나라 안에 한 개의 문화가 중심인 경우가 많았어요. 하지만 이민, 국제결혼, 난민 등으로 인해 다양한 문화가 함께하는 사회가 점점 확대되고 있죠.

다문화 사회에는 다양한 장점이 있어요. 다양한 예술, 음악, 언어, 음식 등을 통해 문화적 경험을 많이 할 수 있거든요. 또 외국인 노동자는 특정 산업에서 중요한 역할을 하기도 해요. 그러나 다문화 사회에서는 문화 차이로 여러 갈등이 생기기도 해요. 갈등이 심해지면 편견과 차별로 이어져 사회적 문제가 생기기도 하죠. 이러한 문제들을 해결하기 위해서는 서로 다른 문화를 이해하고 존중하는 태도가 중요해요. 또 사회 속 다문화에 대한 인식이 바뀔 필요가 있답니다.

지구촌

지구촌은 지구 전체가 하나의 마을처럼 가까워졌음을 말해요. 언어나 문화, 정보, 무역 등이 실시간으로 국가의 국경을 넘나드는 거죠. 오늘날 교통과 통신 기술의 발달로 세계 어느 곳과도 빠르게 소통하고 이동할 수 있게 됐어요. 우리나라에서 만든 드라마나 노래가 인터넷과 플랫폼을 통해 전 세계로 퍼지고, 이를 통해 우리나라를 잘 몰랐던 다른 나라의 사람들이 우리나라를 잘 알게 됐죠.

지구촌이 되면서 한 나라에서 일어난 사건이 전 세계에 영향을 미치기도 해요. A 국가의 경제가 흔들리면 B 국가나 C 국가의 경제도 흔들리기도 하는 거죠. 또 문화의 교류 과정에서 문화 충돌이 일어나기도 해요. 이러한 문제를 해결하기 위해서는 세계를 바라보는 넓은 시선이 필요해요. 또 한 나라가 해결하기 어려운 문제들은 모두 함께 협력해서 해결해 나갈 필요가 있어요.

사회 구조

사회 구조란 사회가 어떻게 구성되는지, 그 사회를 유지하고 지탱하는 요소가 무엇인지 등을 말해요. 사회를 전체적으로 이해하기 위해서는 사회 구조를 알아 둘 필요가 있어요.

엠지 세대와 알파 세대

엠지(MZ) 세대는 1980년대 초반부터 1990년대 중반에 태어난 밀레니얼 세대와 1990년대 중반부터 2010년까지 태어난 지(Z) 세대를 아울러 부르는 말이에요. 이들은 어릴 때부터 컴퓨터나 인터넷, 스마트폰과 같은 디지털 기기를 자연스럽게 사용해서 디지털 환경에 아주 익숙해요.

알파 세대는 2010년대 초반부터 2020년대 중반까지 태어난 사람들을 함께 부르는 말이에요. 이들은 태어날 때부터 스마트 기기와 인공 지능(AI) 기술을 접하며 자라서 디지털 환경에 익숙하고, 새로운 기술에 거부감이 적어요. 이전 세대보다 개인의 생각을 솔직하게 표현하는 편이에요.

기성세대

기성세대는 현재 사회의 중심적인 역할을 하는 사람을 말해요. 보통 40대 이후로, 일을 하며 돈을 벌고 사회에서 안정적인 위치에 해당하는 경우가 많아요. 기성세대는 오랜 사회 경험과 풍부한 지혜를 갖고 있어요. 때문에 젊은 세대에게는 삶의 지혜를 전달하고 사회의 안정적인 발전을 이끌어 줘요. 대신 젊은 세대보다 새로운 기술이나 문화에 낯설어하는 모습을 보이기도 하죠. 사회가 빠르게 변하면서 기성세대와 젊은 세대에 생각과 문화 차이가 발생하고 있어요. 이를 해결하기 위해서는 서로를 이해하고 존중하는 마음으로 함께 협력하는 게 중요하답니다.

1960년

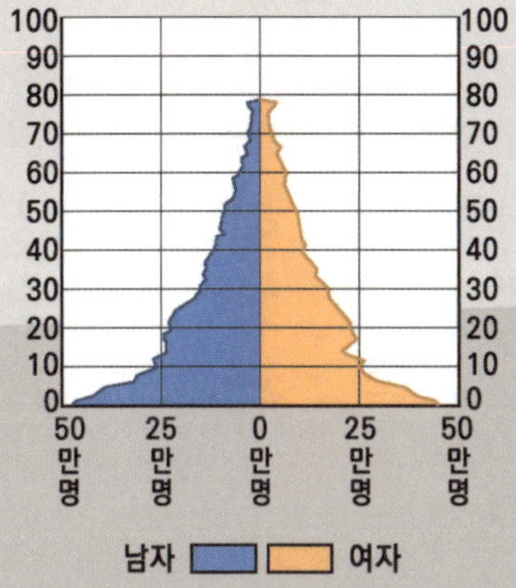

2020년

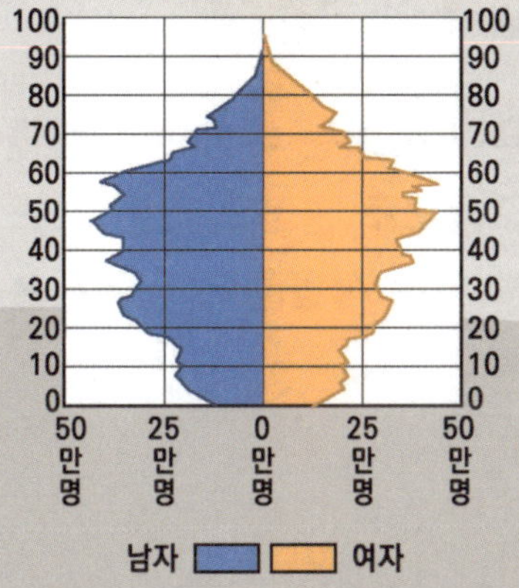

2050년

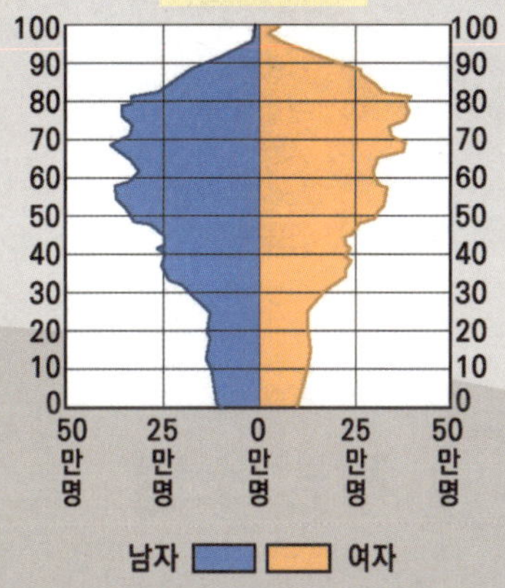

인구 피라미드

인구 피라미드는 한 나라 또는 특정 지역의 사람을 나이와 성별 등으로 나눈 형태를 말해요. 인구 피라미드의 모양은 시대와 지역에 따라 다르게 나타나요. 예전에는 아이를 많이 낳고 일찍 돌아가시는 사람이 많아서 밑이 넓고 위가 좁았어요. 그런데 요즘에는 출생률이 낮아지고 평균 수명은 늘어나면서 밑은 좁고 위는 넓어지고 있어요. 이러한 인구 구조의 변화는 사회 전체에 다양한 영향을 미쳐요. 우리는 인구 피라미드를 통해 미래 사회를 예측하고 앞으로 일어날 문제에 대비해야 해요.

계층 이동

계층 이동은 개인이 속한 사회적, 경제적 위치가 변화하는 현상을 말해요. 계층 이동은 개인의 노력이나 능력뿐만 아니라 사회 전체의 경제 상황이나 교육 제도, 직업 상황 등 다양한 요소의 영향을 받아요. 건강한 사회에서는 개인의 노력에 따라 계층 이동이 비교적 자유롭게 일어나요. 계층 이동이 자유로우면 사람들은 스스로 공부하거나 일을 해요. 그러면 사회 전체가 더욱 발전하고 안정될 수 있죠. 반대로 사회 구조의 불평등이나 기회의 부족으로 계층 이동이 어렵다면 사람들의 불만과 갈등이 커질 수 있어요.

사회 현상

우리 사회는 다양한 사람들이 함께 살아가면서 여러 가지 모습으로 변하고 있어요. 도시로 사람이 몰리는 것이나 혼자 사는 사람들이 많아지는 현상을 모두 사회 현상이라고 해요.

지방 소멸

지방 소멸이란 우리 주변의 작은 도시나 시골이 점점 사람이 살지 않는 곳으로 변하는 걸 말해요. 마을이 점점 사라지는 거죠. 지방 소멸은 출생률이 줄어들거나 젊은 사람들이 공부나 좋은 직장을 구하기 위해 큰 도시로 떠나면서 일어나요. 지방 소멸이 일어나면 학교가 없어지기도 하고, 빈 가게들이 늘어나 생활이 불편해져요. 또 빈집이 많아지면서 마을이 활기를 잃기도 해요. 이처럼 일자리가 없고 생활이 불편해질수록 떠나는 사람들이 많아지는 악순환이 반복돼요. 지방 소멸을 막기 위해선 젊은 사람들이 마을에 머물 수 있도록 좋은 직장이나 새로운 사업을 만들고, 사람들이 불편함 없이 살 수 있도록 해야 해요. 지방 소멸은 단순히 마을 하나가 없어지는 게 아니라 우리나라 전체의 힘을 약하게 만들 수 있는 큰 문제예요.

1인 가구

1인 가구는 가족들과 함께 사는 게 아니라 혼자 사는 사람을 말해요. 예전에는 결혼해서 아이를 낳고 함께 살았지만 요즘에는 혼자 사는 사람들이 점점 많아지고 있어요. 개인의 자유와 독립, 공부나 일자리, 결혼을 하지 않는 등 다양한 이유가 있죠. 2025년 기준 1인 가구가 1,000만이 넘어서면서 혼자서도 즐길 수 있는 문화생활이 점차 대중화되고 있어요. 하지만 혼자 생활하면 외로움을 느끼거나 아플 때 돌봐줄 사람이 없다는 등의 문제가 있기도 해요.

니트족

니트족은 직업이 없음에도 공부를 하거나 일자리를 구하려 하지 않는 사람들을 말해요. 일하고 싶지 않아 한다는 점에서 일하고 싶어도 일자리를 구하지 못하는 '실업자'나 아르바이트를 하면서 생활하는 '프리터족'과는 달라요. 계속해서 니트족이 증가하면 경제 활동을 하는 사람들의 수가 줄어 경제와 국가 성장에 좋지 않은 영향을 줄 수 있어요.

캥거루족과 리터루족

캥거루족은 어른이 돼서도 부모와 함께 살면서 경제적으로 부모에게 의존하는 자녀를 말해요. 새끼 캥거루가 엄마 캥거루의 주머니 안에서 생활하는 모습과 비슷하다고 해서 붙여진 이름이죠. 캥거루족이 늘어나는 이유는 대학을 졸업해도 좋은 직장을 구하기 어렵거나 높은 집값으로 독립할 돈을 모으기 힘든 경우가 많기 때문이에요.

결혼해 독립했다가 다시 부모님과 함께 사는 리터루족도 있어요. 리터루족은 '돌아가다(return)'와 '캥거루족'을 합친 말이에요. 리터루족은 높은 집값과 육아 문제로 생겨난 현상으로 우리나라뿐만 아니라 외국에서도 늘어나고 있어요.

파이어족

파이어족은 경제적으로 자립해 정년 이전에 은퇴하려고 하는 사람들을 말해요. 이들은 단순히 빨리 일을 그만두고 싶은 게 아니라 자신이 하고 싶은 것을 하며 살아가는 걸 목표로 해요. 이를 위해 파이어족은 필요하지 않은 소비를 줄여 저축하기도 하고 주식이나 채권, 부동산 등 다양한 자산에 투자한답니다.

사회 문제

사람들이 함께 살아가다 보면 다양한 문제가 발생하기도 해요. 이러한 문제를 해결하기 위해서는 원인을 정확하게 파악하고, 그에 맞는 해결 방법을 찾아야 해요.

저출생

저출생은 한 나라에서 태어나는 아이의 수가 점점 줄어드는 현상을 말해요. 옛날에는 한 가정에 아이가 많았지만 요즘에는 한두 명의 아이만 낳거나 아예 아이를 낳지 않는 경우가 많아지고 있어요. 특히 우리나라는 전 세계적으로도 저출생 현상이 매우 심각한 나라 중 하나로 꼽혀요.

자료: 통계청

저출생은 사회적, 경제적 어려움 때문에 생겨난 현상이에요. 양육 비용의 부담이나 육아와 일을 같이 하는 게 어려워 아이를 낳지 않는 거죠. 또 결혼이나 출산보다 개인의 삶을 중시하면서 점점 아이를 낳지 않으려 하기도 해요.

하지만 저출생이 계속되면 일할 사람이 줄고 세금도 덜 걷혀서 사회 전체에 부담이 될 수 있어요. 그래서 정부는 출산 지원금, 육아 휴직 확대, 교육비 완화 등 다양한 정책으로 저출생 문제를 해결하기 위해 노력하고 있어요.

고령화

고령화는 한 사회의 전체 인구 중 나이가 많은 사람들의 비율이 점점 높아지는 현상을 말해요. 일반적으로 65세 이상 인구가 7퍼센트 이상이면 고령화 사회, 14퍼센트 이상이면 고령 사회, 20퍼센트 이상이면 초고령 사회라고 해요. 우리나라는 2024년 기준 65세 인구가 20퍼센트를 넘으면서 초고령 사회가 됐어요.

고령화는 의학 기술이 발전하고 생활 수준이 높아지면서 평균 수명이 길어져 나타난 현상이에요. 게다가 태어나는 아이의 수가 줄어들다 보니 고령화가 두드러지고 있죠. 고령화가 심해지면 혜택을 받는 어르신들이 늘어나면서 젊은이들의 경제적 부담으로 이어질 수 있어요. 고령화 문제는 저출생과 함께 우리 사회가 해결해 나가야 하는 문제 중 하나예요.

지역 불균형

지역 불균형은 한 나라 안에서 특정 지역은 빠르게 발전하고 인구가 늘어나지만 다른 지역은 발전 속도가 느리고 인구가 줄어드는 현상을 말해요. 우리나라는 서울을 중심으로 경기도와 6대 광역시 등에 인구와 경제 활동이 집중되는 현상이 나타났어요. 이는 많은 사람이 더 좋은 교육 기회나 더 많은 일자리, 다양한 문화 시설 등을 찾아서 서울이나 대도시로 이사하기 때문이에요. 갑자기 인구가 크게 늘어난 도시에는 교통이나 주택 가격, 환경 오염 등의 문제가 발생해요. 반대로 지방 도시나 농촌 지역은 인구가 줄어들어 폐교 위기에 놓이거나 병원, 가게들이 사라져 사람들이 불편을 겪고 있죠. 지역 불균형이 계속되면 사회적 불평등이 커지고, 국가 전체의 균형 발전을 막게 돼요. 이를 해결하기 위해서 정부는 지방 도시에 기업을 만들거나 교육과 문화 시설을 늘리고 있어요.

다양한 갈등

우리 사회는 여러 가지 생각과 의견을 가진 다양한 사람이 함께 살아가고 있어요. 각기 다른 생각을 하기 때문에 갈등이 발생하기도 해요. 특히 세대, 성별, 지역과 관련한 다양한 갈등이 나타나고 있죠. 세대 갈등은 나이가 다른 세대 간의 생각이나 가치관의 차이로 생기는 갈등이에요. 기성세대는 어릴 때부터 경험한 것을 바탕으로 조언하지만 젊은 세대는 새로운 기술이나 문화에 익숙해 의견 차이가 발생하는 거죠. 성별 갈등은 남성과 여성 사이에 사회적 역할이나 기회의 차이가 발생하는 갈등이에요. 예전에는 남성과 여성의 역할이 정해진 편이었지만 현대 사회에서는 성 역할에 대한 이해가 많이 바뀌면서 직장, 가정 등에서 갈등 상황이 나타나기도 해요. 지역 갈등은 서로 다른 지역 출신이거나 특정 지역에 대한 편견 때문에 발생하는 갈등이에요. 역사적인 배경이나 경제적인 발전 차이 등을 바탕으로 지역 간의 작은 감정 차이가 큰 갈등으로 번질 수 있어요. 또 새로운 시설이 들어오는 것을 두고 지역 주민들 사이에 갈등이 생기기도 해요.

이러한 다양한 갈등은 사회에서 발생할 수 있는 자연스러운 것으로도 볼 수 있어요. 하지만 갈등이 심해지면 건강한 사회를 막는 요소가 되기도 해요. 이를 해결하기 위해서는 서로의 입장을 이해하고 존중하며 대화하는 노력이 필요하답니다.

안전 불감증

안전 불감증은 위험한 상황이 발생할 수 있음에도 크게 중요하지 않다고 생각하거나 위험하다고 느끼지 못하는 태도를 말해요. 마치 불이 날 수 있다는 경고를 듣고도 '설마 나한테 그런 일이 생기겠어?'라고 생각하며 안전 수칙을 지키지 않는 것과 비슷해요. 이러한 태도는 큰 사고로 이어질 수 있어서 사회적으로 큰 문제이기도 해요. 과거 삼풍 백화점 붕괴 사고나 성수 대교 붕괴 사고 등은 안전 불감증이 얼마나 큰 문제를 발생할 수 있는지를 보여 주는 대표적인 사례예요. 안전 불감증을 극복하고 안전한 사회를 만들기 위해서는 개인의 책임감 있는 태도와 함께 사회적인 노력이 필요해요. 안전 교육을 철저히 하고 안전 수칙을 잘 지켜야 하죠. 정부와 기업은 안전 관련 법을 강화하고 비상 대비 훈련을 진행하는 등 안전 시스템을 더욱 튼튼하게 만들어야 해요.

학교 폭력

학교 폭력은 학교 안팎에서 학생을 대상으로 일어나는 신체적, 정신적 피해를 주는 모든 행동을 말해요. 단순히 누군가를 때리거나 밀치는 것뿐만 아니라 욕설, 따돌림, 스마트폰을 이용한 사이버 폭력까지 모두 해당하죠. 친구 사이에서 장난으로 시작했어도 상대방이 고통스러워한다면 학교 폭력이 될 수 있어요. 학교 폭력은 피해 학생에게 깊은 상처를 남겨요. 신체적인 상처는 약으로 치료할 수 있지만 마음의 상처는 오랜 시간 아픔으로 남을 수 있어요. 학교에 가기 싫어하거나 친구들을 믿지 못하게 되기도 하고, 심하면 우울증에 걸려서 극단적인 선택을 생각하기도 해요. 피해 학생뿐만 아니라 학교 폭력을 목격한 학생들도 불안감이나 죄책감을 느끼고 살아갈 수 있어요.

학교 폭력의 원인은 다양해요. 학업 스트레스나 가정 환경 문제, 또래 관계의 어려움 등이 복합적으로 작용할 수 있어요. 최근에는 미디어의 영향을 많이 받기도 해요. 학교 폭력을 막기 위해서는 모두의 관심과 노력이 필요하답니다.

사회 복지

사회 복지는 국민이 국가에서 인간다운 삶을 누릴 수 있도록 돕는 사회 장치를 말해요. 일자리나 의료, 주거, 소득, 교육, 문화 등 다양한 분야에서 사람들의 불평등을 줄이는 역할을 하죠. 특히 사회적 약자를 보호하기 위해 노력해요.

사회 복지

사회 복지란 국민이 최소한의 인간다운 삶을 누릴 수 있도록 국가나 사회가 제공하는 지원과 제도를 말해요. 사회 복지는 크게 두 가지로 나뉠 수 있어요. 한 가지는 '보편적 복지'로 모든 국민을 대상으로 기본적인 혜택을 제공하는 것을 말해요. 대표적인 예로 학교 무상 급식, 무상 교육, 건강 보험 등이 있어요. 다른 한 가지는 '선별적 복지'로 소득이나 상황에 따라 필요한 사람들에게 집중적으로 혜택을 제공하는 것을 말해요. 대표적인 예로 기초 생활 보장이 있어요. 이 제도는 벌어들이는 돈이 일정 기준 이하인 사람들에게 생활비나 교육비 등을 지원하는 걸 말해요.

보편적 복지는 많은 사람이 혜택을 받지만 그만큼 큰 비용이 들어요. 반면 선별적 복지는 비용이 적게 들지만 사회적 불평등이 발생할 수 있어요. 좋은 사회가 되기 위해서는 보편적 복지와 선별적 복지의 균형이 중요하답니다.

공공 임대 주택

하나 더 알아보기

공공 임대 주택은 정부나 지방 자치 단체가 집을 구하기 힘든 사람들을 위해 집을 빌려주는 사회 복지 제도를 말해요. 임대란 돈을 받고 자기의 물건을 남에게 빌려주는 거예요. 이 제도는 주변의 가격보다 임대료를 적게 받아서 사람들이 집을 구할 때 느끼는 경제적 부담을 줄여 줘요. 때문에 사회 전체의 주거 불평등을 해결해 줄 수 있어요. 대신 공공 임대 주택은 주택에 들어올 수 있는 자격이 까다롭거나 주택의 수가 부족하기도 하고, 일반 주택보다 이미지가 좋지 못하는 등의 한계가 있기도 해요.

4대 보험

4대 보험은 국민의 생활과 건강을 보호하기 위해 정부가 운영하는 공식적인 보험 제도를 말해요. 4대 보험으로는 국민연금, 건강 보험, 고용 보험, 산재 보험 등이 있어요. 건강 보험은 병원 진료나 치료에 필요한 비용을 지원해요. 고용 보험은 사람들이 일하다가 그만두었을 때 일정 기간 실업 급여를 제공하고, 재취업을 위한 훈련을 지원해요. 산재 보험은 일하다 다치거나 질병에 걸렸을 때 치료비와 보상을 도와요.

국민연금

국민연금은 정년이 돼 일을 못 하게 됐을 때, 나라에서 매달 돈을 주는 제도예요. 일을 다닐 때 매달 조금씩 돈을 내면 은퇴한 이후 그 돈을 돌려받는 거죠. 회사에 다니는 직장인은 '직장 가입자'로 나뉘어 월급을 받을 때 4대 보험료를 뺀 돈을 받아요. 회사가 직장인이 내야 할 4대 보험료를 일부 내기도 해요. 사업자는 '지역 가입자'로 나뉘어 소득별로 4대 보험을 내야 해요. 4대 보험은 질병, 실업, 고령 같은 위험에 대비하는 중요한 사회적 복지 제도예요.

옥쌤의 시사 상식

정년이란?

정년은 직장에서 더는 일할 수 없게 되는 나이를 말해요. 우리나라의 정년은 60세이지만 요즘에는 사람들이 오래 살게 되면서 60세 이상으로 늘어나고 있어요. 실제로 덴마크의 경우 정년이 70세까지 늘어났고, 일본의 경우 고용 연장을 통해 기업이 70세까지 고용을 보장하도록 노력하고 있어요. 이처럼 정년이 늘어나면 오랜 경험과 지혜를 쌓은 사람들이 젊은 사람들에게 도움을 줄 수 있어요. 또 일할 수 있는 시간이 늘면서 안정적인 생활을 보낼 수도 있죠. 내신 젊은 사람들이 일자리를 얻기 어려워질 수도 있다는 단점이 있답니다.

법정 근로 시간

법정 근로 시간은 근로 기준법에 따라 정해진 근로 시간을 말해요. 근로란 사회에서 돈을 벌기 위해 일하는 거예요. 2025년 기준 우리나라는 주 40시간, 하루 8시간이 법정 근로 시간이에요. 여기에 주 12시간까지 추가로 일을 할 수 있어서 법으로 허용되는 최대 근로 시간은 주 52시간이에요. 이 제도는 사람들의 무리한 노동을 막고, 근로자의 건강과 삶의 균형을 보장해요.

예전에는 긴 시간 동안 일하는 게 경제 성장의 중요 요소로 생각됐어요. 그런데 이로 인해 건강이 나빠지거나 가정에 문제가 생기는 등의 사회 문제가 계속해서 발생했죠. 이를 해결하기 위해 2018년부터 주 52시간제가 적용됐어요. 일하는 시간이 줄어들면 기업의 생산성에 문제가 생길 거라 걱정했지만 근로 시간 외에 쉬는 시간이 많아지면서 일할 때 집중력을 잘 유지할 수 있게 됐어요. 또 삶의 질이 높아지면서 사회 만족도도 높아졌어요.

주 4일제

오늘날 대부분의 회사는 주 5일제예요. 일주일에 5일을 일하고 나머지 2일은 휴식하는 거죠. 예전에는 주 6일, 주 7일 동안 일했지만 무리한 노동을 막고 사람들의 건강한 삶을 위해 주 5일제로 바뀌었죠. 그런데 시간이 지나면서 조금씩 주 4일에 대한 이야기가 나오고 있어요. 일주일에 4일만 일하고, 나머지 3일은 휴식을 취하는 거예요. 국내 및 외국의 일부 기업에서는 자율적으로 주 4일제를 하고 있기도 해요.

주 4일제는 직원들이 일할 때 집중력과 창의력을 높여 일의 성과를 높이도록 도와요. 또 직원의 스트레스를 감소시켜 삶의 질이 높아지도록 하죠. 그러나 일의 특성상 주 4일제가 어려운 곳도 있어요. 또 주 4일만 일하면 월급이 줄어들어 경제적 부담을 느낄 수 있죠. 때문에 주 4일제가 잘 이뤄지기 위해서는 사업자와 근로자 간의 건강한 합의가 필요하답니다.

최저 임금

최저 임금은 노동자에게 줘야 하는 법적으로 정해진 최소한의 돈을 말해요. 이러한 법이 생긴 건 노동자의 생활을 보호하기 위해서예요. 우리나라는 1988년부터 최저 임금 제도가 실행됐으며, 매년 고용노동부의 최저 임금 심의 위원회에서 경제 상황, 물가 등에 따라 금액을 조정해요. 1998년에는 업종별로 최저 임금이 달랐지만 현재는 모든 업종에 같은 최저 임금을 적용하고 있어요.

최저 임금은 단순한 숫자가 아니라 사회가 노동의 가치를 어떻게 평가하는지를 보여 주는 경제 지표이기도 해요. 최저 임금 정책은 일하는 사람이 최소한의 삶을 유지할 수 있도록 돕는 역할을 하죠. 대신 최저 임금이 오르면 노동자에게 돈을 줘야 하는 사업자는 인건비 부담이 커질 수 있어요. 그래서 사업자와 노동자 간의 건강한 사회적 합의가 필요해요.

옥쌤의 시사 상식

우리나라는 언제부터 주 5일제였을까요?

혹시 '놀토'라는 말을 들어본 적이 있나요? 놀토는 '놀 수 있는 토요일'의 줄임말로 학생들이 토요일에 학교를 가지 않고 쉬는 날을 말해요. 지금은 평일에만 학교를 가지만, 예전에는 주말인 토요일에도 학교에 가야 했거든요. 토요일에 학교에 간 것처럼 2000년대 초반까지만 해도 대부분 주말에도 일을 했어요. 하지만 2003년 근로 기준법이 바뀌면서 조금씩 주 5일제가 시행됐죠. 오늘날과 같이 대부분의 회사가 주 5일제가 된 것은 2011년에 이르러서예요. 이에 맞춰 2012년부터 모든 학교가 주 5일제 수업을 하게 됐답니다.

사회 만족도

사회 만족도란 사람들이 각자의 삶과 사회에 얼마나 만족하며 행복하게 살고 있는지를 말해요. 사람들이 사회에 만족도를 느끼기 위해서는 다양한 요소가 필요해요.

워라밸

워라밸은 '워크-라이프 밸런스'의 줄임말로 일과 개인의 삶 사이의 균형을 중요하게 생각하는 현상을 말해요. 예전에는 직장에서 성공을 위해 개인의 시간에도 일하는 것을 당연하게 생각했어요. 그런데 요즘에는 일만큼이나 개인의 행복, 취미 생활, 가족과의 시간을 소중히 생각하는 사람들이 늘어나고 있어요. 학교에서 공부도 중요하지만 쉬는 시간에 친구들과 놀거나 운동을 하는 시간도 중요한 것과 같아요. 워라밸은 개인의 행복뿐만 아니라 기업의 생산성을 높이고, 사회 전체의 건강한 발전을 위해서도 더욱 중요해지고 있어요.

욜로와 요노

욜로는 '인생은 한 번뿐이니 지금 이 순간을 즐기며 살자'는 말이에요. 미래를 위해 현재의 행복을 미루기보다는 지금 당장 자신이 하고 싶은 걸 하고 사고 싶은 것을 사면서 현재의 만족을 우선으로 생각하는 삶의 방식이죠.

요노는 '인생은 한 번뿐이지만 그 기회를 잡기 위해 미래를 준비하자'는 의미를 담고 있어요. 현재를 즐기는 것도 중요하지만 미래의 안정적인 삶을 위해 저축하거나 투자, 자기 계발 등에 집중해 미래를 준비하는 삶의 방식이에요.

가성비와 가심비

물건을 사거나 서비스를 이용할 때 사람들은 다양한 기준을 세워 선택해요. 가성비는 '가격 대비 성능의 비율'의 줄임말로 지급한 가격에 비해 물건의 성능이나 품질이 얼마나 좋은지를 따지는 말이에요. 저렴한 가격으로 음식을 맛있고 푸짐하게 먹었다면 가성비가 좋다고 할 수 있어요. 합리적인 소비를 중요하게 생각하는 사람일수록 가성비를 중요하게 생각해요. 가심비는 '가격 대비 심리적 만족의 비율'의 줄임말로 돈을 조금 더 내더라도 만족스럽고 행복하면 된다는 말이에요. 돈을 중요하게 여길수록 가성비를 따지죠. 반면 개인의 만족감이나 행복이 더 중요할 경우 가심비를 따지는 편이에요.

세계 행복 보고서

하나 더 알아보기

국제 연합(UN)은 매년 전 세계의 사람이 얼마나 행복하게 살고 있는지 조사하고 분석해서 보고서를 내요. 이를 세계 행복 보고서라고 해요. 세계 행복 보고서의 주요 평가 요소로는 총 6가지가 있어요. 국내 총생산(GDP), 건강 기대 수명, 삶의 자유, 관대함, 부패 수준, 사회적 지원 등이에요. 단순히 경제가 좋은 게 행복으로 연결되진 않아요. 사람들의 몸과 마음이 건강하고 서로 도우며 행복하게 살아갈 수 있는 사회를 만드는 게 중요하답니다.

미래 사회

빠르게 변화하는 우리 사회는 앞으로 어떤 모습으로 바뀌게 될까요? 과학 기술과 인공 지능(AI)이 더욱 발전한 만큼 많은 것이 바뀔 거예요. 지금과는 많은 게 다르겠죠?

5차 산업 혁명

사람들은 더 편리하게 살기 위해 기술을 발전시켜 왔어요. 이렇게 사회가 크게 변하는 것을 산업 혁명이라고 해요. 증기 기관이 발명된 1차 산업 혁명을 시작으로 전기와 컴퓨터, 인공 지능(AI) 같은 기술이 점점 발전해 왔어요. 그리고 오늘날에는 5차 산업 혁명 시대를 말하고 있죠.

5차 산업 혁명은 똑똑한 기술과 함께 사람의 감정을 중요하게 여겨요. 인공 지능과 로봇이 사람과 협력해 더 복잡한 일을 함께하고, 모든 물건이 인터넷으로 연결돼 우리 생활이 더 편리해질 거예요. 물론 이런 변화로 일자리 문제나 불평등이 생길 수 있어요. 때문에 사람을 먼저 생각하고 모두가 함께 잘살 수 있도록 하는 마음이 중요해요.

초연결 사회

초연결 사회는 우리 주변의 모든 사람과 사물이 인터넷과 인공 지능(AI) 기술을 통해 서로 연결돼 정보를 주고받고 소통하는 사회를 말해요. 과거에는 사람과 사람, 공간과 공간이 서로를 연결해 주는 방식이었다면 초연결 사회는 사람과 사물, 사물과 사물까지도 연결이 가능해요. 초연결 사회에서는 인공 지능이 우리의 생활 방식을 분석해 필요한 정보를 미리 제공하고, 자동으로 집 안의 온도를 조절해 주는 등의 맞춤형 서비스가 발전할 거예요. 하지만 모든 것이 연결된 만큼 개인 정보 유출이나 사이버 공격과 같은 문제가 일어날 수 있어서 정보 보안이 아주 중요해요.

구독 경제

구독 경제는 돈을 내고 정해진 시간 동안 물건이나 서비스를 받는 경제 방식을 말해요. 예전에는 신문이나 우유 등 정기 배달 서비스를 말했지만 오늘날에는 다양한 물건과 서비스를 이용하는 새로운 소비 형태로 자리 잡고 있어요.

구독 경제는 소비자에게 다양한 제품이나 서비스를 저렴한 비용으로 경험할 수 있게 해 주고, 기업에는 안정적인 수익을 가져다줘요. 또 불필요한 소비를 줄이고 자원을 아껴 쓸 수 있어서 환경 보호에도 도움이 돼요. 앞으로 구독 경제는 영화나 음악뿐만 아니라 교육, 의료 등 더 다양한 분야로 확대될 거예요.

옥쌤의 시사 상식

탄소 중립이란?

탄소 중립은 지구 온난화를 일으키는 탄소 배출량을 최대한 줄이고, 남은 탄소를 없애 탄소 배출량을 '0'으로 만드는 것을 말해요. 탄소 중립을 위해서는 화석 연료 사용을 줄이고 태양광과 풍력 같은 깨끗한 에너지 사용을 늘려야 해요. 또 숲을 보호하고 나무를 심는 활동이 필요해요. 우리나라를 비롯한 많은 나라가 탄소 중립을 위한 다양한 정책을 진행하고 있어요. 탄소 중립은 미래 세대의 안전하고 건강한 삶을 위해 모두가 함께 노력해야 해요. 에너지 절약이나 대중교통 이용, 친환경 제품 사용 등의 작은 실천을 통해 탄소 중립을 이룰 수 있답니다.

계급과 계층을 바라보는 두 인물

우리 사회에는 다양한 사람들이 함께 살아가요. 그런데 사람들 모두가 똑같이 살지는 않죠. 누군가는 돈을 많이 벌고, 누군가는 적게 벌어요. 이 과정에서 계급과 계층이 발생해요.

계급과 계층

계급과 계층은 사람들의 위치와 역할을 구분하는 중요한 개념이에요. 계급은 주로 경제적 기준을 바탕으로 나뉘어요. 경제적 수준이 괜찮은지 아닌지를 보는 거예요. 옛날에는 땅을 가진 지주(자본가)와 그 사람으로부터 땅을 빌려 농사를 짓는 농민(노동자)으로 나눴어요. 이러한 계급은 서로의 사이가 아주 멀고 때로는 갈등이 생기곤 해요.

계층은 돈뿐만 아니라 직업, 학력, 명예, 생활 수준 등 다양한 기준에 따라 사람들을 여러 칸으로 된 계단처럼 나눠 놓은 것을 말해요. 이 계단은 아주 많은 칸으로 돼 있어서 조금만 노력하면 위로 갈 수도 있지만 때로는 내려가기도 하죠. 계층은 계급보다 개인의 노력이나 사회 정책에 따라 이동이 가능하다는 특징이 있어요. 계급과 계층의 개념은 사회 불평등을 이해하고 분석하며 해결책을 찾는 데 많은 도움을 준답니다.

칼 마르크스

칼 마르크스는 1818년 독일에서 태어난 경제학자이자 사회학자예요. 그는 19세기 유럽 사회를 보면서 사람들이 왜 가난하거나 부유한지 그리고 왜 사회에 불평등이 생기는 이유가 무엇인지에 대해 고민했어요. 그리고 계급이라는 개념을 사용해 사회를 설명하려 했죠. 그는 사회를 자본가 계급(부르주아)과 노동자 계급(프롤레타리아) 두 계급으로 나뉜다고 보았어요. 자본가 계급은 공장이나 땅처럼 돈을 벌 수 있는 도구를 가진 사람이고, 노동자 계급은 자기 몸을 이용해 일하고 월급을 받는 사람이에요. 마르크스는 자본가들이 노동자들을 통해서 돈을 벌기 때문에 노동자들이 아무리 열심히 일해도 자본가들만 더 부자가 되고 노동자들은 계속 힘들게 산다고 주장했어요. 이러한 생각을 글로 담은 책이 《자본론》이에요. 마르크스는 사회의 불평등을 해결하기 위해 개인의 재산을 모두가 함께 소유하고 생산된 것을 공정하게 나눠 가지는 공산주의 사회를 꿈꿨어요. 비록 마르크스가 꿈꾼 완벽한 공산주의는 실제로 이뤄지지 않았지만 그의 생각은 많은 나라의 역사, 정치, 경제 등에 큰 영향을 줬어요.

막스 베버

막스 베버는 1864년 독일에서 태어난 사회학자이자 역사학자예요. 그는 칼 마르크스처럼 사회의 불평등에 대해 고민했지만 사람들을 나누는 기준을 조금 더 다양하게 봐야 한다고 생각했어요. 사회를 이해하기 위해 계층이라는 개념을 활용한 거죠. 베버는 사람들이 사회에서 어떤 위치에 있는지를 설명할 때는 경제적 위치, 사회적 명예, 정치적 권력 등 세 가지 기준이 중요하다고 여겼어요. 이 기준들이 서로 영향을 주고받으면서 사회에 다양한 계층이 만들어진다고 본 거죠. 그래서 사람들을 계급처럼 딱 두 편으로 나뉘는 게 아니라 마치 계단처럼 여러 단계로 나뉜다고 했어요. 또 노력과 사회적 환경에 따라 이 계층 사이를 오르내릴 수 있다고 생각했죠. 베버의 이러한 생각은 오늘날 우리가 사회를 이해하고 불평등 문제를 이해하고 분석하는 데 아주 중요한 바탕이 되고 있어요.

교육은 사람이 살아가는 데
필요한 것을 배우는 모든 과정을 말해요.
우리가 어떤 교육을 받고 있는지 알아볼까요?

2장
교육

교육 | 교육 제도 | 교육 기관 | 교육 평가 | 교육 문화
사고력 | 미래 교육 | 교육을 통한 사회 변화를 바라보는 두 인물

키워드	교과 과정	
교육	초등 사회 4-1 중학 사회 1 고등 통합 사회 2	1. 민주주의와 자치 7. 인간과 사회생활 1. 인권 보장과 헌법
시장교육 문화	초등 사회 4-1 중학 사회 1 고등 통합 사회 2	1. 민주주의와 자치 8. 다양한 문화의 이해 5. 미래와 지속 가능한 삶

교육

교육은 사람이 살아가는 데 필요한 것을 배우는 과정이에요. 학교뿐만 아니라 가정, 사회, 미디어 등 다양한 공간에서 교육이 이뤄져요.

교육이란?

가정, 학교, 미디어 등 사회 속 어디서든 교육이 이뤄질 수 있어요. 과거에는 단순히 정보 전달을 목적으로 했어요. 하지만 현재는 정보 전달뿐만 아니라 개인의 성장과 사회의 발전을 동시에 이끄는 중요한 사회적 활동이에요. 특히 앞으로는 비판적 사고력, 창의력, 협업 능력, 문제 해결력 등 미래 사회에 필요한 역량을 키우는 게 중요해 질 거예요. 교육은 개인의 잠재력을 최대한 끌어내고 올바른 시민으로 성장하게 하며 공동체에 도움이 될 수 있도록 도와요. 교육 수준이 높을수록 건강, 소득, 사회 참여율 등이 높아지고 민주주의에도 많은 영향을 미쳐요.

학습권

하나 더 알아보기

학습권은 누구나 차별 없이 교육받을 권리를 말해요. 헌법이 보장하는 기본권 중 하나이기도 하죠. 학습권은 학교에 다닐 권리뿐만 아니라 능력과 필요성에 따라 적절하게 교육을 받고, 교육 과정에 참여하며 학습 환경에서 존중받는 권리까지 포함해요. 학습권은 학생에게만 있는 게 아니에요. 평생 학습 시대인 오늘날에는 성인, 고령자, 이주민 등 누구에게나 열려 있어요. 실제로 문해 교육, 직업 교육, 온라인 교육 등의 다양한 형태로 확대되고 있죠. 특히 초고령화 사회로 접어든 우리나라에서는 중장년층과 노년층의 학습권이 중요한 문제로 주목받고 있답니다.

공교육과 사교육

공교육이란 국가나 지방 자치 단체가 운영하고 모든 국민에게 제공되는 공식적인 교육 체계를 말해요. 초등학교, 중학교, 고등학교 같은 의무 교육 기관이 대표적이에요. 공교육은 출신 배경이나 경제 수준과 상관없이 누구나 일정 수준의 교육을 받을 수 있도록 국가가 책임을 지는 거예요. 공교육은 국가가 정한 목표와 내용을 바탕으로 교육을 진행해요. 이는 지역이나 학교 간 교육 수준의 차이를 줄여서 국민 전체의 기본 학력을 높이는 데 도움을 줘요. 하지만 공교육에도 한계가 있어요. 정해진 교육 방식으로는 학생의 다양성과 창의성을 키우기 어렵거든요. 이러한 한계에서 벗어나기 위해 혁신 학교, 자유 학기제, 프로젝트 학습 같은 새로운 교육 모델이 시도되고 있어요.

사교육은 국가가 아닌 개인이나 민간 기관에 의해 제공되는 교육을 말해요. 주변에서 흔히 볼 수 있는 학원, 과외, 온라인 강의, 학습지 등이 대표적이에요. 이처럼 사교육은 개인 맞춤형 학습이나 심화 학습에 효과적이에요. 공교육에서 다루지 못하는 부분을 채워 주고 학생의 학습 수준에 맞춰 집중 학습이 가능하기 때문이에요. 하지만 과도한 사교육은 학생들 사이의 교육 격차를 발생시키기도 해요. 이는 사회적 불평등으로 이어질 수 있는 데다가 학생의 창의성이나 자율성을 떨어뜨릴 수 있어요. 중요한 것은 공교육과 사교육이 서로 경쟁하지 않고, 학생의 성장에 도움이 되는 방향으로 협업하는 거예요.

교육 제도

우리나라는 모든 사람이 배움의 기회를 가질 수 있도록 여러 가지 교육 제도를 운영하고 있어요. 사람들은 나이, 직업, 위치에 따라 다양한 방식의 교육 제도를 선택할 수 있죠.

교육 과정

교육 과정은 학교에서 학생들이 무엇을, 어떻게, 왜 배울지 정해 놓은 큰 틀을 말해요. 교육 과정은 시대가 변하고 사회가 원하는 능력들이 달라짐에 따라 꾸준히 바뀌어 왔어요. 예전에는 보다 많은 지식을 외우는 게 중요했지만 요즘에는 배운 지식을 바탕으로 새로운 것을 만들어 내거나 친구들과 협력하는 능력이 더욱 중요해졌어요. 교육 과정도 이러한 변화에 맞춰 바뀌고 있어요.

보통 교육 과정은 국가 수준에서 큰 방향을 정하고, 각 학교에서 자율적으로 세부적인 내용을 만들어서 운영해요. 교육 과정에는 국어나 수학, 영어와 같은 교과목뿐만 아니라 학생들이 학교생활을 통해 배우고 익혀야 할 태도와 가치관 등이 포함돼요. 학생들이 다양한 경험을 통해 성장하고 미래 사회에 필요한 능력을 키울 수 있도록 돕는 게 교육 과정의 목표예요.

의무 교육

의무 교육은 나라에서 국민이 반드시 받아야 한다고 정한 교육을 말해요. 우리나라에서는 초등학교와 중학교 교육이 의무 교육에 속해요. 이는 모든 국민이 기본적인 지식과 태도를 갖추고 살아가는 데 필요한 능력을 키우기 위해서예요. 학부모는 자녀를 학교에 보내야 하는 의무가 있으며 국가는 학교를 만들고 교육비를 지원해야 하는 의무가 있어요. 의무 교육은 사람들이 차별 없이 교육을 받을 수 있도록 해 사회적 불평등을 줄이는 데 큰 역할을 해요. 학생들은 학교에 다니며 기본적인 학습 능력과 공동체 생활을 위한 사회성을 기를 수 있답니다.

자유 학기제

자유 학기제는 중학교 1학년 한 학기 동안 중간고사나 기말고사와 같은 시험을 보는 대신 꿈과 진로를 찾고 다양한 경험을 하도록 체험·진로 탐색 활동과 수행평가를 중심으로 운영하는 교육 제도를 말해요. 2025년부터 전국 모든 중학교에서 자유 학기제가 이뤄지고 있죠. 이 제도는 학생들이 성적 경쟁에서 벗어나 자신에게 맞는 학습 방법을 찾도록 도와줘요.

자유 학기제 동안 학생들은 교실 내에서 이뤄지는 수업 외에 주제 탐색이나 진로 탐색과 관련된 다양한 동아리 활동에 참여할 수 있어요. 이를 통해 학생들은 자신이 무엇을 좋아하고 잘하는지 발견하게 돼요. 더 나아가 미래에 어떤 직업을 가질지 구체적으로 생각해 볼 수 있어요. 이는 학생들의 학교생활 만족도를 높이고 행복한 배움을 경험하게 하는 데 중요한 역할을 해요.

고교 학점제

고교 학점제는 고등학생들이 대학생처럼 정해진 학점을 채우면 졸업할 수 있도록 하는 교육 제도예요. 2025년 기준 3년간 192학점 이상을 채우면 고등학교를 졸업할 수 있어요. 학교에서 꼭 들어야 하는 과목이 아니더라도 진로나 흥미에 따라 개인이 원하는 과목을 선택해 배울 수 있어요. 이 제도의 가장 큰 장점은 학생들이 진로와 적성에 맞춰 심화 학습을 할 수 있다는 거예요. 예를 들어 과학자가 꿈인 학생은 과학 관련 과목을 더 많이 선택해 과학을 더 깊이 공부할 수 있어요. 이를 통해 미래 직업을 준비하는 데 필요한 실질적인 능력을 키울 수 있죠.

고교 학점제는 학생들이 스스로 학습 계획을 세우고 공부하는 자기 주도 학습 능력을 키우는 데 도움이 돼요. 하지만 고교 학점제가 성공적으로 운영되기 위해서는 학교의 다양한 과목 개설, 학생들의 진로 상담 지원, 교사들의 역량 강화 등 여러 가지 준비가 필요해요.

국정 교과서, 검정 교과서, 인정 교과서

학교에서 사용하는 교과서는 만들어지는 방식에 따라 크게 국정 교과서(국정 도서), 검정 교과서(검정 도서), 인정 교과서(인정 도서)로 나눌 수 있어요. 국정 교과서는 정부(교육부)에서 직접 내용을 쓰고 만들어서 전국 모든 학교에 똑같이 제공하는 교과서를 말해요. 초등학교 1~2학년들이 국정 교과서를 쓰고 있어요. 국정 교과서는 모든 학생이 같은 내용을 배울 수 있다는 장점이 있어요. 교사도 공통된 자료로 수업을 진행할 수 있어서 수업을 준비하기 편해요. 대신 특정 내용에 다양한 의견을 얻기가 어렵고, 한 가지 시각으로만 내용을 이해할 수 있어요.

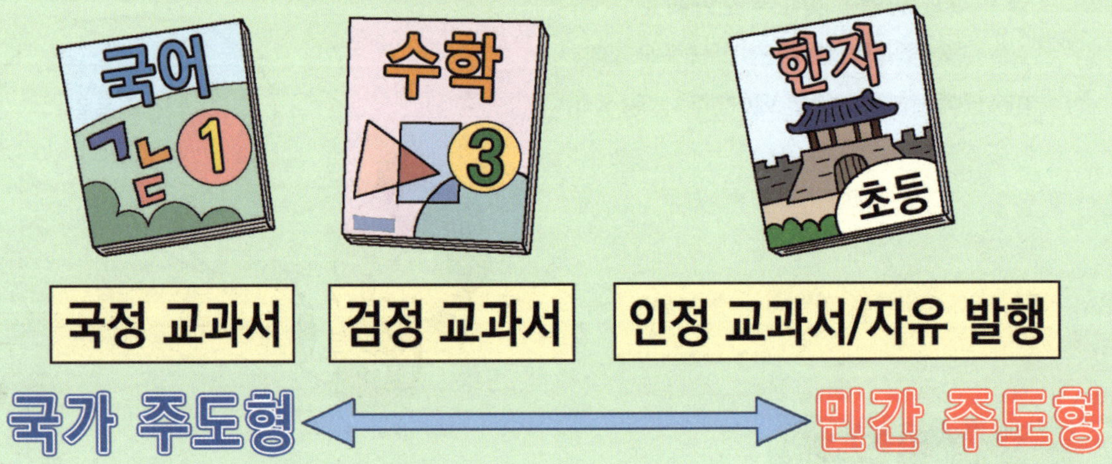

검정 교과서는 여러 출판사에서 다양한 방식으로 교과서를 만든 후에 정부의 심사를 통과한 교과서를 말해요. 보통 초등 3학년 이상 과목에 해당해요. 학교나 교사가 학생들의 특성과 학습 목표에 맞춰 교과서를 선택할 수 있다는 장점이 있어요. 이를 통해 학생들은 조금 더 다양한 관점에서 학습할 수 있어요. 하지만 학교마다 선택한 교과서가 다를 수 있어서 조금씩 교과 과정의 차이가 있을 수 있답니다.

인정 교과서는 국정 교과서나 검정 교과서가 없는 특정 과목을 가르칠 때 사용할 수 있도록 교육부 장관의 인정을 받은 교과서를 말해요. 나라에서 정한 기준에 맞춰 내용을 만들었는지 확인받은 책이라 할 수 있어요. 다양한 교육 자료를 통해 학생들이 폭넓게 공부할 수 있도록 도와줘요. 대신 이 교과서는 일반 교과서처럼 모든 학생이 공통으로 배우지는 않아요.

늘봄 학교와 돌봄 교실

늘봄 학교는 초등학생들을 대상으로 정규 수업 시간 외에도 학교에서 다양한 교육 활동과 돌봄을 제공하는 제도를 말해요. 학교가 끝난 뒤에도 학원이나 다른 곳에 가지 않고 학교에서 친구들과 함께 놀거나 배우면서 학습할 수 있죠. 이 제도는 맞벌이 부부 등 방과 후에 아이를 돌보기 힘든 가정을 위해 만들어졌어요.

늘봄 학교에서는 학생들이 흥미를 느낄 만한 다양한 프로그램을 제공해요. 스포츠 활동이나 예술 활동, 코딩 교육, 독서 활동 등을 통해 어린이의 창의력과 특기 적성을 키울 수 있어요. 이를 통해 사교육에 대한 의존도를 줄이고 학교 내에서 즐겁게 학습하고 성장할 기회를 만들어요.

돌봄 교실은 초등학교 1~2학년을 대상으로 방과 후에 안전하게 시간을 보내고 다양한 활동을 할 수 있도록 학교나 지역 사회에서 운영하는 곳이에요. 누구나 부모가 퇴근하기 전까지 학교에서 숙제하거나 친구들과 함께 놀면서 간식을 먹어요. 맞벌이 부모나 방과 후에 돌봐줄 어른이 없어도 안심하고 지낼 수 있도록 도와주는 중요한 역할을 해요.

평생 교육

하나 더 알아보기

평생 교육은 학교를 졸업한 후에도 배움을 멈추지 않고 평생 필요한 지식이나 기술을 배우고 발전시키는 모든 교육 활동을 말해요. 오늘날 새로운 기술이 계속 등장하고 직업의 종류도 끊임없이 바뀌고 있어요. 이러한 변화에 맞춰 어른들도 새로운 기술을 배우거나 취미를 개발하는 등 다양한 평생 교육에 참여해요. 평생 교육을 통해 새로운 것을 배우면서 자신감과 더 나은 기회를 얻을 수 있고, 새로운 사람들을 만나면서 삶의 즐거움을 찾을 수도 있죠. 국가와 지방 자치 단체는 평생 교육을 활성화하기 위해 다양한 프로그램을 제공하고 있어요.

교육 기관

교육 기관은 사람들이 배우고 성장할 수 있도록 하는 모든 시설과 단체를 말해요. 어린이부터 나이 든 어른까지 누구나 원하는 것을 배울 수 있도록 도와요.

유아 교육 기관

유아 교육 기관이란 3세부터 초등학교 입학 전까지의 유아를 대상으로 교육을 제공하는 기관을 말해요. 대표적인 예로 유치원을 들 수 있어요. 유치원은 초등학교에 가기 전 어린이들이 처음으로 단체 생활을 배우고 다양한 놀이를 통해 세상을 알아 가는 곳이에요. 유치원에서는 글자나 숫자, 자연 현상, 자기 생각과 감정을 표현하는 방법 등을 배워요. 유치원 선생님들은 아이들이 바르게 자랄 수 있도록 도와주죠.

초등 교육 기관

초등 교육 기관이란 6~12세 아이들에게 기본적인 교육을 제공하는 기관을 말해요. 대표적인 예로 초등학교를 들 수 있어요. 초등학교에서는 국어, 수학, 사회, 과학, 예체능 등 다양한 과목을 배워요. 지식뿐만 아니라 친구들과 어울리면서 협동하는 방법, 규칙을 지키는 태도, 스스로 생각하고 문제를 해결하는 능력도 길러 줘요. 선생님은 학생들이 흥미를 느끼고 공부할 수 있도록 돕고, 각자의 재능을 찾아 발전시킬 수 있도록 끌어 주죠.

중등 교육 기관

중등 교육 기관은 중학교와 고등학교를 말해요. 초등학교에서 배운 기초를 바탕으로 더 깊이 있는 학습을 하고 학생들의 적성과 소질에 맞게 미래 진로를 탐색하고 준비할 수 있도록 해요. 한 명의 담임 선생님이 모든 과목을 가르치는 초등학교와 달리 과목별로 선생님이 오셔서 수업을 진행한답니다.

고등 교육 기관

고등 교육 기관이란 교육의 단계 중 가장 높은 단계의 교육을 하는 기관을 말해요. 대표적인 예로 대학교와 대학원이 있어요. 둘 다 초·중·고등학교를 졸업한 학생들이 더 깊이 있고 전문적인 지식을 배우는 곳이에요. 대학교에서는 자신이 관심 있는 분야를 선택해서 몇 년 동안 깊이 있게 공부해요. 단순히 지식만 배우지 않고, 스스로 생각하고 토론하며 문제를 해결하는 능력을 길러요. 다양한 동아리 활동이나 교환 학생 프로그램 등을 통해 생각을 더욱더 넓게 펼칠 수 있어요.

대학원은 대학교를 졸업한 후에 가는 곳으로 특정 분야에 대해 더욱 깊이 있는 연구를 할 수 있어요. 연구 과정으로는 석사 과정과 박사 과정이 있어요. 대학교와 대학원은 우리나라 학문과 기술 발전에 큰 도움을 줘요. 미래 사회를 이끌어 갈 전문가와 리더를 키우는 중요한 교육 기관이에요.

특수 학교와 대안 학교

특수 학교는 몸이 불편하거나 배우는 데 특별한 도움이 필요한 학생들이 다니는 학교를 말해요. 시각 장애, 청각 장애, 지적 장애 등 다양한 어려움을 가진 학생들이 각자의 특성과 능력에 맞춰 교육을 받을 수 있도록 도와요. 특수 학교에서는 전문 선생님들이 특별한 교재나 도구를 사용해서 가르쳐요. 또 학생들이 사회에서 필요한 기술을 배우고 친구들과 어울리면서 사회성을 기를 수 있도록 도와요.

대안 학교는 일반 학교의 교육 방식이 맞지 않거나, 특별한 교육 철학을 가진 학생들이 조금 더 자유롭고 다양한 방법으로 배울 수 있도록 만든 학교예요. 정해진 교과서나 시간표에 얽매이지 않고 특성과 흥미를 존중한 새로운 방식으로 공부할 수 있어요. 대안 학교에서는 학생들이 스스로 배우는 능력을 기르거나, 자연 속에서 직접 경험하며 가르치곤 해요.

교육 평가

학교에서 학생들이 얼마나 잘 배우고 성장했는지 알아보는 것을 교육 평가라고 해요. 다양한 방식으로 평가하면서 각자에게 어떠한 부분이 부족한지를 파악하고 분석하죠.

지필 평가와 수행 평가

학교에서 학생들의 학습 성과를 평가하는 방식에는 크게 지필 평가와 수행 평가가 있어요. 지필 평가는 주로 종이와 펜을 사용해 문제를 풀거나 답을 쓰는 전통적인 시험 방식을 말해요. 지필 평가는 짧은 시간 안에 많은 학생의 지식을 평가할 수 있어요. 대신 학생들이 배운 내용을 얼마나 실생활에 적용할 수 있는지 확인하기 어려워요.

수행 평가는 학생들이 배운 내용을 바탕으로 실제 활동을 하거나 과제를 진행하는 과정을 평가하는 방식을 말해요. 모둠별로 발표를 준비하거나 실험 보고서를 작성하기도 하고 악기를 연주하는 것 등이 포함돼요. 수행 평가는 문제 해결 능력이나 창의력, 협업 능력 등 다양한 능력을 평가하기에 적합해요.

절대 평가와 상대 평가

학교에서 학생들이 받은 점수로 성적을 매기는 방식으로 절대 평가와 상대 평가가 있어요. 절대 평가는 미리 정해진 기준에 따라 학생의 성취도를 평가해요. 예를 들어 90점 이상이면 A, 80점 이상이면 B와 같이 점수 구간을 정해 놓고 그 점수를 넘으면 누구나 그 등급을 받을 수 있어요. 절대 평가는 학생들이 서로 경쟁하기보다는 각자 정해진 학습 목표를 달성하는 데 집중하도록 도와요.

상대 평가는 학생들의 성적을 다른 학생과 비교해 등수를 매기는 방식이에요. 자신이 99점을 맞았어도 반에 100점이 있다면 2등이 되는 거예요. 상대 평가는 학생들 사이에 경쟁을 유도해 학습 동기를 만들 수 있지만, 심한 경쟁으로 학생들의 스트레스가 커질 수 있어요.

정시와 수시

정시와 수시는 고등학교 학생들이 대학교에 진학하는 방법을 말해요. 정시는 주로 수능의 성적을 중심으로 학생을 선발하는 방식이에요. 한 번의 시험으로 결과가 나오기 때문에 부담이 클 수 있어요.

수시는 수능 성적 외에 학생의 다양한 능력을 종합적으로 평가해 선발하는 방식이에요. 고등학교 3년 동안의 내신 성적, 동아리 활동, 봉사 활동 등이 담긴 학교생활 기록부가 중요해요. 수시 전형에는 학생부 교과 전형, 학생부 종합 전형, 논술 전형 등이 있어요.

수능과 내신

수능은 '대학 수학 능력 시험'의 줄임말로 대학에 가기 위해 치러지는 시험을 말해요. 매년 11월에 전국적으로 진행돼요. 이 시험은 고등학교 교육 과정을 얼마나 잘 이해하고 있는지를 평가하는 거예요. 전국 모든 수험생이 같은 날에 같은 문제로 시험을 보기에 공정한 평가라고 할 수 있어요. 하지만 한 번의 시험으로 대학 합격이 결정될 수 있어서 학생들에게 큰 부담이 되기도 해요.

내신은 학교에 다닐 동안에 얻는 학교 성적과 다양한 학교 활동 기록을 말해요. 지필 평가와 수행 평가의 성적, 출결 상황, 동아리 활동, 봉사 활동 등 학생의 학교생활이 내신에 포함돼요. 내신은 학생이 학교에 다닐 동안 성실하게 학교생활에 참여했는지, 어떤 분야에 흥미와 재능이 있는지를 보여 줘요.

교육 문화

교육 문화는 한 사회가 교육을 중요하게 생각하고 발전시키기 위해 만들어 온 모든 방식과 분위기를 말해요. 교육 문화는 학교 안팎에서 일어나는 일에 다양한 영향을 줘요.

학생 인권

학생 인권은 학생들이 학교생활을 하며 인간으로서 누려야 할 권리를 말해요. 학생은 단순히 공부만 하는 대상이 아니라 존중받고 보호받아야 할 소중한 사람이기 때문이죠. 학생 인권에는 여러 가지 중요한 내용이 담겨 있는데, 크게 다섯 가지로 나뉠 수 있어요.

첫째, 성별이나 종교, 지역, 피부색 등 어떠한 이유로든 차별받지 않고 동등하게 대우받아야 해요. 둘째, 학생들이 의견을 자유롭게 말하고 반대 의견이라도 존중받을 수 있어야 해요. 셋째, 학교생활에 필요한 정보나 진로에 대한 정보를 학교로부터 받아야 해요. 넷째, 학교는 학생들이 신체적, 정신적 위험으로부터 안전하게 보호받고 지낼 수 있어야 해요. 다섯째, 학생 개인의 비밀이나 개인 정보 등의 사생활은 함부로 공개돼서는 안 돼요. 이러한 학생 인권은 학생들이 건강한 시민으로서 성장하는 데 중요한 역할을 해요.

교권

교권은 선생님이 가져야 할 권리이자 책임이에요. 선생님이 학생들을 가르치고 지도할 때 외부의 간섭 없이 교육 활동을 할 수 있도록 보호받는 것을 말해요. 교권에는 여러 가지 중요한 내용이 담겨 있는데, 크게 네 가지로 나뉠 수 있어요.

첫째, 선생님이 교육 전문가로서 학생들의 특성과 상황에 맞춰 교육 방법을 자유롭게 선택하고 가르칠 수 있어야 해요. 둘째, 학생들이 수업에 집중하고 질서를 지키며 바르게 성장하도록 지도할 수 있어야 해요. 셋째, 학생들의 학업 성취도나 태도를 공정하게 평가할 수 있어야 해요. 넷째, 학부모나 외부의 불합리한 간섭이나 요구로부터 선생님이 교육 활동을 방해받지 않고 보호받을 수 있어야 해요.

최근 학생 인권이 강조되면서 일부 학생들이 선생님의 교육 활동을 방해하는 등 교권 침해 문제가 심각한 사회 이슈로 떠올랐어요. 하지만 교권이 제대로 보호돼야 선생님이 학생들을 잘 가르치고 지도할 수 있어요. 이는 곧 학생들이 안전한 교육 환경을 보장받는 것으로 이어져요. 학생 인권과 교권은 서로 대립하는 게 아니라 서로 존중받고 이해해야 할 가치예요.

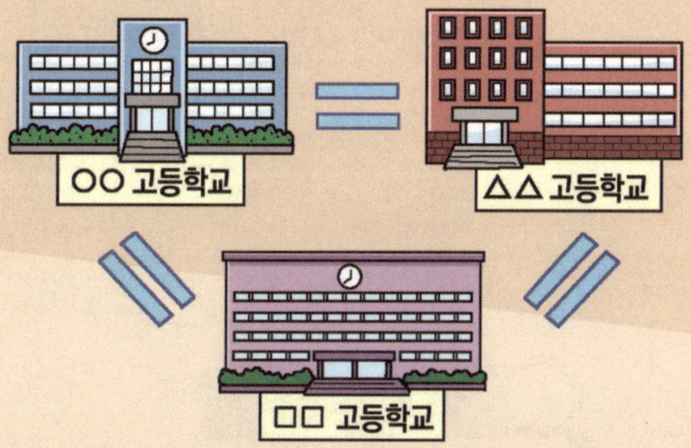

고교 평준화 정책

하나 더 알아보기

고교 평준화 정책은 고등학생들이 학교를 선택하는 대신 거주하는 지역에 따라 학교가 정해지는 제도를 말해요. 학생들이 시험 성적에 따라 특정 학교에만 몰리는 것을 막고 어떤 학교에 가더라도 비슷한 수준의 교육을 받을 수 있도록 모든 고등학교의 교육 수준을 비슷하게 만들려는 거예요. 이는 학생들이 좋은 고등학교에 가기 위해 심한 경쟁하지 않도록 하고 학교 간의 수준 차이를 줄일 수 있어요. 하지만 학생들의 학교 선택권을 제한하고 학교 간의 교육 격차를 완전히 해결하기 어렵다는 비판도 있어요.

교육열

교육열은 개인이나 한 사회가 교육을 매우 중요하게 생각하고 교육을 위해 노력하는 분위기를 말해요. 더 좋은 학교에 가거나, 교육 수준이 높은 지역으로 이사하거나, 부모가 자녀의 교육에 많은 시간과 돈을 들이는 현상 등이 포함돼요. 우리나라의 교육열은 전 세계적으로도 매우 높다고 알려져 있어요. 많은 부모가 자녀의 교육을 위해서라면 교육비를 아끼지 않곤 해요. 이러한 교육열은 자녀가 더 좋은 직업을 얻고 성공적인 삶을 살기를 바라는 마음에서 생겨났어요. 하지만 지나친 교육열은 학생들에게 심한 학업 스트레스를 주거나 부모에게 경제적 부담을 주기도 해요. 또 특정 학교나 대학에 지나치게 집중하면 교육의 본질과 다양성을 해칠 수도 있어요.

선행 학습

선행 학습은 학교에서 배울 내용들을 미리 공부하는 것을 말해요. 다음 학년에 올라가기 전, 다음 학년 책을 미리 읽어 보는 것도 선행 학습이라 할 수 있어요. 미리 공부를 하면 학교에서 선생님이 설명해 주실 때 더 잘 이해할 수 있죠. 또 학교 수업 내용을 미리 알고 있으면 수업 시간에 복습을 할 수 있고요.

하지만 학교에서 배울 내용을 미리 다 알아 버리면 학교 수업이 재미없게 느껴질 수도 있어요. 미리 공부하는 것도 중요하지만, 지금 학교에서 배우는 내용을 튼튼하게 다지는 게 더 중요해요. 지금 해야 할 공부에 소홀히 하면서 미리 공부하는 것에만 신경 쓴다면 오히려 나중에 더 어려워질 수 있기 때문이에요.

자기 주도 학습

자기 주도 학습은 학생들이 선생님이나 부모의 지시 없이 스스로 목표를 세우고, 계획을 짜서 필요한 자료를 찾아 공부하며, 자신이 얼마나 잘 배웠는지 스스로 평가하는 학습 방법을 말해요. 다른 사람에게 이끌려 가는 공부가 아니라, 스스로 배움의 주인이 되는 거죠. 자기 주도 학습은 학생 스스로 배우는 과정을 통해 공부의 재미와 의미를 찾을 수 있어요. 이러한 방식의 공부는 더 흥미롭고 오래 기억에 남을 수 있고, 자연스럽게 문제 해결 능력과 창의력을 키울 수 있어요. 또 스스로 목표를 설정하고 책임감을 가질 수 있어요. 혼자서 계획을 세우고 실천하면서 성취감을 느끼고 자신감을 키울 수도 있죠.

자기 주도 학습을 잘하려면 꾸준한 노력과 연습이 필요해요. 처음에는 작은 목표부터 시작해 점차 큰 목표로 나아가면서 스스로 공부하는 습관을 들이는 게 중요해요. 힘들더라도 꾸준히 해 나가면 목표를 이룰 수 있답니다.

홈스쿨링

홈스쿨링은 학교에 다니는 대신 집에서 부모나 정해진 선생님의 도움을 받아 공부하는 것을 말해요. 일반 학교처럼 정해진 시간에 등교해서 수업을 듣는 게 아니라 집에서 아이의 학습 속도와 방식에 맞춰 자유롭게 배우는 교육 방법이에요. 홈스쿨링을 선택하는 이유는 다양해요. 아이가 학교의 경쟁적인 분위기나 단체 생활에 적응하기 어려워하거나, 아이의 특별한 재능이나 관심 분야를 더 깊이 가르치고 싶거나, 건강상의 이유로 학교에 가기 어려운 경우에 홈스쿨링을 선택해요.

홈스쿨링은 아이가 자신에게 맞는 속도로 학습할 수 있다는 장점이 있어요. 흥미 분야를 집중적으로 학습할 수도 있죠. 또 가족이 함께하는 시간이 늘어나서 가족 간의 관계가 좋아지기도 해요. 하지만 또래 친구들과 어울리면서 사회성을 기를 기회가 줄어들 수 있고, 부모가 모든 과목을 가르치기에는 전문 지식이 부족할 수도 있어요. 이러한 문제를 해결하기 위해 최근에는 온라인 학습이나 지역 사회의 홈스쿨링 모임을 진행하기도 해요.

사고력

사고력은 생각하는 힘을 말해요. 정보를 이해하고, 분석하며 문제를 해결하는 모든 것이 포함돼요. 사고력은 미래 사회의 핵심 역량으로 꼽혀요.

문해력

문해력 또는 독해력은 글의 의미를 올바르게 이해하고 상황에 맞게 활용하는 능력을 말해요. 단어 등을 풍부하게 알고 사용할 수 있는 능력인 어휘력과 큰 연관이 있죠. 디지털 환경에서는 단순히 정보를 얻는 게 아니라 신뢰할 수 있는 정보를 구분하고 자기 생각을 정리해 표현하는 능력이 중요해요. 최근 책보다는 소셜 미디어와 영상 매체를 더 많이 접하게 되면서 문해력 감소 문제가 발생하고 있어요. 문해력을 키우기 위해서는 다양한 읽기 활동과 독서, 글쓰기 등의 활동을 꾸준하게 할 필요가 있답니다.

문제 해결력

문제 해결력은 일상에서 마주치는 다양한 문제를 논리적이고 창의적인 방법으로 해결하는 능력을 말해요. 단순하게 정답 찾기보다 문제의 핵심이 무엇인지를 파악해야 해요. 그리고 여러 해결 방안을 생각하면서 그중에서 실행 가능한 방향을 꺼내는 과정이 중요해요. 이 능력은 학습뿐만 아니라 진로, 사회생활에 필요한 핵심 역량이에요. 문제 해결력은 탐구 중심 수업, 프로젝트 수업 등을 통해 키울 수 있어요.

정보 활용 능력

정보 활용 능력은 필요한 정보를 찾고, 분석하고 판단해 목적에 맞게 활용하는 능력을 말해요. 검색을 통해 얻은 정보의 신뢰성과 정확성을 평가해 이를 자기 문제 해결까지 끌고 오는 거죠. 디지털 환경에서는 수많은 정보가 실시간으로 쏟아져서 정보의 질을 구분하고 편집하는 능력이 점점 더 중요해지고 있어요. 학교에서도 디지털 기기를 활용해 정보 활용 능력을 기를 수 있는 수업을 진행 중이에요.

비판적 사고력

비판적 사고력은 정보를 그대로 받아들이지 않고, 그것이 올바른지 분석하고 평가하는 능력을 말해요. 감정이나 편견에 휘둘리지 않고 논리적 근거를 기준으로 판단해 결론을 내리는 데 필요해요. 특히 사회 관계망 서비스(SNS)나 유튜브처럼 정보가 빠르게 퍼지는 시대에는 가짜 뉴스나 과장된 정보에 속지 않기 위해 비판적 사고력이 필수예요. 정보를 만났을 때 모두 진짜라고 받아들이는 대신 스스로 질문을 던지고, 다양한 관점을 비교해 보아야 해요. 이러한 과정을 반복함으로써 비판적 사고력을 키울 수 있어요.

창의적 사고력

창의적 사고력은 기존의 지식을 바탕으로 새로운 아이디어를 만들어 내는 능력을 말해요. 색다른 생각뿐만 아니라 문제를 새로운 방식으로 바라보는 태도까지 포함해요. 단순히 정해진 정답을 찾기보다 다양한 해석과 답이 가능한 환경이 창의력 향상에 도움이 돼요. 창의적 사고력은 예술, 디자인, 과학, 기술, 수학 등 다양한 분야에 도움이 돼요. 학교에서는 프로젝트 수업, 융합 수업 등을 통해 창의적 사고력을 키우려 하고 있어요.

융합적 사고력

융합적 사고력은 서로 다른 분야의 지식과 관점을 연결해 새로운 해결책이나 아이디어를 만들어 내는 능력을 말해요. 과학, 기술, 예술, 인문학 등 다양한 분야의 통합적 사고가 필요해요. 이는 복잡한 사회 문제를 다양한 시선에서 바라보는 힘이기도 해요. 융합적 사고력을 키우기 위해선 단순한 지식 암기가 아니라 주제를 통합적으로 이해하고 표현하는 걸 연습해야 해요.

미래 교육

빠르게 변화하는 사회에 맞춰 학교에서 배우는 교육의 모습도 점점 바뀌고 있어요. 미래 교육은 우리가 세상의 변화에 발맞춰 성장하도록 적극적으로 도와요.

인공 지능 디지털 교과서

인공 지능 디지털 교과서(AIDT)는 인공 지능(AI) 기술을 바탕으로 다양한 디지털 기술을 활용해 학생들에게 맞춤형 학습을 제공하는 교과서를 말해요. 인공 지능이 학생 한 명 한 명의 학습 수준과 진도를 분석해 그 학생에게 가장 적합한 학습 내용을 추천하죠. 또 부족한 부분을 스스로 채울 수 있도록 도와요. 마치 개인 학습 코치가 옆에서 도와주는 것과 비슷해요. 텍스트나 영상, 사진, 애니메이션 등 다양한 콘텐츠를 활용해 학습에 흥미를 높이고 내용을 더 생생하게 이해할 수 있도록 해요.

교사는 인공 지능이 제공하는 학생들의 학습 데이터를 통해 개인의 학습 상황을 한눈에 파악하고 맞춤형 수업을 계획할 수 있어요. 대신 모든 학생이 디지털 기기를 원활하게 사용할 수 있는 환경이 필요하며, 디지털 기기 사용으로 눈 건강이 나빠지거나 집중력이 떨어지는 문제가 생길 수 있어요.

디지털 문해력

디지털 문해력은 스마트폰, 컴퓨터와 같은 디지털 기기를 이용해 정보를 찾아서 이해하고 다른 사람들과 소통하는 능력을 말해요. 스마트폰과 같은 디지털 기기의 사용이 많아질수록 디지털 문해력의 중요성이 더욱 커지고 있어요. 디지털 문해력이 높은 사람은 학업과 미래 직업을 선택할 때도 많은 도움이 돼요. 하지만 디지털 문해력이 부족하면 정보를 제대로 알지 못하거나 잘못된 정보에 쉽게 속을 수 있고, 사이버 폭력과 같은 위험에 빠질 수 있어요. 따라서 학교에서는 학생들이 어릴 때부터 디지털 기기를 올바르고 안전하게 사용하는 방법을 가르치고 있어요.

에듀테크

에듀테크는 '에듀케이션(교육)'과 '테크놀로지(기술)'의 합성어로 교육에 정보 통신 기술(ICT)을 더해 학습 효과를 높이고 교육 방식을 혁신하는 것을 말해요. 예를 들어 인공 지능(AI)이 학생 개인의 학습 수준과 속도에 맞춰 도와주거나, 가상 현실(VR)이나 증강 현실(AR) 기술을 이용해 교실에서 직접 가기 어려운 우주나 역사 속 현장을 체험하는 프로그램 등이 있어요.

이처럼 에듀테크는 학생 개인의 특성에 맞는 맞춤형 교육이 가능해요. 또 시각적인 자료를 통해 학습에 대한 흥미를 높이고 어려운 내용도 쉽게 이해할 수 있도록 도와요. 우리나라에서는 코로나19를 겪으면서 온라인 학습이 본격적으로 시작되며 에듀테크의 중요성이 커졌어요.

국제 바칼로레아

하나 더 알아보기

국제 바칼로레아(IB)는 스위스에 본부를 둔 국제 비영리 교육 재단인 IBO에서 개발한, 국제적으로 인정받는 교육 과정을 말해요. 현재는 전 세계 150여 개국의 학교에서 운영되고 있으며, 우리나라에서도 국제 바칼로레아 교육을 시작하는 학교들이 점차 늘어나고 있어요. 국제 바칼로레아 교육을 통해 학생들은 스스로 탐구하고 비판적으로 생각하며 논리적으로 의견을 표현하는 능력을 키울 수 있죠. 또 스스로 질문을 던지고 답을 찾아나가는 과정을 배우게 돼요. 이는 학생들의 창의적 사고력, 비판적 사고력, 문제 해결 능력 등의 역량을 키우는 데 큰 도움이 된답니다.

교육을 통한 사회 변화를 바라보는 두 인물

교육은 개인의 성장과 함께 사회를 더 나은 방향으로 변화시키는 힘을 갖고 있죠. 교육을 통해 비판적으로 생각하고, 삶을 돌아보며 사회의 변화를 만들어 갈 수 있어요.

교육을 통한 사회 변화

역사적으로 교육은 민주주의 확대, 시민 의식 강화, 빈곤과 차별의 극복 등 다양한 사회적 변화를 이끌어 냈어요. 가난, 질병, 전쟁, 경제 침체 등 어려운 상황에 있을수록 교육의 중요성이 강조되고 있어요. 교육이 없으면 어려움을 극복할 힘이 부족해 미래에도 어려움이 계속될 수 있다고 보기 때문이죠.

이러한 관점에서 교육은 개인을 넘어 공동체를 변화시키는 중요한 요소가 돼요. 실제로 많은 교육 사상가가 교육을 통해 사회 구조를 비판하고, 부족한 것을 바꾸려 노력했어요. 그 대표적 인물로 브라질의 파울로 프레이리와 미국의 존 듀이가 있어요.

파울로 프레이리

파울로 프레이리는 세계적으로 유명한 교육자이자 '비판적 교육학'의 창시자예요. 그는 어린 시절부터 굶주림과 사회적 불평등을 직접 경험했어요. 이러한 배경은 그가 중요하게 생각한 교육 철학에 많은 영향을 미쳤어요. 프레이리는 교사가 일방적으로 지식을 전달하고 학생은 그것을 수동적으로 받아들이는 교육 방식을 비판했어요. 이런 방식은 학습자가 스스로 생각하지 못하게 만들며, 기존의 불합리한 구조가 이어진다고 보았어요. 대신 대화와 참여의 과정으로써 학습자와 교육자가 서로 소통하고 함께 문제를 해결해 나가는 방식을 중요하게 생각했어요. 이를 통해 개인의 성장을 넘어 사회의 문제를 긍정적으로 해결해 나갈 수 있다고 보았어요. 그는 1960년대 브라질에서 추방된 뒤에 세계 각지에서 교육을 진행했어요. 1980년대 말에는 브라질 상파울루 교육부 장관으로 활동하며 공교육의 변화를 끌어냈어요. 그의 교육 철학은 오늘날 수많은 교육자에게 큰 영향을 줬어요.

존 듀이

존 듀이는 미국을 대표하는 교육 철학자이자 '진보주의 교육'의 선구자예요. 그는 교육을 단순한 지식 전달이 아닌 인간이 사회 안에서 살아가는 데 필요한 능력을 기르는 과정으로 보았어요. 듀이는 교사로서 일하며 학습자의 능동적인 교육 경험이 아주 중요하다는 걸 깨달았어요. 때문에 그는 전통적인 암기 위주의 교육을 비판하며, 아이들이 실제 삶과 연결된 활동을 통해 배우는 '경험 중심 교육'을 중요하게 생각했어요. 이는 문제 해결, 탐구, 협동 등의 과정을 통해 학습으로 이어지게 돼요. 듀이는 학교를 '작은 사회'라고 보았고, 교실은 민주주의를 체험하는 공간이 돼야 한다고 주장했어요. 학생들이 서로 의견을 나누고, 함께 결정하며 어려움을 극복하는 과정을 통해 시민 의식을 길러야 한다고 본 거죠. 단순히 지식만 있는 사람이 아닌 사회적 책임을 갖춘 민주 시민을 길러 내는 거예요.

그는 1896년 미국 시카고 대학교 내에 실험학교를 만들어 교육 철학을 실제 교육에서 적용했어요. 그의 교육 철학은 많은 교육자에게 큰 영향을 미쳤고, 현대 교육의 방향을 바꾸는 중요한 역할을 했어요.

지리와 환경은 인간과 다양한 생명이
살아가는 공간 등을 말해요.
우리 주변에서 볼 수 있는 다양한 지리와 환경을 알아봐요.

3장
지리와 환경

지리와 환경 | 자연 지리 | 지리 정보 | 환경 문제 | 기후 변화
인문 지리 | 지속 가능한 발전 | 기후 협약과 관련된 두 인물

키워드	교과 과정	
지리와 환경	초등 사회 4-1	1. 지도로 만나는 우리 지역
	초등 과학 5-2	2. 생물과 환경
	중학 사회 1	1. 세계화 시대, 지리의 힘
	고등 통합 과학 2	2. 환경과 에너지
환경 문제	초등 사회 6-2	2. 통일 한국의 미래와 지구촌의 평화
	초등 과학 5-2	2. 생물과 환경
	중학 사회 2	10. 환경 문제와 지속 가능한 환경
	고등 통합 사회 1	3. 자연환경과 인간
	고등 통합 과학 2	2. 환경과 에너지

지리와 환경

지리와 환경은 인간이 살아가는 공간과 그 안의 자연, 생태, 자원 등을 포함해요. 기후, 토양, 생물, 자원 등 다양한 요소가 서로 얽혀 있어요.

환경이란?

환경이란 인간을 둘러싼 모든 자연적, 사회적 조건과 요소를 말해요. 대기, 물, 토양, 동물과 같은 자연환경과 인간의 활동으로 만들어진 도시, 산업, 문화와 같은 인문 환경 모두 환경에 포함돼요. 이러한 환경은 인간의 삶에 영향을 주고, 인간의 활동 역시 환경에 영향을 미쳐요. 예를 들어 산업 활동으로 생긴 온실가스는 지구 온난화에 영향을 미치고, 이는 생태계 변화와 다른 산업에 영향을 미쳐요. 때문에 환경을 보존하는 것이 중요해요. 지속 가능한 발전을 위해서는 환경을 단순한 자연으로만 보지 않고 인간과 상호 작용하는 대상으로 볼 필요가 있어요. 환경 문제는 먼 미래의 누군가에게 해당하는 일이 아니라 지금 우리 삶과 직접적으로 연결되는 문제예요.

생태계

생태계는 생물과 그들이 살아가는 환경이 서로 상호 작용하며 유지되는 체계를 말해요. 산, 하늘, 강, 바다 등 다양한 공간에서 생물과 무생물이 균형을 이루며 살아가고 있어요. 하지만 인간의 욕심으로 기후 변화, 도시화, 환경 오염 등이 발생하면서 생태계가 빠르게 훼손되고 있죠. 이로 인한 생물 다양성의 감소는 생태계뿐만 아니라 인간의 생존에도 영향을 미쳐요. 생태계를 지키려면 생물 보호, 생물 서식지 유지, 환경 오염 방지 등 다양한 노력이 필요해요.

기후 플레이션

기후 플레이션은 '기후'와 '인플레이션'을 합친 말로, 기후 변화로 물가가 상승하는 현상을 말해요. 예를 들어 폭염, 가뭄, 홍수 같은 기후가 농작물 생산에 영향을 미치면 식품 가격이 오르게 돼요. 또 산불이나 태풍이 발생하면 도로에 문제가 생겨나 물류비용이 오르게 되죠. 그 결과 제품 가격 역시 오르게 되는 거예요. 이런 물가 상승은 일시적일 수 있지만, 기후 변화가 계속되면 장기적인 인플레이션을 불러올 수 있어요.

특히 기후 위기에 준비가 잘 돼 있지 않은 개발 도상국은 식량이나 에너지 가격이 오르면 상대적으로 큰 피해를 받게 돼요. 이에 따라 각 국가는 통화 정책과 재정 정책을 세울 때 기후를 중요한 요소로 생각하기 시작했어요.

자원

자원은 인간이 생활하기 위해 사용하는 모든 물질과 에너지를 말해요. 자연적으로 존재하는 물, 광물, 석유, 태양광 등은 천연자원이라고 불러요. 반대로 인간의 노동력, 지식, 기술 같은 요소는 인적 자원이라고 해요. 그런데 천연자원과 인적 자원 모두 한정돼 있어요. 때문에 국가는 다른 나라가 가진 특이한 자원을 얻기 위해 전쟁을 치르기도 해요. 그러나 욕심에 눈이 멀어 마음대로 자원을 사용하거나 강제로 뺏으면 환경이 파괴될 뿐만 아니라 자원이 사라지는 결과를 불러올 수도 있죠. 계속해서 줄어드는 자원들을 대체하기 위해 재생 가능 에너지, 자원 절약 기술 등을 발전시키고 있어요.

자연 지리

자연 지리는 지형, 기후, 식생 등 인간의 활동과 직접적으로 연결되지 않은 자연 현상을 다루는 분야예요. 지구 환경 변화나 자연재해 같은 부분을 이해하는 데 중요한 요소죠.

기후

기후는 한 지역에서 오랜 기간 발생하는 평균적인 날씨의 특성을 말해요. 기온, 강수량, 습도, 바람 등이 복합적으로 작용해서 결정되죠. 대표적으로 적도 부근은 1년 동안 고온 다습한 '열대 기후', 사막 지역은 강수량이 적은 '건조 기후', 사계절이 뚜렷한 '온대 기후', 겨울이 긴 '냉대 기후' 등이 있어요.

이러한 기후는 지역의 생태계와 인간의 사회 활동에 많은 영향을 미쳐요. 예를 들어 열대 기후 지역은 바나나, 커피 같은 열대작물을 키우기 유리하고, 건조 기후 지역은 농업보다 목축하는 유목 생활이 발달했어요. 최근에는 온실가스가 증가하면서 바닷물의 높이가 올라가는 등 다양한 이상 기후 현상으로 이어지고 있어요.

자연재해

자연재해는 지진이나 태풍, 홍수, 가뭄, 화산 폭발처럼 자연 현상으로 발생하는 피해를 말해요. 예측이 어렵고 피해 규모가 커서 사람이 크게 다칠 뿐만 아니라 경제적 피해까지 이어질 수 있어요. 예를 들어 지진이 발생하면 건물 붕괴나 화재로 이어져요. 태풍은 강한 바람이 불고 많은 비를 내려 침수되거나 산사태를 불러올 수 있어요. 화산 폭발은 용암 분출과 화산재로 주변 생태계에도 큰 영향을 미쳐요.

이러한 자연재해는 기후 변화로 인해 더욱 강력하게 그리고 자주 발생하고 있어요. 자연재해는 예방이 어려워서 최대한 빠른 대응이 중요해요. 그래서 각 국가는 기상 예보 기술을 발전시키고, 재해 대응 시스템을 구축해요. 자연재해는 완전히 막을 수 없지만 사전 대비와 빠른 대응으로 최대한 피해를 줄일 수 있어요.

사계절

사계절은 태양과 지구의 상대적 위치에 따라 생기는 기후의 변화를 말해요. 봄, 여름, 가을, 겨울로 구성돼요. 지구가 자전축을 23.5도 기울인 채 태양 주위를 공전해서 계절이 생겼어요. 사계절은 기후 변화와 생태계뿐만 아니라 인간의 생활 방식과 문화에도 큰 영향을 미쳐요. 특히 농업은 계절에 따라 작물의 심고 수확하는 시기가 달라져서 사계절의 변화에 민감하게 반응해요. 오랜 시간 동안 우리나라는 사계절이 뚜렷했어요. 그런데 지구 온난화가 계속되면서 여름과 겨울이 길어지고, 봄과 가을이 짧아지고 있어요.

옥쌤의 시사 상식

국립 공원이란?

국립 공원은 자연 생태계와 문화 자원을 보호하기 위해 국가에서 지정한 보호 구역이에요. 2025년 기준 우리나라의 국립 공원은 총 24개예요. 국립 공원은 무분별한 개발을 막음으로써 생물의 다양성을 보존하는 데 힘써요. 또 국립 공원은 관광 자원으로서의 가치도 높고 시민에게 아름다운 자연 체험의 기회를 제공해요. 실제로 많은 국립 공원이 관광지로서 사람들에게 많은 사랑을 받고 있어요.

하지만 국립 공원은 단순한 관광지가 아니라 인간과 자연이 조화를 이루는 공간임을 알아야 해요. 인간의 욕심으로 자연이 훼손되면 가장 큰 피해를 받는 것은 바로 인간이에요. 정부는 생태계 훼손을 막고 미래 세대에게 건강한 자연을 물려주기 위해 입장객 수 제한, 야생 동물 보호 구역 설정, 비대면 탐방과 같은 방식을 진행하고 있답니다.

지리 정보

지리 정보는 지구 표면에 대한 위치와 특성을 파악하고 분석하는 것을 말해요. 지구에 대해서 잘 알수록 자연과 함께 오래도록 건강하게 살아갈 수 있어요.

적도, 위도, 경도

우리는 커다란 공 모양인 지구 위에서 살고 있죠. 그런데 지구가 너무 커서 우리가 어디에 있는지, 우리나라가 어디에 있는지 정확하게 말하기 어려워요. 그래서 사람들은 지구 위에 보이지 않는 선을 그어 우리가 어디에 있는지 쉽게 알아볼 수 있도록 했어요. 그게 바로 적도, 위도, 경도예요.

적도는 지구 가운데에서 동그랗게 두르고 있는 선이에요. 적도 근처는 햇빛을 많이 받아 항상 따뜻하고 열대 과일이 잘 자라죠. 아프리카나 동남아시아가 적도 근처에 있답니다. 위도는 적도를 기준으로 북쪽이나 남쪽으로 얼마나 떨어져 있는지를 나타낸 선이에요. 기준이 되는 적도를 0도라고 할 때, 적도보다 위에 있으면(북쪽) 북위라고 하고, 아래에 있으면(남쪽) 남위라고 해요. 지구본을 보면 가로로 그려진 선들이 바로 위도선이에요.

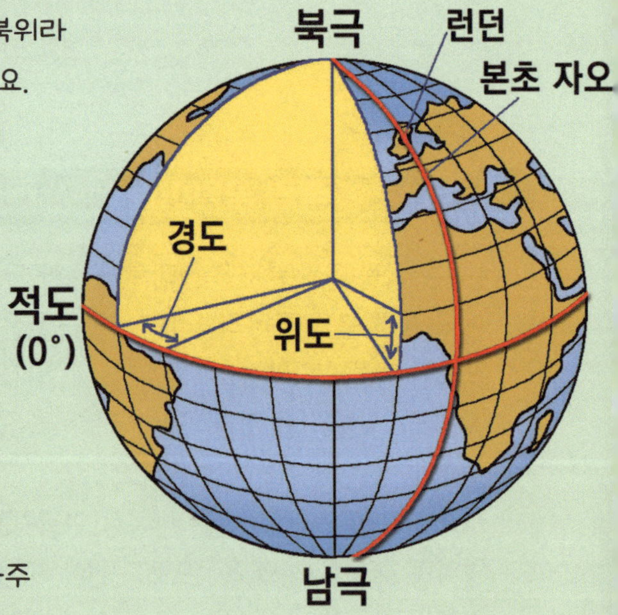

경도는 영국 런던에 있는 특별한 선인 '본초 자오선'을 기준으로 동쪽이나 서쪽으로 얼마나 떨어져 있는지를 나타낸 선이에요. 영국 런던을 0도라고 할 때, 오른쪽으로 가면 동경, 왼쪽으로 가면 서경이라고 해요. 지구본에서 세로로 그려진 선들이 바로 경도선이에요. 경도는 우리의 위치뿐만 아니라 시간을 아는 데도 아주 중요하답니다.

북반구와 남반구

지구의 허리띠인 적도를 기준으로 지구를 둘로 나눌 수 있어요. 적도보다 북쪽에 있는 곳을 북반구라고 해요. 우리나라가 있는 곳이죠. 북반구의 맨 위쪽에는 북극곰이 사는 북극이 있기도 해요. 북반구에 있는 나라들은 우리나라와 계절이 비슷해요. 우리나라가 여름이면 북반구에 있는 다른 나라도 여름이고, 우리가 겨울일 때 그 나라들도 겨울이죠.

적도보다 남쪽에 있는 곳을 남반구라고 해요. 남반구에는 호주나 브라질 등이 있어요. 남반구의 맨 아래쪽에는 펭귄들이 살고 있는 남극이 있죠. 남반구는 우리나라와 계절이 반대예요. 우리나라가 여름일 때 남반구는 겨울이고, 우리가 겨울일 때 남반구는 여름이죠. 남반구의 크리스마스는 한여름이라 해변에서 시간을 보낸다고 해요.

옥쌤의 시사 상식

왜 나라마다 시간이 다를까요?

지구는 가만히 있는 게 아니라 빙글빙글 제자리에서 돌고 있어요. 이 지구가 한 바퀴를 도는 데 걸리는 시간이 바로 하루(24시간)예요. 지구가 한 바퀴를 돌 때 어떤 곳은 햇빛을 받고, 어떤 곳을 햇빛을 받지 못해요. 그래서 낮과 밤이 생긴 거죠. 사람들은 지역마다 낮과 밤이 다른 것을 이해하기 쉽도록 지구에 24개의 경도를 그려 구역을 나누었어요. 그리고 각 구역마다 기준 시간을 정한 다음 그 안에 있는 나라들은 같은 시간을 쓰기로 약속했죠. 때문에 동경 135도를 쓰는 우리나라와 일본은 시간이 같고, 중국은 동경 120도를 기준으로 하기 때문에 시간이 달라요. 우리나라가 아침 9시라면 중국은 아침 8시로 우리나라보다 1시간 더 느리답니다.

환경 문제

환경 문제란 인간 활동이 자연에 좋지 못한 영향을 줘서 생기는 현상을 말해요. 이는 생태계 파괴, 자원 고갈, 인류의 생존 위협 등으로 이어질 수 있어요.

지구 온난화와 지구 열대화

지구 온난화는 대기 중 온실가스 농도의 증가로 지구 평균 기온이 상승하는 현상을 말해요. 이러한 원인으로 이산화 탄소, 메탄, 이산화 질소 등 산업 활동과 화석 연료 사용을 들 수 있어요. 온실가스는 마치 지구를 따뜻한 이불처럼 덮어서 태양의 열이 밖으로 나가지 못하게 해요. 이 이불이 두꺼워지면서 지구가 점점 뜨거워져요. 지구의 온도가 계속해서 높아지면 남극의 빙하가 녹아 바닷물의 높이가 올라가 여러 가지 문제가 생길 수 있어요.

지구 열대화는 지구가 단순히 따뜻해지는 것을 넘어서 끓어오르는 것처럼 기온이 너무 급하게 올라가는 아주 심각한 상황을 말해요. 2023년 7월, 국제 연합(UN) 사무총장이 "지구 온난화 시대는 끝났다. 지구 열대화가 시작됐다."고 말하면서 생겨난 말이에요. 이는 전 세계적으로 극단적인 이상 기후 현상이 자주 일어나고 있다는 심각성을 강조하는 표현으로 볼 수 있어요.

온실가스

온실가스는 지구를 따뜻하게 만드는 기체를 말해요. 이 기체는 지구를 감싸서 지구에서 발생하는 열이 빠져나가지 못하게 막아요. 온실가스가 너무 많아지면 지구의 온도가 올라가요. 그러면 지구가 너무 더워져서 북극의 얼음이 녹거나 비가 엄청 많이 오기도 해요. 전 세계 사람들이 온실가스를 줄이기 위해 자동차를 덜 타거나 플라스틱을 덜 쓰는 등의 노력을 한답니다.

미세 먼지와 초미세 먼지

미세 먼지는 우리 눈에 보이지 않을 만큼 아주 작은 먼지 알갱이를 말해요. 얼마나 작냐면 머리카락보다도 훨씬 작아요. 이러한 미세 먼지는 공기 중에 떠다니다가 우리가 숨을 쉴 때 코나 입으로 들어올 수 있어요. 처음에는 큰 문제가 되지 않지만, 계속해서 몸속에 미세 먼지가 쌓이면 천식, 폐질환, 심장 질환 등의 원인이 돼요. 특히 면역력이 약한 아이들과 노인에게 아주 위험할 수 있어요. 초미세 먼지는 미세 먼지보다 더 작은 먼지를 말해요. 크기가 너무 작아서 눈에 잘 보이지 않아요. 그래서 숨을 쉴 때 폐 깊숙한 곳까지 들어가 몸에 안 좋은 영향을 줄 수 있어요.

우리나라는 2015년부터 미세 먼지 특별법을 통해 미세 먼지를 관리하고 있어요. 오래된 차량의 운행을 제한하고, 친환경 차 보급을 확대하는 등 다양한 정책을 진행하고 있죠. 이외에도 신재생 에너지 확대, 산업 구조 전환, 시민 의식 확대 등이 꾸준히 이뤄질 필요가 있어요. 앞으로 미세 먼지와 초미세 먼지는 단순한 환경 문제뿐만 아니라 사회, 경제적 문제로도 더욱 중요해질 거예요.

산불

산불은 말 그대로 산에 난 불로 자연환경, 인명, 재산에 큰 손해를 끼치는 재해를 말해요. 보통 봄철과 겨울철 때 비나 눈이 적게 오는 등 건조한 날씨이거나 강한 바람이 불 때 많이 일어나요. 하지만 산불은 번개 같은 자연적 원인보다는 담뱃불, 불씨 남음 등 사람으로 인해 발생하는 경우가 더 많아요.

우리나라는 땅의 60퍼센트 이상이 산과 숲으로 돼 있어 산불이 발생하면 피해 규모가 상당히 클 수밖에 없어요. 그중 강원도와 경상북도 등 동해안 지역은 해마다 대형 산불이 반복되는 위험 지역이에요. 특히 2025년 3월 경상북도 의성에서 있었던 산불은 경제적 피해 금액만 해도 1조 원에 달하는, 대한민국 정부 수립 이후 최대 규모의 산불 재난이었어요.

환경 호르몬

환경 호르몬은 우리 몸속에서 나오는 호르몬과 비슷하게 생긴 화학 물질이에요. 몸속에서 만들어진 호르몬은 몸속을 돌아다니며 몸을 건강하고 잘 자라게 만들어 주죠. 반면 환경 호르몬은 몸 밖에서 만들어진 화학 물질로, 우리의 몸속에 들어오면 진짜 호르몬인 것처럼 흉내 내서 진짜 호르몬이 해야 하는 일을 방해해요. 그렇게 되면 우리의 몸이 제대로 자라지 못하거나, 어른이 돼서 병이 생길 수 있어요.

환경 호르몬을 줄이는 방법

환경 호르몬은 플라스틱 제품, 음료수 캔이나 통조림, 영수증 종이, 세제, 화장품, 농약 등 다양한 곳에 들어 있을 수 있어요. 특히 뜨거운 음식이나 액체를 플라스틱으로 만든 그릇에 담으면 환경 호르몬이 음식에 녹아 나올 위험이 있죠. 때문에 뜨거운 음식을 담을 때는 플라스틱 대신 유리나 도자기 그릇을 사용하는 게 좋아요. 또 밖에서 놀다 들어오면 꼭 비누로 손을 깨끗하게 씻어야 해요. 농약이 묻어 있을 수 있으니 과일이나 채소를 먹기 전 흐르는 물에 깨끗하게 씻는 게 중요해요. 환경 호르몬은 우리의 눈에 보이지 않지만, 우리의 건강을 위해서 꼭 조심해야 하는 물질이에요.

미세 플라스틱

미세 플라스틱은 아주 작은 플라스틱을 말해요. 5밀리미터보다 작고, 어떤 것은 우리 눈에 보이지 않을 만큼 작아요. 미세 플라스틱은 피부 등을 깨끗하게 만들기 위해 화장품 등에 넣은 1차 미세 플라스틱과 큰 플라스틱이 부서져 만들어진 2차 미세 플라스틱이 있어요. 대부분의 미세 플라스틱은 우리가 버린 커다란 플라스틱이 오랜 시간 동안 부서지면서 만들어진 2차 미세 플라스틱이에요.

미세 플라스틱은 너무 작아서 하수 처리 시설에서 걸러지지 못하고 강을 따라 바다로 흘러 들어가요. 바다에 사는 물고기들은 미세 플라스틱을 먹이라고 생각해 먹어요. 하지만 플라스틱은 소화되지 않기 때문에 몸속에 계속 쌓일 수밖에 없어요. 그렇게 되면 동물들이 아프거나 죽을 수도 있고, 그러한 해산물을 먹어 우리의 몸속에 미세 플라스틱이 들어올 수도 있어요.

미세 플라스틱 문제를 해결하려면?

미세 플라스틱이 심각한 문제가 된 건 우리가 플라스틱을 너무 많이 사용하고 함부로 버렸기 때문이에요. 미세 플라스틱 문제를 해결하기 위해선 첫째, 플라스틱 사용을 줄여야 해요. 일회용 컵이나 빨대, 비닐 봉지 같은 플라스틱 제품 사용을 줄이고, 텀블러나 에코백 등을 사용하는 습관을 길러야 해요. 둘째, 재활용을 잘해야 해요. 플라스틱을 버릴 때는 반드시 씻어서 분리수거를 잘해야 해요. 분리수거를 잘한 플라스틱은 다시 새 제품을 만들 수 있거든요. 미세 플라스틱은 우리의 눈에 잘 보이지 않지만 우리의 건강과 지구에 큰 영향을 미칠 수 있는 아주 중요한 문제랍니다.

기후 변화

지구의 날씨가 점점 이상하게 변하고 있어요. 지구의 온도는 뜨거워지고, 바닷물의 높이는 매년 오르고 있죠. 또 예측하기 어려운 홍수나 가뭄도 자주 일어나고 있어요. 이러한 현상이 일어나는 이유는 대부분 기후 변화 때문이에요.

이상 기후

이상 기후는 오랫동안 정상적으로 나타나던 날씨가 아니라 예측하기 어려운 날씨 현상이 계속되는 것을 말해요. 평소보다 훨씬 더운 날씨 또는 훨씬 추운 날씨가 오랫동안 이어지는 게 바로 이상 기후예요. 또 오랜 기간 동안 비가 오지 않아서 강물이 마르거나 땅이 갈라지기도 하고, 짧은 기간 동안 많은 비가 쏟아지는 일도 있어요. 이러한 이상 기후는 우리의 일상생활뿐만 아니라 농업, 어업 등 다양한 분야에 큰 피해를 줄 수 있어요. 이상 기후가 일어나는 가장 큰 이유는 지구 온난화 때문이에요. 지구의 온도가 계속 올라가면서 대기의 흐름이 바뀌고, 이로 인해 예상하지 못한 날씨 현상이 계속해서 일어나는 거죠.

해수면 상승

지구 온난화 때문에 빙하가 녹아 바다로 흘러 들어가면서 바닷물의 높이가 점점 높아지고, 점점 더워진 바닷물의 부피가 늘어나고 있어요. 이렇게 바닷물의 높이가 계속해서 높아지는 현상을 해수면 상승이라고 말해요. 해수면이 계속해서 높아지면 바닷가 근처에 사는 사람들의 집이나 건물이 물에 잠길 위험이 커져요. 오랜 시간이 지나면 바다와 멀리 있는 육지까지도 물에 잠길 수도 있어요. 또 바닷물에는 염분이 섞여 있어서 농사를 지어야 하는 땅이 망가지거나 깨끗한 지하수가 바닷물에 오염될 수도 있죠. 해수면 상승을 막기 위해서는 지구 온난화를 일으키는 온실가스 배출을 줄이는 것이 가장 중요해요.

엘니뇨와 라니냐

엘니뇨는 주로 태평양 바다, 특히 페루나 에콰도르 같은 남아메리카 근처의 적도 부근 바다에서 일어나곤 해요. 원래 이 지역의 바다는 찬 바닷물이 위로 올라와 시원하고 물고기도 많이 살고 있었어요. 그런데 갑자기 따스한 바닷물이 넓게 퍼지면서 뜨거운 공기가 위로 올라오기 시작했어요. 이러한 현상을 바로 엘니뇨라고 해요. 이렇게 날씨의 균형이 깨지면 평소 비가 오지 않던 지역에 많은 비가 내리거나, 평소 비가 많이 오던 곳에 비가 오지 않아 가뭄이 들거나 산불이 나기도 해요. 엘니뇨는 단순히 한 나라에만 영향을 미치는 것이 아니라 지구 전체에 영향을 주는 이상 기후예요.

라니냐는 엘니뇨와 반대되는 현상으로, 남아메리카 주변의 바닷물이 평소보다 더 차가워지는 것을 말해요. 리니냐가 발생하면 아시아와 호주 등 태평양 서쪽의 바닷물이 평소보다 더 따스해지면서 폭우가 생겨나요. 또 북반구에 매우 추운 겨울이 찾아오는 것도 라니냐 때문이에요.

기후 난민

하나 더 알아보기

기후 난민은 기후 변화로 자신이 살던 지역에서 더는 살 수 없어서 다른 곳으로 이동한 사람들을 말해요. 이들은 극심한 가뭄, 홍수, 해수면 상승, 산불, 태풍 등의 자연재해로 삶의 터전을 잃어버렸어요. 특히 바다와 가까운 지역일수록 기후 변화에 영향을 받아요. 기후 변화가 계속될수록 기후 난민의 수는 꾸준히 늘어나고 있어요. 국제 사회는 기후 난민을 보호하기 위해 많이 노력하고 있어요. 기후 난민 문제는 단순한 이동 현상이 아니라 기후 위기 시대에 인류 전체가 마주한 생존의 문제예요.

인문 지리

인문 지리는 인간의 활동과 그에 따른 공간적 변화를 연구하는 분야예요. 다양한 사회 현상과 지리적 요소를 분석해 인간과 환경 간의 관계를 이해하려 해요.

도시화

도시화는 산업이 발전하면서 사람들이 농촌, 어촌 지역 등을 떠나 도시로 모여들어 도시의 인구가 늘어나고 도시의 생활 방식이 사회 전체로 퍼지는 현상을 말해요. 서울, 부산과 같은 대도시에 많은 사람이 모여 살면서 아파트 단지가 대규모로 생기고, 백화점이나 영화관, 대형 병원 등 다양한 편의 시설이 생겼어요. 사람들은 문화생활을 더 쉽게 즐기고, 더 많은 교육 기회나 일자리를 얻을 수 있게 됐죠. 하지만 인구가 너무 많아지면서 교통 체증이 심해지고, 주택 가격이 비싸졌으며 환경 오염 문제도 심해졌어요. 또 도시 외 지역의 인구가 줄어들어 그 지역은 점차 활기를 잃기도 해요. 이러한 문제들을 해결하기 위해 정부에서는 지역 간의 균형적인 발전을 추구하고 있어요.

교통망

하나 더 알아보기

교통망은 사람과 물건의 이동을 가능하게 하는 도로, 철도, 항공, 해운 등의 시설을 말해요. 우리나라는 고속 도로와 고속 철도 등 발전된 교통망 덕분에 아침에 부산에서 출발해 서울에서 일하고, 저녁에 다시 부산으로 돌아오는 게 가능하죠. 이처럼 교통망의 발달은 경제 발전과 직접적인 연관성이 있죠. 하지만 인구 밀도 증가와 환경 오염 같은 도시화 문제를 일으키기도 해요. 때문에 최근에는 친환경 및 스마트 교통 시스템을 통한 지속 가능한 발전을 추구하고 있어요.

인구 밀도

인구 밀도는 정해진 면적당 인구수를 나타내는 지표를 말해요. 특정 지역의 인구 집중도를 파악하는 데 사용하죠. 우리나라는 땅의 면적이 좁고 산이 많아 사람이 살 수 있는 땅이 다른 나라에 비해 상대적으로 적어요. 그러다 보니 한 지역에 인구가 집중되는 현상을 보여요. 특히 서울은 세계에서 손꼽히는 고밀도 도시 중 하나예요. 인구가 많다는 것은 그만큼 다양한 서비스와 문화적 혜택을 제공한다는 말이에요. 대신 인구가 많으면 교통 혼잡, 주택 부족, 환경 오염 등의 문제가 발생할 수 있어요. 반면 인구 밀도가 낮은 지역은 공공시설이 부족하고, 경제적으로 어려움을 겪을 수 있어요. 인구 밀도는 단순한 숫자가 아니라 각국의 도시 계획이나 자원 관리와 관련된 정책을 세우고 펼치는 데 큰 영향을 미쳐요.

인구 분포

인구 분포는 특정 지역에 인구가 어떻게 분포돼 있는지를 나타내는 지표를 말해요. 경제 활동, 자연환경, 사회적 요인 등에 따라 달라져요. 우리나라에서는 서울과 수도권에 전체 인구의 절반 이상이 집중돼 있어요. 그 지역에 일자리나 교육, 의료, 문화 등 다양한 기회가 몰려 있기 때문이에요. 반면 농촌 및 다른 지역은 인구가 줄고, 고령화로 지역 소멸의 위기에 부딪히기도 하죠. 한편 기회를 얻기 위해서 대도시나 수도권으로 이동하고 싶어도 집값이나 일자리 등의 이유로 쉽게 옮기지 못해요. 이러한 인구 불균형은 지역 간 차이를 발생시켜서 사회적 갈등의 원인이 돼요.

이러한 현상은 우리나라에서만 일어나는 게 아니에요. 세계적으로도 도시와 농촌, 선진국과 개발 도상국 간의 차이가 뚜렷하게 나타나는 편이에요. 이러한 현상은 국가별 정책 방향에 큰 영향을 준답니다.

지속 가능한 발전

지속 가능한 발전이란 현재 세대에 필요한 자원을 사용하면서도 미래 세대의 자원을 해치지 않으면서 균형 잡힌 발전을 이루는 것을 말해요. 환경 보호, 경제 성장, 사회 통합이라는 세 가지 요소가 조화를 이루는 게 중요해요.

지역 균형 발전

지역 균형 발전은 지역마다 균형 있게 발전하는 것을 말해요. 우리나라의 경우 서울을 중심으로 한 수도권과 수도권을 제외한 지역을 의미하는 비수도권 간에는 경제, 교육, 교통, 일자리, 산업 등에서 큰 차이가 발생하고 있어요.

이에 따라 정부는 혁신 도시 건설, 공공기관의 지방 이전, 지역 인재 채용 할당제 등 다양한 대책을 진행하고 있어요. 이러한 노력은 낙후된 지역을 발전시킬 수 있으며 지역 일자리를 만든다는 큰 장점이 있어요. 대신 공공기관 간의 협업에서 문제가 발생할 수 있고, 수도권 역차별을 발생시킬 수도 있어요.

지역 균형 발전은 단순히 자원을 옮기는 것에 그치지 않고 지역 스스로가 발전할 힘을 가지도록 돕는 것이 핵심이에요. 이를 위해 교통 시설 확충, 지방 교육 강화, 청년 창원 지원 등이 함께 이뤄져야 하며, 짧은 기간 내에 성과를 내는 데 급급하기보다 장기적 관점에서 접근하는 노력이 필요해요.

도시 계획

도시 계획은 도시의 물리적 구조, 인구 분포, 시설 등을 체계적으로 계획하고 관리하는 활동을 말해요. 도시 계획은 시대에 따라 다양한 관점에서 이뤄져요. 현대의 도시 계획은 교통, 주거, 환경, 복지 등을 종합적으로 생각해야 해요. 도시 계획이 제대로 실행되면 도시 내 교통 혼잡, 주거 불균형, 환경 오염 등의 문제를 해결할 수 있어요. 최근에는 기후 위기와 관련된 내용이 더욱 중요해지고 있어요. 환경을 해치지 않고 환경과 조화롭게 공존할 수 있는지, 지속 가능성이 있는지 등을 중요하게 생각하는 거예요.

탄소 발자국과 물 발자국

탄소 발자국은 지구 온도를 높이는 발자국으로, 우리가 생활하면서 만들어 낸 이산화 탄소와 같은 온실가스를 발자국처럼 표현한 거예요. 전기를 쓰거나, 자동차를 타거나, 물건을 만들 때 나오는 나쁜 가스들이 모여 지구를 뜨겁게 만드는 원인이 되죠. 탄소 발자국이 클수록 지구 온난화가 심하다는 뜻이에요.

물 발자국은 우리가 어떤 물건을 만들거나 서비스를 사용할 때 사용되는 물의 양을 발자국으로 나타낸 거예요. 물 발자국이 크다는 건 그만큼 많은 물을 사용한다는 걸 말해요. 지구의 모든 지역에 물이 풍부한 게 아니기 때문에 물을 아껴 쓰지 않으면 미래에 물 부족 문제가 심각해질 수 있어요.

생물 다양성

생물 다양성은 지구에 사는 모든 생물이 다르고, 다양한 환경 속에서 함께 살아가는 것을 말해요. 생물 다양성은 유전자 다양성, 종 다양성, 생태계 다양성으로 나뉘어요. 유전자 다양성은 같은 종류의 생물이라도 서로 다른 특징을 갖고 있다는 말이에요. 반 친구들은 모두 사람이지만 키, 얼굴, 머리카락, 성격이 모두 다르죠. 그런 걸 유전자 다양성이라고 해요. 종 다양성은 지구에 얼마나 다양한 종류의 생물들이 살고 있는지를 말해요. 개미, 강아지, 물고기, 새, 나무 등 서로 다른 생물들이 얼마나 다른지를 뜻해요. 생태계 다양성은 지구에 얼마나 다양한 자연환경(생태계)이 있는지를 말해요. 숲, 초원, 사막, 강, 바다 등 지구에는 정말 다양한 환경이 있어요.

생물 다양성은 우리 몸이 건강하기 위해 여러 가지 영양소를 먹어야 하는 것처럼 지구가 건강하게 유지되기 위해서 꼭 필요한 것들이에요.

옥쌤의 시사 상식

미래에는 바나나를 먹을 수 없다고요?

혹시 우리가 즐겨 먹는 바나나가 사라질 위기에 처해 있다는 소식, 들어본 적 있나요? 옛날에는 '그로 미셸'이라는 바나나가 전 세계에서 가장 인기가 많았어요. 그런데 '파나마병'이라는 곰팡이 병이 돌기 시작하면서 그로 미셸 바나나가 모두 병에 걸려 죽었어요. 그 후 사람들은 파나마병에 강한 '캐번디시'라는 바나나를 찾아 심기 시작했죠. 오늘날 우리가 마트에서 흔히 사 먹는 바나나 대부분이 캐번디시 바나나예요. 그런데 캐번디시 바나나는 그로 미셸 바나나와 유전자가 거의 똑같아서 병에 걸리면 미셸 바나나처럼 모두 죽게 될 거예요. 유전자 다양성이 부족하기 때문이죠. 만약 새로운 품종의 바나나를 찾지 못하거나, 병에 강한 바나나를 만들어 내지 못한다면 미래에는 바나나를 먹지 못할 수도 있어요.

신재생 에너지

우리는 주로 석유, 석탄, 천연가스 같은 것을 태워 에너지를 만들었어요. 그런데 이런 것들은 양이 한정된 데다가 태울 때 이산화 탄소 같은 나쁜 연기가 나와서 지구를 뜨겁게 만들어요. 오늘날에는 환경을 오염시키지도 않고 계속해서 쓸 수 있는 깨끗한 에너지인 신재생 에너지를 사용하기 위해 노력하고 있어요.

햇빛으로 만드는 태양 에너지, 바람의 힘으로 만드는 풍력 에너지, 물의 힘으로 만드는 수력 에너지, 땅속의 뜨거운 열로 만드는 지열 에너지, 식물이나 쓰레기로 만드는 바이오 에너지 등은 모두 신재생 에너지에 속해요. 신재생 에너지를 사용하면 지구 온난화와 환경 오염을 줄일 수 있고, 계속해서 쓸 수 있기 때문에 전 세계의 많은 나라가 신재생 에너지를 더 많이 사용하려고 노력하고 있어요.

그린 오션

그린 오션은 친환경을 핵심 가치로 삼아 새로운 시장을 만들거나 사업을 발전시키는 것을 말해요. 친환경 시장 또는 녹색 경영과 비슷한 의미로 해석할 수 있죠. 과거 환경은 기업에 우선으로 생각되는 대상이 아니었어요. 그러나 현재는 일회용품을 줄이고 친환경 제품을 만들거나, 환경 오염을 줄이는 새로운 기술을 개발하는 등 환경에 관심을 가지며 그린 오션에 참여하려 노력하고 있어요. 환경을 불필요한 존재가 아닌 미래 성장을 위해 함께해야 하는 동반자로 보는 거예요.

에너지 캐시백

하나 더 알아보기

에너지 캐시백은 우리가 집에서 사용하는 전기의 양을 줄이면, 줄인 양에 따라 일정 금액을 현금처럼 돌려주거나, 다음 달 전기 요금을 깎아 주는 제도예요. 환경 보호와 경제적 부담을 덜 수 있죠. 지난 2년간의 평균 사용량보다 3퍼센트 이상 전기를 줄였으면 캐시백을 받을 수 있어요. 전기 요금과 탄소 발사국을 줄일 수 있는 거죠.

기후 협약과 관련된 두 인물

산업화 이후 온실가스 배출이 늘어나면서 지구의 평균 기온이 상승해 지구에 다양한 문제가 나타났어요. 이를 해결하기 위해서는 개인의 노력도 중요하지만, 기후 협약과 같은 국가 간 협력을 통해서 해결하는 게 중요해요.

기후 협약

기후 협약은 전 세계의 모든 나라들이 지구를 함께 지키기 위해 약속한 규칙을 말해요. 대표적인 기후 협약으로 1992년 브라질 리우에서 체결된 국제 연합 기후 변화 협약(UNFCCC)이 있어요. 이는 기후 변화 대응을 위한 기본적인 틀을 마련했어요. 이후 1997년 교토 의정서에는 온실가스 배출을 줄이기 위한 목표를 설정했어요. 2015년 파리 협정에는 전 세계 평균 기온 상승을 2도 이내로 제한했어요. 특히 파리 협정은 모든 국가가 스스로 온실가스를 줄이는 데 동의한 세계적인 협약으로 손꼽혀요.

이러한 협약들은 단순한 환경 문제 해결을 넘어, 에너지 전환이나 산업 변화 등 경제와 사회에 큰 영향을 미치는 만큼 국제 사회가 꾸준히 관심을 가져야 해요.

앨 고어

앨 고어는 미국의 정치인이자 환경 운동가예요. 그는 하버드 대학교에서 정치학을 배우고, 이후 국회 의원을 거쳐 미국의 부통령을 지내기도 했어요. 그는 정치를 시작할 때부터 환경 문제에 많은 관심을 가졌어요. 1992년 그가 쓴《위기의 지구》에는 기후 변화의 심각성과 이를 막기 위한 정책적 대응이 필요하다고 쓰여 있어요. 부통령 시절에도 국제 환경 협상에 적극적으로 참여했어요. 특히 교토 의정서를 진행할 때 미국에서 적극적인 참여를 보낸 인물이기도 하죠.

고어는 정치에서 물러난 후 기후 문제를 대중에게 알리는 데 더욱 집중했어요. 그중에서도 2006년 발표한 다큐멘터리 <불편한 진실>은 아카데미상을 수상했어요. 이 작품은 과학적 사실을 바탕으로 기후 변화의 원인과 미래를 알게 쉽게 설명했고, 개인과 정부가 무엇을 할 수 있는지를 알려 줬어요. 고어는 기후 변화에 대응하기 위해 '기후 현실 프로젝트'를 설립해 세계 각국에서 기후 관련 교육을 진행하고 있어요. 과학 정보를 바탕으로 정부와 대중을 연결하는 중요한 다리 역할을 하는 등의 노력을 인정받아 2007년 노벨 평화상을 공동 수상하기도 했어요.

그레타 툰베리

스웨덴 출신의 청소년 환경 운동가인 그레타 툰베리는 10대의 목소리로 세계 기후 운동을 이끄는 상징적 인물이에요. 툰베리는 8세 무렵 학교에서 기후 변화에 대한 수업을 들은 뒤 환경 문제에 깊은 관심을 가지게 됐어요. 이후 2018년 15세에 스웨덴 국회의사당 앞에서 '기후를 위한 등교 거부'라는 1인 시위를 시작했어요. 이는 사회 관계망 서비스(SNS)를 통해 전 세계로 퍼졌고, 이후 수많은 청소년이 동참하는 국제적 운동으로 발전했어요. 2019년 국제 연합(UN)에서 있었던 기후 행동 정상 회의에서는 "당신들이 우리의 미래를 훔치고 있다."라고 말하며 많은 사람에게 큰 울림을 줬어요. 툰베리는 경제 성장 중심의 정책과 기존의 기후 협약을 비판하며 지금의 어른 세대가 미래 세대를 생각하지 않는다는 점을 강하게 비판했어요. 이러한 툰베리의 모습들은 '청소년'이 전 세계에 어떤 영향을 미칠 수 있는지를 보여 주기도 해요.

est. 1924
World ne
Lorem ipsum dolor sit amet, consectetuer adipiscing elit, sed diam nonumm
ad minim veniam, quis nostrud exerci tation ullamco
Breaking
ws!!
Vintage
daily news
est. 1924
Lorem ipsum dolor sit amet, consectetuer adipiscing elit, sed diam nonummy nibh euismod tincidunt ut laoreet dolore magna aliquam erat volutpat. Ut wisi enim ad minim veniam, quis nostrud exerci tation ullamcorper suscipit lobortis nisl ut aliquip ex ea commodo consequat.
Lorem ipsum dolor sit amet, consectetuer adipiscing elit, sed diam nonummy nibh euismod tincidunt ut laoreet dolore magna aliquam erat volutpat. Ut wisi enim ad minim veniam, quis nostrud exerci tation ullamcorper suscipit lobortis nisl ut aliquip ex ea commodo consequat.

아울일보

20XX년 X월 XX일 X요일

PART 3

나라와 세계는 어떻게 연결될까?

정치와 법률 | 국제와 외교 | 무역

정치와 법률은 사회가 안정적으로

유지되는 데 꼭 필요한 규칙이에요.

정치와 법률이 우리의 삶에 어떤 영향을 주는지 알아볼까요?

1장
정치와 법률

정치와 법률 | 국가 권력 | 정치 체제 | 선거 | 법
기본 권리 | 기본 의무 | 인종 차별과 관련된 두 인물

키워드	교과 과정	
정치와 법률	초등 사회 4-2	1. 민주주의와 자치
	초등 사회 6-1	1. 우리나라 정치 발전
	중학 사회 1	9. 민주주의와 시민
	고등 통합 사회 2	1. 인권 보장과 헌법
법	초등 사회 5-1	2. 인권 존중과 정의로운 사회
	중학 사회 1	11. 일상생활과 법
	중학 사회 2	2. 헌법과 국가 기관
	고등 통합 사회 2	1. 인권 보장과 헌법

정치와 법률

정치와 법률은 사람들이 함께 살아가기 위해 필요한 규칙과 약속을 만들고 지키는 모든 활동을 말해요. 정치로 나랏일을 결정하고, 법률로 그 결정들을 모두가 따르도록 하는 거예요.

정치란?

정치란 우리 모두가 잘살기 위해 나라를 어떻게 운영할지 결정하는 과정을 말해요. 반에서 반장과 부반장을 뽑고, 반의 규칙을 정하는 것과 비슷하죠. 즉 정치는 모두의 의견을 듣고 가장 좋은 방법을 찾기 위한 거예요. 우리 주변의 크고 작은 문제들을 어떻게 해결하고, 어떤 방향으로 나아갈지 결정하는 모든 과정이 정치에 포함돼요. 예를 들어 어떤 법을 만들지, 세금을 얼마나 걷어서 어디에 사용할지, 공공시설은 어디에 어떻게 만들지, 다른 나라와 어떻게 지낼지 등을 결정하는 게 정치의 역할이죠. 이런 결정들은 국민의 삶에 직접적인 영향을 미치기 때문에 매우 중요해요.

하지만 우리가 직접 나라의 모든 일을 결정하기 어려워요. 그래서 우리를 대신해 중요한 일을 결정할 대표를 뽑죠. 그 대표를 정치인이라고 불러요. 투표로 뽑힌 대통령과 국회 의원들은 나라의 전체적인 방향을 이끌어 가요. 서로의 의견이 달라 갈등이 생기기도 하지만 서로 다른 생각을 모아 가장 좋은 해결책을 찾기 위해 노력하고 있어요.

민주주의

민주주의는 국민이 나라의 주인이라는 뜻이에요. 예전에는 왕이나 힘 있는 사람이 모든 결정을 내렸지만 민주주의에서는 모든 국민이 중요한 일을 결정할 권리가 있어요. 하지만 모든 사람이 직접 나설 수 없기 때문에 투표로 대표를 뽑아 대신 결정하게 해요. 만약 뽑힌 대표가 국민 뜻과 다르게 행동할 경우 다른 사람으로 바꿀 수 있어요.

민주주의 국가에서는 대통령과 국회 의원을 선거로 뽑고, 세금이 어떻게 쓰이는지 알 권리가 있어요. 모든 국민이 법 앞에 평등하고, 자유롭게 생각을 말할 수도 있죠. 중요한 결정을 할 때는 많은 사람이 동의하는 의견을 따르지만, 소수 의견도 존중해야 해요. 소수 의견에도 가치 있는 생각이 있을 수 있고, 언젠가 많은 사람의 지지를 받을 수 있기 때문이에요.

법치주의

법치주의는 나라를 사람이 마음대로 다스리는 것이 아니라, 정해진 법에 따라 다스리는 것을 말해요. 반 규칙을 만들 때 선생님이 마음대로 정하지 않고 학생들의 의견을 듣고 절차에 따라 만드는 것과 같아요. 법치주의가 없었다면 힘 있는 사람이 마음대로 나라를 다스렸을 거예요. 하지만 법치주의 국가에서는 대통령이나 국민 모두 법 앞에 평등해요. 법이 국민의 자유와 권리를 지켜 주기 때문에 정부도 법을 지켜야 하고, 이를 어기면 책임을 져야 해요.

국민 주권

하나 더 알아보기

국민 주권은 나라의 주인이 국민이라는 뜻이에요. 나라의 중요한 일을 결정할 때 왕이나 힘이 센 몇몇 사람이 마음대로 하는 게 아니라 국민 또는 국민이 뽑은 대표들이 결정한다는 거죠. 국민 주권은 국민 스스로가 직접 의견을 내는 것이 원칙이에요. 하지만 모든 과정에 의견을 낼 수 없기 때문에 투표를 통해 대통령이나 국회 의원 등의 대표를 뽑아요. 이외에도 국민은 청원이나 시위 등 다양한 방법으로 정부의 정책 결정에 참여하고, 의견을 말할 수 있어요.

국가 권력

한 나라가 질서 있고 안정적으로 유지되려면 나라를 이끌어 가는 힘이 필요해요. 때문에 이 힘을 어떻게 나누고, 누가 어떤 역할을 맡아 운영하는지가 중요해요. 국가 권력은 우리 모두의 삶과 가깝게 연결돼 있답니다.

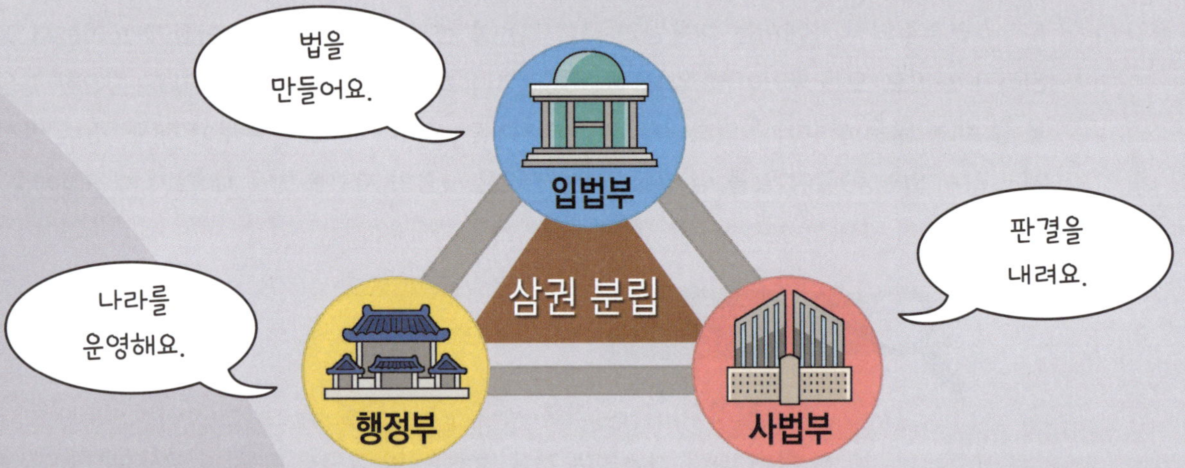

삼권 분립

삼권 분립은 나라의 힘을 세 가지로 나눠 각각 다른 기관이 맡아 서로 견제하며 균형을 이루는 것을 말해요. 만약 한 사람이 너무 많은 힘을 갖고 있으면 마음대로 법을 만들고, 그 법에 따라 사람들을 다스릴 수 있어요. 그렇게 되면 사람들은 자유나 권리를 지키기 어려워져요. 이처럼 한 기관이나 사람에 너무 큰 힘이 모이는 것을 막고, 국민의 자유와 권리를 지키기 위해 나라의 힘을 세 가지로 나누었어요.

우리나라에는 국회 의원들이 법을 만들거나 고치는 입법부(국회), 대통령을 중심으로 법에 따라 나라를 다스리는 행정부(정부), 판사들이 법을 잘 지켰는지 판단하는 사법부(법원)가 있어요. 이 세 기관은 서로의 역할을 존중하면서도 다른 기관이 권한을 마음대로 쓰는 것을 막기 위해 서로 견제해요. 삼권 분립은 자유롭고 정의로운 사회를 만드는 매우 중요한 기본 원칙이에요.

입법부

입법부, 즉 국회는 국회 의원들이 법을 만드는 곳을 말해요. 우리 사회에는 '쓰레기는 정해진 곳에 버려야 한다', '횡단보도는 초록불일 때 건너야 한다'와 같은 다양한 규칙과 약속이 있어요. 사실 이런 것들은 모두 법으로 정해져 있는 거예요. 국회는 새로운 사회 문제가 생기면 새로운 법을 만들기도 하고, 시대의 변화에 따라 옛날 법을 바꾸기도 해요. 이뿐만 아니라 국회는 정부를 감시하고, 세금으로 우리나라의 살림을 어떻게 꾸려나갈지를 정해요. 또 국민의 의견을 듣고 정책에 반영하려고 노력해요.

행정부

행정부, 즉 정부는 대통령과 다양한 공무원들이 나라의 살림을 맡아 운영하는 곳을 말해요. 국회에서 만든 법으로 나라의 크고 작은 일들을 처리하는 거죠. 교육, 교통, 복지, 환경 보호 등 우리 주변에서 볼 수 있는 공공 서비스가 모두 정부의 일이에요. 이처럼 정부는 법을 집행하고, 정책을 만들어 실행해요. 또 국회에서 통과된 예산을 계획에 맞춰 필요한 곳에 사용하죠. 다른 나라와 교류하는 외교 활동도 정부의 일이에요.

사법부

사법부, 즉 법원은 판사들이 법에 따라 판단을 내리는 곳을 말해요. 운동 경기의 심판처럼 법을 어긴 사람에게는 벌을 주고, 사람들 사이의 갈등을 법에 따라 공정하게 해결해 주죠. 법원에서는 크게 두 종류의 재판을 해요. 하나는 범죄 사실과 처벌을 다루는 형사 재판, 다른 하나는 사람들 사이의 다툼을 해결하는 민사 재판이에요. 법원은 고등 법원, 대법원, 가정 법원, 행정 법원 등 다양한 종류가 있어요. 이런 법원들은 모두 국민의 권리를 보호하는 일을 해요.

중앙 정부와 지방 정부

하나의 기관이 나라의 모든 일을 하기엔 일이 너무 많아요. 그래서 나라의 일을 할 곳을 크게 두 곳으로 나눴어요. 그게 바로 중앙 정부와 지방 정부예요. 중앙 정부는 우리나라 전체의 중요한 일을 맡아서 하는 정부예요. 대통령과 여러 장관들 그리고 그 아래에 있는 많은 공무원이 모여서 일을 하는 거죠. 중앙 정부는 모든 국민에게 영향을 미치는 교육 정책이나 의료 정책, 세금 정책 등을 결정하고 실행해요. 또 전국을 이어 주는 고속 도로나 기찻길처럼 아주 큰 규모의 공사를 계획하죠.

지방 정부는 우리가 살고 있는 지역의 크고 작은 일을 맡아서 처리해요. 서울, 부산, 대구, 인천과 같은 시나 도, 그보다 더 작은 구나 군 같은 곳에 지방 정부가 있어요. 지방 정부에는 시장, 도지사, 구청장 등이 그 지역의 공무원들과 함께 일해요. 지방 정부는 우리가 쉴 수 있는 공원이나 도서관을 만들거나, 학교의 안전을 살피고 학교에 필요한 시설을 지원해 주는 등 크고 작은 일들을 해결해 줘요. 이렇게 우리 지역의 일을 우리 지역에서 직접 결정하고 해결하는 걸 지방 자치라고 해요.

옥쌤의 시사 상식

우리나라에는 어떤 지방 자치 단체가 있나요?

우리나라에는 두 가지 지방 자치 단체가 있어요. 바로 광역 지방 자치 단체와 기초 지방 자치 단체예요. 광역 지방 자치 단체는 넓은 지역을 다스리는 곳으로 특별시(서울), 광역시(부산, 대구, 인천 등), 특별자치시(세종), 도(경기도, 강원도 등), 특별자치도(제주)가 있어요. 기초 지방 자치 단체는 광역 지방 자치 단체 안에 있는 더 작은 지역으로 시, 군, 구 등이 있죠. 이처럼 각각의 지방 자치 단체는 지역 주민을 위해 일하고, 지역마다 나뉘어 있답니다.

정당

모든 국민이 모여서 의견을 하나로 모으는 건 정말로 어려워요. 그래서 비슷한 생각을 가진 사람들이 모여 팀을 만들고, 자신들의 의견을 말하고 실현하려고 해요. 그게 바로 정당이에요. 정당은 나라를 더 좋게 만들기 위해 어떤 법을 만들고 바꿔야 할지 다양한 의견을 내요. 그리고 자신들의 정책을 실현하기 위해 국민들의 지지를 얻어 대통령이나 국회 의원 후보를 내 선거에 참여해요. 또 국민들의 다양한 목소리에 귀 기울여 그 의견을 모아 정책에 반영하려고 노력한답니다.

여당과 야당

여당은 지금 대통령을 배출한 정당을 말해요. 대통령과 같은 편에 서서 대통령이 나라를 잘 이끌어 갈 수 있도록 도와주죠. 우리나라의 대통령이 A당에서 나왔으면, A당이 여당이 되는 거예요. 야당은 여당의 반대편에 있는 정당들을 말해요. 즉 대통령이 나온 당이 아닌 다른 모든 정당이 야당이죠.

야당은 여당의 잘못된 점을 지적하고 다른 의견을 전달해요. 여당와 야당은 서로를 견제하고 균형을 맞춰 나라의 일이 한쪽으로 치우치지 않도록 도와주고 국민의 다양한 목소리를 반영해요. 서로 경쟁하고 다투는 것 같지만 나라를 더 잘 이끌어 가고 국민들을 위해 일한다는 같은 목표를 갖고 있어요.

붕당

하나 더 알아보기

붕당은 조선 시대에 학문적, 정치적 의견을 같이하는 사람들이 모여 만든 정치 집단을 말해요. 붕당이 처음 등장한 건 16세기 중반(1550년대) 사림 세력이 정권을 잡으면서였어요. 조선 후기에 이르면 노론, 소론, 남인, 북인 등 네 가지 주요 붕당으로 나뉘어 서로 대립하기도 했죠. 처음에는 서로를 견제하고 균형을 이뤘지만 조선 후기에 이르면 권력 다툼으로 바뀌어 사회를 혼란스럽게 만들기도 했어요.

정치 체제

세상을 살아가는 방식이 다양하듯, 나라를 다스리는 방법인 정치 체제에도 여러 가지가 있어요. 정치 체제의 방식은 다양하지만, 국민의 행복을 추구한다는 것은 같아요.

대통령제

우리나라처럼 대통령제인 나라에서는 대통령이 나라의 가장 높은 사람이자, 나라의 살림을 책임지는 사람이에요. 교장 선생님이 학교 전체를 책임지고 이끌어 나가는 것처럼 말이죠.

대통령제의 가장 큰 특징으로는 두 가지가 있어요. 첫째, 대통령을 국민이 직접 뽑아요. 누가 우리나라를 가장 잘 이끌어 갈 수 있을까 고민하고 표를 주는 거죠. 둘째, 대통령이 나라의 살림을 책임져요. 대통령은 나라의 중요한 일을 결정하고 실행하는 행정부의 우두머리예요. 어떤 정책을 만들거나, 다른 나라와 사이좋게 지내는 일을 하거나, 나라의 예산을 어떻게 쓸지 결정하는 등 나라의 살림을 꾸려나가죠.

대통령제 국가에선 대통령에게 많은 힘이 주어져요. 때문에 대통령이 힘을 마음대로 사용하는 걸 막기 위한 장치로 입법부(국회)가 있어요. 대통령이 법을 어겼을 때에는 입법부가 헌법 재판소에 탄핵 소추를 제안해 대통령을 저지하기도 해요.

대통령

대통령은 우리나라의 대표이자 나라의 가장 중요한 일을 책임지는 사람을 말해요. 우리 가족의 가장이자 대표가 엄마나 아빠이듯이, 나라의 가장이 바로 대통령이에요. 이러한 대통령은 국민들이 직접 뽑아요. 18세 이상이면 우리나라를 가장 잘 이끌어 나갈 수 있다고 생각하는 사람에게 표를 줄 수 있어요. 이렇게 뽑힌 대통령은 5년 동안 우리나라의 대통령으로서 일을 하죠.

대통령은 행정부(정부)의 우두머리로서 나라를 지키는 일, 학교와 관련된 일, 돈을 벌고 쓰는 일, 자연을 보호하는 일 등 나라의 중요한 분야를 책임져요. 또 각 분야의 전문가들을 장관으로 뽑아 함께 나라 살림을 꾸려 나가죠. 우리나라를 대표해 다른 나라의 대통령이나 중요한 사람을 만나 대화하고 협력하는 것도 대통령의 일이에요. 국민들이 무엇을 필요로 하는지, 어떤 어려움을 겪는지 알고 해결하기 위한 정책을 만들고 실행한답니다.

옥쌤의 시사 상식

헌법 재판소란?

헌법 재판소는 우리나라의 가장 중요한 약속인 헌법이 잘 지켜지고 있는지 확인하고, 문제가 생겼을 때 해결해 주는 곳을 말해요. 헌법 재판소에는 9명의 재판관이 모여 여러 가지 일을 해요. 첫째, 국회에서 만든 법이 국민의 자유나 권리를 침해하거나 헌법에 맞지 않는 부분이 있는지 확인해요. 둘째, 대통령이나 장관처럼 높은 자리에 있는 공무원이 헌법이나 법을 지키지 않았을 때 그 자리에서 물러나게 할지(탄핵 심판) 결정해요. 셋째, 정당의 활동이 우리나라의 민주주의를 해치고 헌법에 어긋나면 그 정당을 없앨지(정당 해산 심판) 고민해요. 넷째, 정부와 지방 자치 단체가 서로 싸울 때 누가 어떤 일을 하는 것이 맞는지 결정해(권한 쟁의 심판) 다툼을 해결해 줘요. 마지막으로 정부나 국가 기관이 국민의 기본권을 침해했을 때 국민의 권리를 지킬 수 있도록(헌법 소원 심판) 도와줘요. 이처럼 헌법 재판소는 우리나라의 헌법을 굳건히 지켜 주고, 국민들이 억울한 일을 당하지 않도록 도와주는 아주 중요한 곳이에요.

의원 내각제

의원 내각제는 대통령이 아니라 국회(의회) 중심으로 나라를 다스리는 것을 말해요. 국민들은 의견을 대신할 국회 의원을 뽑고, 이 국회 의원들이 우리를 대신해 나라의 중요한 일을 결정해요. 국회 의원들이 모여 일하는 곳이 국회예요. 국회에서 국회 의원들은 투표를 통해 총리(수상)를 뽑고, 총리는 나라의 살림을 책임지는 역할을 하죠. 의원 내각제는 정부와 국회의 사이가 아주 가까워요. 정부를 이끄는 총리를 국회 의원들이 뽑기 때문이에요. 국회는 총리가 나라를 잘 이끄는지 지켜보고 만약 잘못된 점이 있다면 고치도록 해요. 일본, 영국, 독일과 같은 나라들이 이 방식으로 나라를 다스리고 있답니다.

총리

총리는 나라의 살림을 책임지는 정부의 2인자를 말해요. 우리나라의 가장 높은 사람이 대통령이라고 한다면, 총리는 대통령 다음으로 나라의 중요한 일을 하죠. 총리는 대통령을 도와 나라의 살림을 돌봐요. 대통령 혼자 나라의 모든 일을 할 수 없기 때문이에요. 또 대통령이 외국에 있는 등 회의를 하지 못할 때 총리가 대신해 일을 할 수 있어요. 우리나라에서는 대통령이 직접 총리 후보를 정하고, 국회의 심사를 통해 총리가 돼요. 대통령제인 우리나라는 총리가 대통령의 일을 돕지만, 의원 내각제인 나라에서는 나라의 가장 높은 책임자로서 정부를 이끌어 나가요.

국회 의원

국회 의원은 국민들이 뽑은 대표로서 나라의 중요한 일들을 결정하는 사람을 말해요. 18세 이상인 국민은 자기가 살고 있는 지역을 대표할 국회 의원을 뽑을 수 있어요. 우리 동네와 나라를 대표해 잘 이끌어 나갈 수 있을 사람에게 투표를 하는 거죠. 국회 의원이 되면 보통 4년 동안 일하게 된답니다. 국회 의원은 법을 만들고, 나라의 살림을 감시해요. 또 국민의 의견을 모아 전달하고, 나랏돈을 어디에 얼마나 쓸지 결정하는 등 다양한 일을 하고 있어요.

입헌 군주제

왕(군주)이 있지만, 헌법과 법에 따라 나라를 다스리는 제도가 입헌 군주제예요. 옛날에는 왕이 나라의 모든 것을 결정하는 '절대 군주제'였어요. 하지만 시간이 지나면서 왕이 혼자 마음대로 하는 게 아니라, 백성들과의 약속인 법을 지켜야 한다는 생각이 생겼어요. 그래서 만들어진 게 입헌 군주제예요. 입헌 군주제에서 왕은 나라의 가장 높은 어른이자 나라를 대표하는 상징적인 존재예요. 정치에 직접 참여하지 않고 대통령이나 총리가 나라의 일을 하죠. 입헌 군주제는 옛날부터 내려오던 왕실 문화를 지키면서도 국민을 하나로 모을 수 있다는 장점이 있어요.

독재

하나 더 알아보기

독재는 한 명의 사람이나 몇몇 사람들이 나라의 모든 것을 마음대로 결정하고 다스리는 방식을 말해요. 국민의 의견을 듣지 않거나, 국민들이 나라의 중요한 일에 참여할 수 없도록 막는 거죠. 독재 국가의 국민들은 생각을 자유롭게 이야기하거나 반대 의견을 낼 수 없어요. 또 내가 무슨 생각을 하는지, 어떤 곳을 가는지 국가의 감시를 받기도 해요. 독재 국가에서도 투표가 있지만 다른 후보를 선택할 자유가 없어요. 또 투표를 해도 독재자가 원하는 대로 나오죠. 역사적으로 많은 나라에서 독재가 있었고, 이는 국민에게 큰 고통을 줬어요. 민주주의 사회에서는 많은 사람을 불행하게 만드는 독재를 막기 위해 권력을 나누고, 헌법을 만들며 반드시 투표를 해야 해요.

선거

국민은 선거를 통해 목소리를 내고, 나라를 이끌 대표를 뽑아요. 선거는 민주주의를 실현하는 중요한 요소 중 하나이자, 우리 사회의 미래를 결정하는 방법이에요.

선거는 왜 중요한가요?

선거는 우리를 대표해 나라를 이끌어 갈 대표자인 대통령과 국회 의원을 뽑는 것을 말해요. 즉 우리나라를 우리 스스로 만들어 가는 아주 중요한 방법이죠. 선거를 통해 우리가 어떤 생각을 가졌는지를 보여 줄 수 있어요. 또 우리가 직접 나라의 주인이 돼 중요한 결정을 내린다는 것을 보여 주는 가장 좋은 방법이에요. 만약 우리가 뽑은 대표가 잘못된 일을 한다면 다음 선거 때 다른 사람을 뽑을 수 있어요.

선거의 4대 원칙

선거가 제대로 이뤄지기 위해선 꼭 지켜야 할 네 가지 규칙이 있어요. 첫째, 어떤 사람이라도 정해진 나이가 되면 선거에 참여할 수 있어요. 이 원칙을 보통 선거라고 해요. 예전에는 돈이 많은 남자만 투표할 수 있었지만, 현재 우리나라는 18세 이상이 되면 누구든 투표할 수 있어요. 둘째, 모든 사람이 딱 한 표만 가질 수 있어요. 평등 선거로서 그 사람의 성별이나 나이에 상관없이 모두 한 번만 투표권을 가진다는 뜻이에요. 셋째, 내가 직접 투표한다는 직접 선거가 있어요. 내가 뽑고 싶은 사람이 있다면 투표소에 직접 가서 내가 투표해야 해요. 마지막 비밀 선거는 내가 누구에게 투표했는지 다른 사람이 절대 알 수 없다는 말이에요. 그래야 내가 원하는 사람에게 표를 줄 수 있거든요.

사전 투표

우리는 선거를 통해 대표를 뽑아요. 그런데 선거 당일에 꼭 투표소를 가야만 투표할 수 있는 건 아니에요. 선거일에 투표를 못 하는 사람들을 위해, 정해진 날짜에 전국 어디에서나 투표할 수 있는 사전 투표가 있거든요. 사전 투표는 소중한 한 표를 포기하지 않고, 더 편하게 투표할 수 있도록 만들어진 제도예요. 하지만 내가 사는 지역이 아닌 곳에서 투표한 표는 개표장까지 안전하게 옮겨져야 하고, 이 과정에서 투표용지가 섞이거나 없어지지 않도록 잘 관리해야 해요. 그래서 선거 관리 위원회는 보안을 강화하는 등 공정하고 깨끗한 투표를 하려고 노력해요.

선거 관리 위원회

선거가 공정하고 바르게 치러지도록 도와주는 기관으로 선거 관리 위원회가 있어요. 선거 관리 위원회는 선거가 깨끗하고 공정하게 진행되도록 여러 가지 일을 해요. 먼저 선거 날짜를 알리고 투표용지를 알리는 등 선거에 필요한 모든 것을 준비해요. 그리고 선거에 나오는 후보자들이 나쁜 방법으로 선거 운동을 하지 않는지 확인해요. 또 선거일이 되면 투표가 규칙대로 이뤄지고 있는지 확인하고, 투표가 끝난 후 투표함에 있는 표를 세는 개표 과정도 공정하게 진행되는지 지켜보죠. 이뿐만 아니라 사람들에게 선거가 무엇인지, 어떻게 투표를 해야 하는지 등을 알려 주기도 해요.

포퓰리즘

하나 더 알아보기

포퓰리즘은 사람들이 듣고 싶어 하는 말을 하면서 인기를 얻으려는 행동이나 생각을 말해요. 정치인들이 국민들의 마음을 얻기 위해 달콤한 약속을 하는 거죠. 학교 반장 선거에서 반장이 되기 위해 모두가 좋아할 만한 이야기만 골라 공약으로 내세우는 것과 비슷해요. 복지 확대, 세금 줄이기 등이 포퓰리즘의 대표적인 사례예요. 이와 같은 포퓰리즘은 국가 경제에 큰 부담을 주거나 사회적 혼란을 일으킬 수 있어요.

법

법이란 우리가 살아가면서 지켜야 할 규칙을 말해요. 법은 사회의 질서를 지키고 모든 사람의 자유와 권리를 보호하고, 우리 사회가 공정하고 안전하게 돌아가도록 해요.

헌법과 위헌

헌법은 나라의 가장 중요한 규칙을 말해요. 대통령, 국회 의원, 법원 그리고 우리 국민 모두가 반드시 지켜야 하는 약속이죠. 헌법에는 크게 두 가지 중요한 내용이 있어요. 첫째, 국민 한 명 한 명에게 어떤 소중한 자유와 권리가 있는지 자세하게 알려 줘요. 둘째, 나라를 어떻게 다스려야 하는지에 대한 규칙을 정해 줘요. 정부, 국회, 법원은 어떤 일을 해야 하는지, 어떤 책임을 지는지 알려 주는 거죠.

위헌은 어떤 법이나 정부의 행위가 헌법에 어긋나는 것을 말해요. 헌법은 모든 법의 기준이 되기에 다른 어떤 법도 헌법을 어겨서는 안 돼요. 우리나라에서는 헌법 재판소가 어떤 법이나 행위가 헌법에 어긋나는지를 판단해요. 만약 헌법 재판소가 헌법을 어겼다고 결정을 내리면 그 법은 힘을 잃게 돼요. 이는 국민의 기본권을 침해하거나 민주주의의 기본 질서에 어긋나는 법을 막아 국민의 자유와 권리를 보호해 주는 중요한 장치예요.

삼심 제도

삼심 제도는 3번의 재판 기회를 준다는 말이에요. 한 사건에 대해 법원에서 최대 3번까지 판단을 받을 수 있다는 거죠. 1심은 주로 지방 법원에서 다뤄져요. 만약 1심 판결에 불만이 있거나 다시 판단을 받고 싶으면 '항소'를 해서 고등 법원에서 2심을 받아요. 만약 2심 판결에도 불만이 있으면 마지막으로 대법원에 '상고'를 해서 최종 판단을 받죠. 대법원의 판단이 나오면 더 이상 같은 사건으로 재판을 받을 수 없어요. 삼심 제도는 판결의 정확성을 높이고, 최대한 억울한 일이 없도록 여러 번 재판 받을 기회를 줘서 국민의 권리를 보호하려는 제도랍니다.

일사부재리 원칙

일사부재리는 한 번 해결된 일은 다시 다루지 않는다는 뜻이에요. **일사부재리 원칙은 이미 재판이 끝난 사건은 나중에 새로운 증거가 나와도 다시 재판하지 않는다는 원칙**을 말해요. 이 원칙은 재판이 끝난 후에도 계속 재판을 받을지 모른다는 불안감 없이 삶을 살아가도록 해 주고, 사법 제도의 신뢰성을 높여요. 법원의 재판 결과가 확실하지 않으면 국민이 법을 믿지 못할 수 있기 때문이죠. 물론 죄가 없다고 나왔다고 해도 진짜 범인임을 증명할 새로운 결정적 증거가 있다면 재심을 통해 다시 재판할 수 있어요. 하지만 이는 잘못된 판결을 바로잡기 위한 것으로, 아주 엄격한 조건에서만 가능하답니다.

옥쌤의 시사 상식

삼심 제도와 일사부재리는 어떻게 다르나요?

삼심 제도는 아직 재판이 '최종적으로 확정되지 않았을 때', 국민의 권리를 보호하고 판결의 정확성을 높이기 위해 여러 번 재판받을 수 있는 제도예요. 일사부재리는 삼심 제도를 거쳐 '최종적으로 재판이 확정되면', 다시 그 사건으로 재판을 시작할 수 없다는 말이랍니다.

기본 권리

기본권은 우리가 사람으로서 태어날 때부터 당연히 지니고 태어나는 권리를 말해요. 우리나라 헌법에는 대한민국 국민으로서 마땅히 누리고 보호받아야 할 소중한 것들이 적혀 있어요. 이것을 바로 '국민의 기본 권리'라고 해요.

자유권과 평등권

자유권은 말 그대로 자유롭게 행동할 권리를 말해요. 우리는 국가나 다른 사람의 방해 없이 자기 생각이나 행동을 자유롭게 결정하고 표현할 권리가 있어요. 예를 들어 양심의 자유, 종교의 자유, 출판의 자유, 집회의 자유, 거주의 자유 등이 있죠. 평등권은 모든 사람이 법 앞에서 평등하며 성별, 종교, 사회적 위치 등에 의해 차별받지 않은 권리를 말해요. 누구에게나 똑같은 기회가 주어지고, 똑같은 대우를 받을 수 있도록 하는 거죠.

이 권리들은 국가가 국민의 삶에 함부로 간섭하지 못하도록 막아 개인의 자유로움을 최대한 보장해요. 하지만 자유권은 다른 사람의 권리를 막거나 사회 질서를 해치지 않는 범위에서 이뤄질 필요가 있어요. 평등권과 자유권은 서로 가깝게 연결돼 있으며 함께 보장될 때 진정한 민주주의 사회가 가능해요.

참정권

참정권은 국민이 국가의 정치 과정에 참여해 의견을 내고, 나라의 중요한 일을 결정하는 데 영향을 미칠 수 있는 권리를 말해요. 쉽게 말해 정치에 참여할 수 있는 권리예요. 대표적인 참정권으로는 투표를 통해 대통령이나 국회 의원을 뽑는 선거권이 있어요. 참정권은 국민이 나라의 진정한 주인으로서 주권을 표현하는 거예요. 이러한 권리 덕분에 국민의 목소리가 정치에 반영되고, 국가는 국민의 뜻에 따라 움직일 수 있어요.

사회권과 청구권

사회권은 모든 사람이 사람답고 행복하게 살 수 있도록 나라가 도와줘야 하는 권리를 말해요. 단순히 사는 것뿐만 아니라 건강하고 문화적인 삶을 누릴 수 있도록 국가가 적극적으로 도와야 한다는 거예요. 예를 들어 교육을 받을 교육권, 일을 할 수 있는 근로권, 건강하게 살 수 있는 환경권 등이 사회권에 해당해요. 사회권은 복지 국가의 발전에 중요한 역할을 해요.

청구권은 사회권을 지키기 위해 나라에 요구할 수 있는 권리예요. 예를 들어 억울하게 범죄자로 몰렸을 때 국가에 재판을 요청할 수 있는 재판 청구권, 국가기관의 불법 행위로 피해를 보았을 때 손해를 요청할 수 있는 국가 배상 청구권 등이 청구권에 해당해요. 이처럼 사회권과 청구권은 국민의 삶의 질을 높이는 데 중요한 역할을 해요.

인권

하나 더 알아보기

인권은 사람이 태어났을 때부터 갖고 있는 권리를 말해요. 성별이나 나이, 피부색, 국적, 종교 등에 상관없이 세상의 모든 사람이 누려야 할 기본적인 권리예요. 국가는 인권을 존중하고 보호할 의무가 있어요. 인권은 시대와 사회에 따라 그 범위가 달라져요. 과거에는 신체, 사상 등 소극적인 권리가 강조됐다면 현대에는 깨끗한 환경에서 살 권리, 안전하게 일할 권리 등 보다 적극적인 권리들도 인권의 범위에 포함하고 있어요. 국제 연합(UN)에서 세계 인권 선언을 통해 모든 인류의 기본적인 인권을 보호해야 한다고 말한 것처럼 전 세계적으로 인권 보호를 위한 노력이 계속되고 있이요.

기본 의무

우리는 대한민국 국민으로서 자유롭게 말할 수 있고, 배우고 싶은 것을 배울 수 있는 권리가 있어요. 그런데 권리만 있는 게 아니에요. 우리가 행복하게 살아가기 위해선 반드시 지켜야 할 약속들이 있어요. 이걸 바로 '국민의 기본 의무'라고 불러요.

교육의 의무

교육의 의무는 모든 학생이 학교에서 교육을 받을 의무를 말해요. 이는 부모가 최소한 초등교육과 중등교육을 받도록 해야 한다는 의미예요. 교육의 의무는 자녀가 올바르게 성장하고 사회 구성원으로서 필요한 지식과 능력을 갖출 수 있도록 적극적으로 돕는 것까지 포함해요. 우리나라는 이러한 교육의 의무를 지원하기 위해 초등학교와 중학교까지의 교육을 의무 교육으로 정했어요. 교육의 의무는 개인의 성장뿐만 아니라 국가의 미래를 위해서도 중요해요.

근로의 의무

근로의 의무는 국민이 능력 내에서 일하고 생활을 이어 가야 할 의무를 말해요. 단순히 직업을 가지라는 강제적인 의미가 아니라 능력과 적성을 살려서 사회 발전에 도움을 주고, 스스로 생계를 꾸려 나가야 하는 책임감을 의미해요.

근로의 의무는 개인이 독립적인 삶을 살아가고, 사회 전체의 생산 활동에 참여해 국가 경제를 받치는 중요한 역할을 해요. 개인이 직업을 통해 얻는 성취감과 사회 구성원으로서의 역할은 행복한 삶을 추구할 수 있어요.

납세의 의무

납세의 의무는 국민이 국가의 운영과 발전을 위해 세금을 내야 하는 의무를 말해요. 나라를 유지하고 국민에게 필요한 공공 서비스를 제공하려면 돈이 필요해요. 이 돈의 대부분은 국민이 낸 세금으로 채워져요. 국민이 낸 세금은 국방, 교육, 보건, 공공시설, 사회 복지 등 다양한 분야에 사용해요. 납세의 의무는 국민의 권리와 자유를 보장하는 국가가 올바르게 움직일 수 있게 하고, 공정한 사회를 유지하는 데 필수적으로 이뤄져야 해요.

국방의 의무

국방의 의무는 나라를 지키기 위해 국민으로서 져야 하는 의무를 말해요. 외부의 침략으로부터 나라를 지키며 국민의 생명과 재산을 보호하는 거예요. 남성은 병역법에 따라 군대에 가요. 군대를 다녀오면 예비군, 민방위 훈련 등에 참여해 국방의 의무를 이어 가요. 여성은 직접적인 전투 병력으로 뽑히진 않지만 간호 장교, 여군 부사관과 장교 등으로 지원해 국방에 도움을 줄 수 있어요.

환경 보전의 의무

환경 보전의 의무는 헌법에 명시된 4대 의무는 아니지만 오늘날 우리에게 아주 중요한 의무예요. 모든 국민에게는 깨끗한 환경에서 살 수 있도록 자연을 보호해야 하는 책임이 있어요. 단순히 쓰레기를 버리지 않는 것을 넘어서, 에너지를 아끼고 환경 오염을 줄이려는 노력이 필요해요.

산업 발전과 인구 증가로 환경 문제가 심해지고 있어요. 이는 미래 세대에게도 영향을 줄 수 있죠. 그래서 환경을 지키는 일은 오늘날 꼭 필요한 중요한 의무가 됐답니다.

인종 차별과 관련된 두 인물

인종 차별은 사람의 피부색이나 출신, 국가, 민족 등의 특성을 이유로 특정 개인이나 집단을 불평등하게 대하는 것을 말해요. 이는 사회의 오랜 역사 속에서 존재해 왔어요.

인종 차별

인종 차별은 단순히 개인적인 생각을 넘어 법과 제도를 통해 정치, 경제, 사회, 문화 등 모든 영역에서 특정 인종에게 불이익을 주거나 사회적 폭력을 발생시키기도 했어요. 특히 노예 제도나 인종에 따라 사회적 권리를 차별하던 아파르트헤이트와 같은 극단적인 인종 차별 정책은 수많은 사람에게 슬픔과 고통을 줬어요. 이는 인권, 자유, 평등을 심각하게 침범하는 행위예요.

현대 사회에서는 법적으로 인종 차별을 금지하고 있어요. 하지만 여전히 특정 인종을 향한 편견과 차별은 다양한 형태로 존재하고 있죠. 이러한 인종 차별에 맞서 싸우고 평등한 사회를 만들기 위해 수많은 사람이 노력해요. 그들의 활동은 많은 나라의 정치와 법에 큰 영향을 줬답니다.

마틴 루서 킹 주니어

마틴 루서 킹 주니어는 미국의 목사이자 인권 운동을 이끈 인물이에요. 미국 조지아주 애틀랜타에서 태어난 그는 1955년 몽고메리 버스 보이콧 운동을 시작으로 본격적인 인권 운동에 뛰어들었어요. 이 운동은 한 흑인 여성이 버스에서 좌석 차별을 받은 일에서 시작됐어요. 그의 주도로 버스를 타지 않는 운동을 1년 넘게 이어 갔고, 결국 법원에서 버스 내 인종 차별이 불법이라는 판결을 받아 냈어요.

이후 1963년 워싱턴에서 "나에게는 꿈이 있습니다."라는 역사적인 연설로 인종 차별 없는 사회에 대한 바람을 전했어요. 그의 비폭력 저항 운동은 시민들에게 깊은 울림을 줬고, 인종 차별을 금지하는 중요한 법들이 통과되는 데 큰 영향을 줬어요. 그는 1964년 민권법과 투표권법 제정에 결정적인 역할을 했고, 이 법들은 미국 사회의 인종 차별을 없애는 데 중요한 계기가 됐어요. 이러한 공로를 인정받아 1964년 노벨 평화상을 수상했어요.

넬슨 만델라

넬슨 만델라는 남아프리카공화국의 인종 차별 정책인 아파르트헤이트에 맞서 싸운 반인종 차별 운동의 상징적인 인물이에요. 그는 변호사이자 정치인으로서 인종 차별 정책에 저항했고, 아파르트헤이트가 인종 간 불평등을 만든다고 보았어요. 이 정책은 백인 소수 정권이 흑인뿐만 아니라 백인이 아닌 모든 사람들에게 거주, 교육, 직업, 정치 참여 등 모든 면에서 극단적인 차별을 가하는 것이었어요. 만델라는 이를 없애기 위해 비폭력 운동과 무장 투쟁을 했고, 이로 인해 1964년부터 27년간 감옥에 갇히기도 했어요. 1990년 출소 후에는 화해와 용서의 리더십으로 사회 통합에 힘썼으며 백인 정부와 협상해 나라의 평화를 이끌었어요. 그의 노력으로 1994년 처음으로 모든 인종이 참여한 민주 선거가 열렸고, 그는 역사적인 첫 흑인 대통령이 됐어요. 이러한 공로를 인정받아 1993년 노벨 평화상을 수상했답니다.

국제 사회에서 여러 나라가 잘 지내기 위해선

바람직한 외교 활동이 필요해요.

우리나라는 어떤 외교 활동을 하고 있는지 알아봐요.

2장
국제와 외교

국제와 외교 | 국제기구 | 국제 안보 | 국제 사건 | 외교 활동
외교 정책 | 개발 협력 | 평화를 위한 노력과 관련된 두 인물

키워드	교과 과정	
국제와 외교	초등 사회 6-1	2. 우리나라의 경제 발전
	초등 사회 6-2	1. 세계 여러 나라의 자연과 문화
	중학 사회 2	6. 국제 사회와 국제 정치
	고등 통합 사회 2	4. 세계화와 평화
개발 협력	초등 사회 6-1	2. 우리나라의 경제 발전
	초등 사회 6-2	2. 통일 한국의 미래와 지구촌 평화
	중학 사회 2	8. 사람이 만든 삶터, 도시
	고등 통합 사회 2	4. 세계화와 평화

국제와 외교

여러 나라가 친구처럼 함께 지내고, 어려움이 있으면 함께 해결하는 활동을 국제 관계 또는 외교라고 해요. 각 나라들이 평화롭게 지내고 함께 발전하기 위해 꼭 필요한 활동이에요.

외교란?

외교는 한 나라가 다른 나라들과 사이좋게 지내고, 서로의 이익을 위해 노력하는 모든 활동을 말해요. 외교는 서로 돕는 것이 중요해요. 무역이나 환경 문제, 질병과 같은 문제는 한 나라만으로는 해결하기가 어렵거든요. 때문에 함께 힘을 모아 서로 도우면서 문제를 해결해야 해요. 만약 나라 사이에 갈등이 생기면 싸움이 나지 않도록 대화하고 협상해서 해결하려고 노력해요. 외교는 평화롭게 나라를 운영하고 발전시키는 데 아주 중요한 역할을 한답니다.

외교관

외교관은 자기 나라를 대표해 다른 나라와 외교 활동을 하는 사람을 말해요. 외교관은 보통 해외에서 일하면서 자기 나라와 상대 나라의 관계를 좋게 만들고, 다양한 문제를 해결하려 해요. 또 해외에 있는 자기 나라 사람들이 어려움에 처하면 도와주고 안전하게 지켜 줘요. 나라를 대표하는 만큼 각 나라의 중요한 행사나 회의에 참석해서 외교 관계를 발전시키기도 하죠. 또 다른 나라의 중요한 소식을 전하면서 자기 나라의 외교 정책 결정에 도움을 줘요.

국제 분쟁

국제 분쟁은 서로 다른 나라들 사이에 의견 차이가 생기거나, 갈등이 심해져서 다툼이 일어나는 상황을 말해요. 땅, 자원, 역사, 종교, 문화 문제 등 다양한 이유로 국제 분쟁이 생겨날 수 있어요. 국제 분쟁이 심해지면 전쟁으로 이어지기도 해요. 국제 사회는 이러한 분쟁을 평화롭게 해결하기 위해 대화와 협상을 시도해요. 또 중재자 역할을 맡은 국제기구의 도움을 받기도 한답니다.

정상 회담

정상 회담은 대통령, 총리 등 각 나라의 최고 지도자들끼리 직접 만나서 중요한 이야기를 나누는 회의를 말해요. 정상 회담이 열리면 기후 변화, 세계 경제, 전염병 등 각 나라에 발생하는 중요한 문제들을 해결하기 위해 노력해요. 이러한 문제들은 한 나라만의 힘으로는 해결하기 어렵거든요. 또 경제나 문화 등 서로에게 도움이 될 만한 것을 찾기도 하죠. 만약 나라들 사이에 갈등이 생기면 최고 지도자들이 직접 만나서 오해를 풀고 평화로운 해결 방법을 찾으려 노력해요.

G7과 G20

G7은 경제적으로 아주 발전했고 세계적으로 중요한 영향력을 미친 주요 7개국(선진국)을 말해요. 현재 미국, 영국, 프랑스, 독일, 이탈리아, 캐나다, 일본이 속해 있어요. G7 정상 회담에서는 세계 경제, 환경, 전쟁, 새로운 기술, 미래 등 다양한 주제들을 논의해요. 우리나라는 G7의 정식 멤버가 아니라서 초청국 자격으로 정상 회담에 참여해요. G20은 G7과 새롭게 떠오른 중요한 나라(신흥국)를 더해 20개의 나라가 모인 모임으로 우리나라가 포함돼 있어요. G20은 경제 문제뿐만 아니라 기후 변화, 국제 분쟁, 개발 문제 등 다양한 문제에서 더 많은 나라의 의견을 듣고 해결하기 위해 노력해요.

국제기구

국제기구란 전 세계의 여러 나라가 함께 모여 지구촌의 다양한 문제를 해결하기 위해 만든 단체를 말해요. 각 나라가 만나서 평화, 교육, 경제, 의료 등에 관해 이야기를 나눠요.

국제 연합

국제 연합(UN)은 전 세계에서 가장 크고 중요한 국제기구예요. 1945년, 제2차 세계 대전이 끝난 후 평화를 지키고 서로 잘 지내기 위해 만들어졌죠. 우리나라는 1991년에 국제 연합에 가입했어요. 국제 연합은 세계 평화를 지키려 노력해요. 전쟁이나 분쟁이 일어나는 곳에 평화 유지군을 보내거나 대화를 통해 갈등을 해결하도록 도와요. 또 모든 사람이 차별 없이 인간답게 살도록 해요. 이 밖에도 가난, 질병, 환경, 교육 문제 등의 문제를 해결하기 위해 여러 나라와 함께 노력한답니다.

국제 연합 아동 기금

국제 연합 아동 기금(UNICEF)는 국제 연합(UN)에 속해 있는 기구로 전 세계 어린이들이 차별 없이 건강하고 행복하게 지낼 수 있도록 돕는 국제기구를 말해요. 1946년, 전쟁으로 고통받는 아이들을 돕기 위해 만들어졌어요. 국제 연합 아동 기금은 아이들의 예방 접종을 돕고 영양실조에 걸린 아이들에게 깨끗한 음식과 물을 제공해요. 또 학교에 가지 못하는 아이들이 공부할 수 있도록 학교를 짓거나 학용품을 지원하기도 하죠. 이 밖에도 전쟁이나 사회적 폭력으로부터 아이들을 보호하는 역할을 해요.

세계 보건 기구

세계 보건 기구(WHO)는 전 세계 사람들의 질병을 예방하고 건강을 지키기 위해 활동하는 국제기구예요. 여러 전염병과 맞서 싸우는 일을 해요. 독감, 코로나19 등의 전염병을 막고 치료법을 개발하려 노력하죠. 또 깨끗한 물 마시기, 영양소 잘 섭취하기, 예방 접종의 중요성 등을 알리며 사람들이 건강하게 생활하도록 도와요.

경제 협력 개발 기구

경제 협력 개발 기구(OECD)는 더 나은 사회를 만들기 위해 의견을 나누는 국제기구예요. 1961년에 설립됐으며, 우리나라는 1996년에 가입했어요. 경제 협력 개발 기구는 각 나라의 경제 상황을 파악하고 어떻게 하면 더 잘살 수 있을지 고민해요. 또 교육이나 환경, 복지 등 사회에서 발생하는 문제를 깊이 고민하고 해결책을 찾으려 노력해요.

국제 연합 교육 과학 문화 기구

국제 연합 교육 과학 문화 기구(UNESCO)는 국제 연합(UN)에 속해 있는 기구로 전 세계의 교육, 과학, 문화를 전문적으로 관리하는 국제기구를 말해요. 1945년, 제2차 세계 대전이 끝나고 전쟁의 아픔을 치유하고 평화를 지키기 위해 만들어졌어요. 국제 연합 교육 과학 문화 기구는 모든 사람이 교육을 받도록 돕고, 서로 다른 문화와 역사를 이해할 수 있도록 해요. 또 세계 곳곳의 소중한 문화유산을 보호해요.
이뿐만 아니라 지구 환경 보호, 과학 교육 등을 통해 인류의 지식이 발전하도록 돕고 있어요.

국제 안보

국제 안보란 전 세계가 안전하게 지내고 평화롭게 살아갈 수 있도록 노력하는 것을 말해요. 전쟁이나 위험한 일이 생기지 않도록 미리 준비하고, 문제가 생기면 함께 해결하려 노력해요.

안보

안보는 '안전 보장'의 줄임말로 국가와 국민이 외부의 위험으로부터 안전하게 보호받는 것을 말해요. 외부의 위험은 군사적인 위협이나 자연재해, 전염병, 테러, 사이버 공격, 경제 위기 등을 포함해요. 국가의 안보를 지키기 위해선 군사력을 키워야 해요. 군대를 훈련하고 좋은 무기를 준비하거나 다른 나라와 동맹을 맺어 함께 안보 문제를 해결할 수 있어요.

국제 연합 평화 유지군

국제 연합 평화 유지군은 국제 연합(UN)이 전쟁이나 큰 다툼이 일어나는 지역에 보내는 군대를 말해요. 다툼이 멈추면 잘 지켜지고 있는지 확인하고 다시 다툼이 시작되는 것을 막죠. 전쟁이나 재난으로 어려움을 겪는 사람들이 있으면 음식이나 의약품 등을 전달하고 안전한 장소를 제공하기도 해요. 평화가 찾아온 지역은 새 정부가 만들어질 수 있도록 선거를 돕거나 질서를 유지한답니다.

옥쌤의 시사 상식

국제 연합군과 국제 연합 평화 유지군은 달라요!

한국 전쟁 때 우리나라를 도와준 국제 연합군(UN군)은 무력으로 평화를 지키거나 다른 나라의 침략을 막는 역할을 해요. 국제 연합 안전 보장 이사회(UN 안보리)에서 파병을 결정하죠. 반면 국제 연합 평화 유지군은 국제 연합 회원국이 스스로 파병을 결정해 휴전을 감시하거나 분쟁 지역의 민간인을 보호하는 등 중립적 위치에서 분쟁을 없애고 평화를 유지하는 데 중점을 두고 있어요.

군사 동맹

군사 동맹은 여러 나라가 서로의 안전을 지켜 주기로 약속한 것을 말해요. 만약 외부의 공격을 받으면 동맹끼리 함께 힘을 모아 막아 내죠. 군사 동맹은 나라의 안보를 튼튼하게 하고 전쟁을 막는 중요한 방법이에요. 군사 동맹을 맺은 나라의 힘이 세지면 다른 나라가 쉽게 공격할 수 없거든요. 동맹을 맺은 나라는 함께 군사 훈련을 하거나, 군사 정보를 공유해요. 필요한 경우에는 무기를 서로 지원하기도 하죠. 하지만 군사 동맹을 하면 다른 나라들로부터 견제를 받거나, 특정 지역의 긴장감을 높일 수도 있어요.

비핵화

비핵화는 어떤 나라가 핵무기를 만들지 않겠다는 약속을 말해요. 만약 핵무기를 갖고 있으면 핵무기를 없애고, 핵무기를 만들 수 있는 기술이 있다면 그 기술을 발전시키지 않겠다고 약속하는 거예요. 핵무기는 단 한 번의 폭발로도 엄청난 파괴력을 보여 줄 있어서 전 세계에 큰 위협이 돼요. 그래서 많은 나라가 핵무기가 퍼지는 것을 막으려 해요. 모든 핵무기를 없애는 게 비핵화의 최종 목적이에요. 이처럼 비핵화는 핵무기로 인한 전쟁 위험을 줄여 세계 평화를 지키는 데 매우 중요한 역할을 한답니다.

핵우산

핵우산은 핵무기를 지니고 있지 않은 나라가 핵무기를 가진 동맹국으로부터 보호받는 것을 말해요. 비(외부의 위험)로부터 우산(핵무기)을 씌우는 것에 비유한 표현이에요. 핵우산은 주로 미국처럼 핵을 가진 강대국이 핵무기가 없는 동맹국에 제공해요. 핵무기가 없는 국가가 스스로 핵무기를 개발할 필요성을 줄이기 위해서죠. 핵우산은 동맹국의 안보를 강하게 만드는 방법이라고 할 수 있어요.

국제 사건

전 세계에 큰 영향을 미치는 다양한 일들이 있어요. 전쟁처럼 아픈 역사도 있고, 질병처럼 함께 해결해야 할 문제도 있죠. 이런 큰 사건들은 나라 간의 관계를 바꾸고, 우리의 삶에도 많은 영향을 준답니다.

제1차 세계 대전과 제2차 세계 대전

제1차 세계 대전은 1914년부터 1918년까지 약 4년 동안 전 세계 여러 나라가 두 편으로 나뉘어 싸운 큰 전쟁이에요. 유럽의 독일, 오스트리아-헝가리 등이 한편이 되고, 영국과 프랑스, 러시아(소련) 등이 다른 편이 돼 싸웠어요. 이 전쟁에서는 이전과는 비교할 수 없을 정도로 많은 사람이 죽거나 다쳤고, 결국 독일이 패배하면서 전쟁은 끝났어요.

제2차 세계 대전은 1939년부터 1945년까지 6년 동안 일어났으며, 제1차 세계 대전보다 훨씬 더 많은 나라가 참여해 더 큰 피해를 낳았어요. 독일, 이탈리아, 일본이 한편이 되고, 영국과 프랑스, 미국 등의 연합국이 다른 편이 돼 싸웠죠. 결국 미국이 일본에 원자 폭탄을 떨어뜨리면서 전쟁은 마무리됐어요.

두 차례의 세계 대전으로 수천만 명이 목숨을 잃고 유럽의 많은 도시가 파괴됐어요. 사람들은 다시는 이런 끔찍한 전쟁이 일어나지 않도록 힘을 합쳐 평화를 지키고 문제를 해결하는 국제 연합(UN)이라는 국제기구를 만들었답니다.

냉전

냉전은 제2차 세계 대전이 끝난 1945년부터 1991년까지 일어난, 직접 싸우진 않지만 서로를 견제하고 경쟁하는 싸움을 말해요. 미국을 중심으로 한 자유 진영과 소련(소비에트 사회주의 공화국 연방)을 중심으로 한 공산 진영이 대립과 경쟁을 했죠. 제2차 세계 대전이 끝나고 세계에서 가장 힘이 센 나라가 된 미국과 소련은 각기 다른 이념을 중요하게 여겼어요. 미국은 자본주의와 민주주의를, 소련은 공산주의와 사회주의를 중요하게 생각한 거죠.

냉전 시대의 미국과 소련은 핵무기 경쟁이나 누가 먼저 달에 갈지, 누가 먼저 인공 위성을 쏘아 올릴지 등 다양한 경쟁을 했어요. 또 직접 싸우진 않았지만 우리나라에서 일어난 한국 전쟁이나 베트남 전쟁에 군대를 보내기도 했어요. 냉전이 끝난 건 1980년대 후반, 소련이 경제적으로 어려워지면서예요. 1991년 소련이 러시아와 카자흐스탄 등 여러 나라로 나눠지면서 45년 동안 이어져 왔던 냉전도 끝났답니다.

신냉전

2000년대 중반 이후 미국과 중국, 러시아가 다시 서로를 견제하고 경쟁하기 시작했어요. 이를 새로운 냉전이라는 뜻에서 '신냉전'이라고 불러요. 신냉전은 미국을 중심으로 하는 자유 민주주의 진영과 중국과 러시아를 중심으로 하는 권위주의 진영의 대립을 말해요. 이러한 대립이 일어난 건 생각의 차이도 있지만 경제나 기술, 군사력, 영토 등 다양한 이유가 있죠. 갈등이 심해지면 경제적인 압박을 하거나 각 나라 간의 군사 훈련이나 동맹이 강화되기도 해요.

9·11 테러

9·11 테러는 2001년 9월 11일 미국에서 일어난 끔찍한 사건을 말해요. 국제 테러 조직인 '알카에다'가 사람들을 태운 비행기 4대를 납치해 뉴욕 세계 무역 센터(쌍둥이 빌딩), 미국 국방부(펜타곤) 등 미국에 있는 중요한 건물들을 공격했거든요. 이 테러로 약 3천 명이 목숨을 잃었으며 뉴욕 세계 무역 센터 빌딩은 완전히 무너졌어요.

이 사건은 전 세계에 큰 충격과 슬픔을 줬고, 국제 사회와 미국의 외교 정책에 큰 변화를 불러왔어요. 9·11 테러 이후 미국은 테러와의 전쟁을 선포했고, 아프가니스탄이나 이라크 등 중동 국가들과 전쟁을 시작했어요. 이후 국경의 보안이 훨씬 더 심해졌으며 각 나라는 테러 정보를 나누는 등 국제적인 협력이 중요해졌어요. 9·11 테러는 전 세계의 안보 질서에 큰 영향을 미친 사건이에요. 이 사건을 시작으로 국제 사회에 테러의 위험성이 커졌고, 특정 종교에 대한 좋지 않은 시각이 커졌거든요.

브렉시트

브렉시트는 '영국(Britain)'과 '탈퇴(Exit)'를 합친 말로, 영국이 유럽 연합(EU)을 떠난 것을 말해요. 유럽 연합은 유럽 여러 나라가 협력하기 위해 만든 단체예요. 1973년에 유럽 연합에 가입한 영국은 오랫동안 탈퇴 여부를 두고 고민했어요. 국민 투표 결과 2020년 1월 31일, 브렉시트를 하게 됐죠. 영국이 탈퇴한 이유는 유럽 연합에 있으면 스스로 법을 정하기 어렵고, 외국인이 많이 유입되면서 일자리나 복지에 대한 걱정이 커졌기 때문이에요. 브렉시트 이후 영국은 더 자유롭게 결정할 수 있게 됐지만, 다른 나라와의 관계는 어려워졌어요. 그 결과 브렉시트 5년 만인 2025년, 영국은 유럽 연합과의 관계 재설정 합의에 들어갔어요. 과연 영국은 다시 유럽 연합으로 돌아가게 될까요?

팬데믹

팬데믹은 '모든(Pan)'과 '사람들(Demic)'이라는 말이 합쳐진 단어예요. 어떤 병이 한 지역이나 나라를 넘어 전 세계적으로 퍼져 많은 사람에게 영향을 미친다는 뜻이죠. 대표적인 예로는 중세 유럽의 흑사병, 1918년 스페인 독감, 1968년 홍콩 독감, 2020년 코로나19 등이 있어요. 이와 같은 팬데믹이 발생하면 의료 시스템이 감당하기 어려울 정도로 아픈 환자와 사망자 수가 늘어나기도 하죠. 병이 퍼지는 것을 막기 위해 학교나 회사가 문을 닫고, 사람들이 밖으로 나가지 않으면서 경제 활동에 문제가 생기기도 해요.

한 나라만으로는 팬데믹을 막기 어려워요. 때문에 세계 보건 기구(WHO)와 같은 국제기구를 중심으로 각 나라의 의료 정보를 나눠 백신이나 치료제 개발을 함께 해요. 팬데믹을 이겨 내기 위해선 각 나라가 병에 대한 정보를 숨기지 않고, 서로 나누면서 함께 해결책을 찾는 것이 중요하답니다.

옥쌤의 시사 상식

엔데믹이란?

엔데믹이란 팬데믹이 끝난 건 아니지만 우리 생활 속에서 어느 정도 익숙해지고 관리할 수 있게 된 걸 말해요. 팬데믹이 일어나면 많은 사람들이 아프고 제대로 된 생활을 할 수 없어요. 하지만 시간이 지나 백신이나 치료법이 나오면 병에 걸린 사람이 점점 줄어들게 되죠. 또 병에 걸리더라도 크게 아프지 않거나 쉽게 나을 수 있어요. 마치 매년 유행하는 독감과 함께 살아가는 것과 같답니다.

외교 활동

각 나라는 다른 나라와 서로 친구처럼 지내고 중요한 문제를 함께 해결하기 위해 여러 가지 방법으로 노력해요. 이렇게 나라들 사이에 있는 모든 활동을 외교 활동이라고 해요.

외교 사절단

외교 사절단은 한 나라가 다른 나라와 외교하기 위해 다른 나라로 보내는 사람들을 말해요. 이들은 자기 나라를 대표해서 다른 나라와 여러 가지 일을 의논하죠. 외교 사절단은 주로 다른 나라의 대사관에 머물면서 외교 활동을 해요. 대사관은 국가의 외교 사절단의 대표인 '대사'가 머무는 곳이에요. 대사관은 그 나라에 머무는 우리 국민이 안전하고 건강하게 생활할 수 있도록 도와요. 국제회의와 같은 목적을 위해 잠시 다른 나라에 방문하기도 해요.

순방

순방은 대통령이나 총리 같은 나라의 지도자가 다른 나라를 차례로 방문해 외교 활동을 하는 일을 말해요. 나라의 지도자가 다른 나라에 직접 방문하면 그 나라의 국제적인 영향력을 보여 줄 수 있거든요. 순방을 하면 주로 나라 사이의 관계를 더 좋게 만들고, 경제·문화·기술 분야에서 서로 도울 수 있는 방법을 이야기해요. 기업의 해외 진출을 돕거나, 기후 변화나 안보 같은 세계적인 문제에 대해서도 함께 해결책을 찾으려고 해요.

영사관

하나 더 알아보기

영사관은 대사관의 업무를 보조하면서 자기 나라 국민의 보호와 여권 발급, 비자 업무, 문화 교류 등을 하는 곳을 말해요. 수도에 1개만 있는 대사관과 달리 영사관은 주요 도시에 여러 개 있을 수 있어요. 대사관의 '대사'가 최고 책임자라면 영사관의 최고 책임자는 '영사'예요.

비자

비자는 어떤 사람이 자기 나라가 아니라 다른 나라로 들어가 머물 수 있도록 그 나라가 허락해 주는 증명을 말해요. 각 나라는 자신들의 땅과 나라를 안전하게 지키기 위해 비자라는 제도를 만들었어요. 물론 모든 나라에 가기 위해 비자가 필요한 건 아니에요. 우리가 어떤 나라에 갈 때 비자가 필요한지, 필요하지 않은지는 가려는 나라와 우리나라가 어떤 약속을 맺었는지에 따라 달라지거든요. 만약 나라끼리 '비자가 없어도 괜찮다'라는 약속을 했다면 비자가 없어도 그 나라를 여행할 수 있어요. 하지만 그렇지 않은 나라를 갈 때는 비자가 꼭 필요해요.

헨리 여권 지수

헨리 여권 지수는 스위스의 '헨리 앤 파트너스'라는 회사가 매년 발표하는 수치로, 각 나라의 여권으로 비자 없이 갈 수 있는 나라가 얼마나 많은지를 알려 주는 순위를 말해요. 즉 어떤 나라의 여권 파워가 얼마나 센지를 보여 주는 거죠. 여권 파워가 세다는 것은 그만큼 국제적으로 신뢰도과 높고, 그 나라의 경제력이나 정치가 안정돼 있다는 뜻이에요. 우리나라는 전 세계적으로도 아주 높은 순위권에 있답니다.

옥쌤의 시사 상식

여권에도 종류가 있다고요?

우리나라에는 우리가 쓰는 파란색 일반 여권, 공무원이나 기관 사람들이 해외로 출장 갈 때 쓰는 진회색 관용 여권, 외교관이나 대통령처럼 외교 활동을 할 때 쓰는 붉은색 외교관 여권이 있어요. 그중 외교관 여권은 우리나라를 대표하는 사람임을 보여 주기 위해 색상이나 발급 받는 곳, 유효 기간 등이 일반 여권과 조금씩 달라요.

외교 정책

국가는 다른 나라와 어떻게 지낼지를 미리 계획해요. 이러한 계획을 외교 정책이라고 해요.
각 나라의 현재와 미래에 큰 영향을 미치는 아주 중요한 일이에요.

동맹

동맹은 각 나라끼리 서로의 이익과 안전을 위해 함께 힘을 모으기로 약속한 관계를 말해요. 각 나라는 동맹을 맺은 목표를 이루기 위해 꾸준히 협력해요. 동맹은 다양한 형태로 나타날 수 있어요. 그중 '군사 동맹'은 한 나라가 다른 나라에게 공격받으면 동맹이 함께 방어해 주기로 약속한 거예요. 우리나라와 미국이 대표적인 군사 동맹 국가예요. 한편 '경제 동맹'도 자주 이뤄져요. 서로 무역을 더 자유롭게 해 경제적으로 함께 성장하는 거죠. 국제 사회에서 비슷한 의견을 가진 나라들이 서로의 외교 활동을 응원하는 '정치적 동맹'도 있답니다.

자원 외교

자원 외교는 각 나라가 외교를 통해 자원을 안정적으로 챙기는 것을 말해요. 지구에는 석유나 가스, 희토류 등 다양한 자원이 있어요. 그런데 모든 나라가 필요한 자원을 다 갖고 있지는 않아요. 그래서 다른 나라에서 자원을 사 오거나 함께 자원을 개발하려 해요. 특히 우리나라처럼 석유나 천연가스 같은 자원이 부족한 나라는 자원 외교가 더욱 중요해요.

보통 자원 외교는 자원이 풍부한 나라에서 돈을 주고 자원을 구매하는 경우가 많아요. 또 정부나 기업이 다른 나라의 자원 개발에 직접 참여해 자원을 챙기기도 하고, 공동 연구를 통해 자원을 개발하기도 하죠. 이러한 자원 외교를 통해 나라의 경제를 좋게 만들 수 있어요.

디지털 외교

보통 외교관들이 다른 나라의 사람을 직접 만나 대화하면서 외교를 진행해요. 그런데 이제는 인터넷이나 소셜 미디어 등 다양한 디지털 기술을 활용해 외교 활동을 펼치기도 해요. 이를 디지털 외교라고 해요. 이제는 온라인 공간에서도 활발하게 외교가 이뤄지는 거예요.

각 나라의 외교관들이 온라인에 글을 올리면 얼마 지나지 않아 다른 나라에서 빠르게 반응할 수 있어요. 또 외교 정책을 일반 사람들이 확인할 수 있어서 국민이 외교에 더 쉽게 참여하고 이해할 수 있죠. 대신 외교 정보가 해킹되거나 가짜 뉴스로 외교 관계가 흔들릴 수 있기도 해요. 디지털 외교가 발전할수록 사이버 보안의 중요성이 커지는 이유에요. 최근에는 인공지능(AI) 기술을 활용해 외교 정보를 분석하거나 통역을 돕는 등 디지털 기술의 활용 범위가 더욱 넓어지고 있답니다.

대북 정책

우리나라와 북한은 위치적으로 가장 가까운 나라예요. 같은 민족이지만 전쟁을 치렀던 만큼 아주 특별한 관계로 볼 수 있어요. 우리나라가 북한과 어떻게 지내고, 북한과의 문제를 어떻게 풀어나갈 것인지에 대한 정책을 대북 정책이라고 해요. 우리나라 외교의 가장 중요한 부분 중 하나예요.

대북 정책은 크게 두 가지 방향으로 나뉘어요. 한 가지는 대화와 협상을 통해 평화를 유지하는 거예요. 경제적으로 어려움을 겪지 않도록 돕는 거죠. 다른 한 가지는 북한의 핵무기 개발과 같은 위협에 강하게 대응하는 거예요. 이 경우 국제 사회와 협력해 북한이 비핵화 할 수 있도록 노력해요.

개발 협력

전 세계에는 아직 경제적으로 어려움을 겪는 나라들이 많이 있어요. 이런 나라들이 스스로 발전할 수 있도록 돕고, 함께 더 나은 세상을 만드는 노력을 개발 협력이라고 해요.

경제 개발 수준에 따른 국가 분류

선진국 (선진 경제 지역)	개발 도상국	
	신흥 공업국 (중진국)	최저 개발국

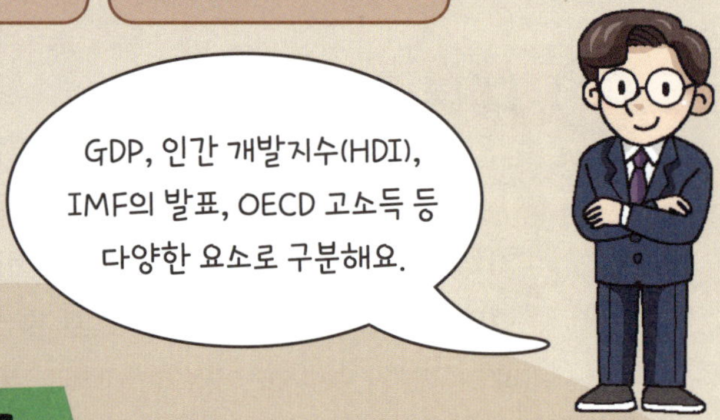

선진국과 개발 도상국

선진국과 개발 도상국은 나라의 경제가 얼마나 발전했는지 그리고 사람들이 얼마나 잘살고 있는지를 기준으로 나라를 나누는 거예요. 선진국은 앞서서 발전한 나라라는 뜻으로, 대부분 경제적으로 잘살고 산업이 발달해 있어요. 또 병원, 도로, 통신망 같은 사회 시설이 잘 갖춰져 있어서 살기가 좋죠.

개발 도상국은 지금 경제를 발전시키고 있는 나라라는 뜻으로, 예전에는 후진국이라 부르기도 했어요. 지금은 발전하는 중이라는 긍정적인 뜻을 담아 개발 도상국이라는 말을 주로 쓰죠. 개발 도상국은 경제적으로 성장 중이라 산업이 변화하고 있어요. 아직 사회 시설이 부족할 수 있지만 국민들의 삶의 질을 높이기 위해 의료, 교육, 환경 등 다양한 분야에서 노력하고 있답니다.

공적 개발 원조

정부 개발 원조라고도 하는 공적 개발 원조(ODA)는 개발 도상국이 올바르게 성장하는 것을 돕기 위해 선진국에서 돈, 물품, 기술 등을 지원하는 걸 말해요. 개발 도상국이 스스로 발전할 수 있도록 도와주면 전 세계가 함께 더 잘살게 될 뿐만 아니라 사회적 문제를 줄일 수 있어요. 과거 많은 선진국의 도움을 받은 것처럼 오늘날 우리나라는 여러 개발 도상국을 돕고 있어요.

공적 개발 원조로는 학교나 병원 등을 짓는 데 필요한 돈을 주거나 식량이 부족한 나라에 식량을 보내는 무상 원조와 큰 사업을 할 때 필요한 돈을 빌려 주는 유상 원조가 있어요. 또 자국의 전문가를 파견해 기술을 가르쳐 주거나 의료 장비나 농기구 같은 장비를 보내 주는 기술 협력도 있죠.

기술 이전

기술 이전은 한 나라나 기업이 갖고 있는 기술이나 지식, 경험 등을 다른 나라나 기업에 가르쳐 주거나 넘겨주는 것을 말해요. 돈을 받고 기술을 판매하기도 하고, 기술을 쓸 수 있는 권한을 주기도 해요. 선진국의 발전된 농업 기술을 개발 도상국에 알려 줘서 그 나라의 농업 생산량을 늘리는 거예요. 기술 이전을 한 선진국은 기술력이 부족한 나라들이 스스로 경제를 발전시키고 국민이 행복할 수 있도록 도와주면서 나라 간의 관계를 좋게 만들어요.

옥쌤의 시사 상식

우리나라는 선진국일까요, 개발 도상국일까요?

한국 전쟁을 겪은 우리나라는 아주 가난한 개발 도상국이었어요. 하지만 여러 선진국의 도움과 함께 전 국민이 힘을 모아 노력한 결과 지금은 선진국이 됐답니다. 여러 국제기구에서 우리나라를 선진국으로 분류하기 시작한 건 조금씩 다르지만, 2021년 국제 연합 무역 개발 협의회(UNCTAD)에서 우리나라를 '개발 도상국에서 선진국으로 지위가 변경된 첫 사례'라고 공식적으로 인정했어요.

국제 구호

국제 구호는 전쟁, 지진, 홍수, 가뭄, 가난 등으로 어려움을 겪는 사람들을 돕기 위해 전 세계의 여러 나라나 단체들이 힘을 모으는 활동을 말해요. 위급한 상황을 파악해 생명을 구하고 사람들이 다시 일어설 수 있도록 도와요. 국제 구호 활동은 다양한 방식으로 이뤄져요. 주로 재난 지역에 당장 필요한 음식, 깨끗한 물, 의약품 등 생존에 필요한 물건을 보내 사람들의 생명을 지켜요. 집을 잃은 사람들을 위해 텐트나 임시 건물을 만들어 주고 안전한 잠자리를 제공해요. 또 의사나 간호사들이 재난 현장에서 아픈 사람을 치료하고 전염병이 퍼지지 않도록 도와주죠. 육체적 고통뿐만 아니라 마음의 상처를 치유할 수 있도록 상담하기도 해요. 국제 구호는 인종이나 국경에 상관없이 몸과 마음의 고통을 받는 사람들을 돕는 행위예요.

세계 박람회

하나 더 알아보기

세계 박람회(Expo)는 전 세계 여러 나라가 한자리에 모여 각 나라의 발전된 기술, 문화, 예술 등을 알리고, 미래의 비전을 보여 주는 큰 행사예요. 세계 박람회는 보통 몇 달 동안 열리며 수많은 사람이 찾아요. 올림픽이나 월드컵처럼 국가들이 서로의 창의적인 아이디어를 보여 주고 협력하는 큰 축제죠. 우리나라는 1929년 조선 박람회(일제 강점기), 1993년 대전 세계 박람회, 2012년 여수 세계 박람회 등을 개최해 우리나라를 전 세계에 알렸어요.

세계 박람회는 각 나라의 최신 기술과 독특한 문화를 알리는 만큼 서로를 이해하고 알아갈 수 있어요. 박람회를 개최하는 나라는 전 세계에 그 나라와 그 나라의 기업을 알리고 많은 관광객을 불러들여 경제적으로 큰 도움이 될 수 있어요. 또 인류가 함께 고민하고 해결해야 할 환경 문제나 에너지 문제 등에 대한 새로운 아이디어나 기술을 보여 주며 미래 사회의 방향을 제시해요. 세계 박람회는 국제 협력과 교류를 통해 인류의 발전을 고민하는 중요한 국제 행사랍니다.

비정부 기구

비정부 기구(NGO)는 정부의 간섭을 받지 않고, 시민들이 스스로 모여 만든 단체를 말해요. 정부 조직이나 기업 중 어느 곳에도 속하지 않는 제3의 조직이에요. 대표적으로 그린피스(환경), 국경 없는 의사회(의료), 국제앰네스티(인권), 국경 없는 기자회(언론) 등이 있어요. 이들은 지구촌의 다양한 문제를 해결하려 해요. 예를 들어 환경 보호나 인권 회복, 가난과 기아 문제 해결, 표현의 자유 등이 포함돼요. 비정부 기구는 특정 분야에 전문 지식을 가진 사람들이 복잡한 절차 없이 빠르게 현장에 도움을 줄 수 있어요. 자원봉사자와 기부금을 모으고, 일반 시민들이 사회 문제 해결에 직접 참여하도록 도와요. 또 정부나 기업이 잘못된 결정을 하거나 인권을 침해하면 비판하며 변화를 요구하기도 하죠. 비정부 기구는 정부와 기업의 손길이 닿기 어려운 곳까지 도움을 주고 사회 변화를 이끄는 데 중요한 역할을 한답니다.

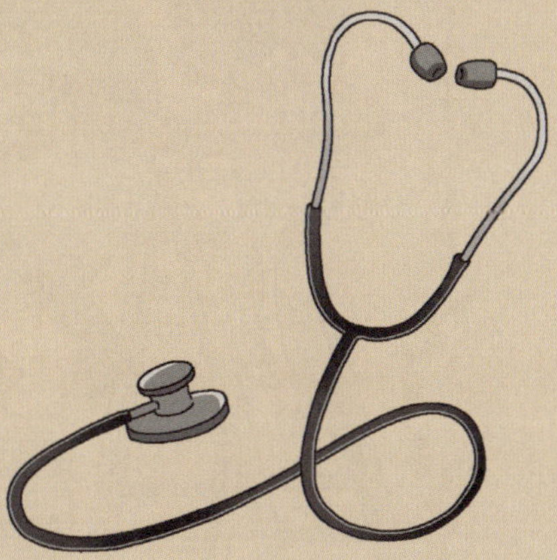

옥쌤의 시사 상식

나라를 넘어 사람을 살리는 의사들, 국경 없는 의사회

국경 없는 의사회는 전쟁이나 자연재해, 전염병 또는 의료 시설이 부족해 고통받는 사람들을 돕기 위해 전 세계 어디든 달려가는 국제적인 의료 구호 단체예요. 이들은 환자가 어떤 나라 사람인지, 어떤 종교를 믿는지, 어떤 피부색을 가졌는지 따지지 않고 오직 사람의 생명을 구하는 것만을 생각하죠. 오직 환자의 필요에 따라 움직이는 거예요. 국경 없는 의사회는 긴급 의료 지원이나 부상자 치료, 전염병 관리, 병원과 진료소 운영, 영양실조 관리, 깨끗한 물과 위생 관리 등 다양한 일을 해요. 이러한 용기를 인정받아 1999년 노벨 평화상을 받기도 했어요.

평화를 위한 노력과 관련된 두 인물

평화를 위한 노력

사람들은 각 나라가 서로 싸우지 않고 사이좋게 지내며 평화롭게 살아가는 것을 원해요. 전쟁을 원하거나 다른 나라의 사람이 불행해지기를 원하는 사람은 없죠. 서로의 다름을 이해하고 인정하면서 함께 문제를 해결해 나가면 모두가 행복하게 살 수 있어요. 그러나 이러한 과정은 쉽게 이뤄지지 않아요. 자신과 의견이 맞지 않으면 다투기도 하고, 그 사람의 물건을 강제로 빼앗기도 하거든요. 그래서 다양한 국제기구나 각 나라의 지도자는 이러한 문제를 해결하기 위해 최선을 다해요. 이들은 서로 다른 생각과 문화를 가진 사람들이 평화롭게 함께 살아가는 미래를 만드는 것을 목표로 한답니다.

반기문

반기문은 우리나라의 외교관으로서 2007년부터 2016년까지 10년 동안 국제 연합(UN)의 사무총장을 지냈어요. 국제 연합 사무총장은 전 세계의 사람이 평화롭고 안전하게 살 수 있도록 돕는 사람으로, 전 세계에서 가장 중요한 지도자 중 한 명이에요. 그는 과거에 가난했던 우리나라가 국제 사회의 도움을 받아 발전했고, 그 도움을 갚기 위해 세계 평화에 도움을 줘야 한다는 마음으로 행동했어요.

반기문은 기후 변화에 맞서 각 나라의 지도자가 함께 노력하도록 이끌었어요. 특히 2015년 파리 기후 변화 협정을 체결하는 데 아주 큰 영향을 미쳤죠. 또 지속 가능 발전 목표(SDGs)를 진행했어요. 이 목표는 전 세계의 가난을 없애고, 지구 환경을 보호하며 사람들이 평화롭게 살도록 하는 17가지 약속을 말해요. 반기문은 이 목표들을 각 나라가 달성할 수 있도록 적극적으로 도왔어요. 이 밖에도 전쟁 지역에 국제 연합 평화 유지군을 보내 여성과 어린이를 보호하려 노력했죠. 이러한 그의 열정과 리더십은 국제 사회의 협력과 발전에 큰 역할을 했답니다.

김대중

김대중은 우리나라의 제15대 대통령이에요. 그는 1997년에 있었던 외환 위기(IMF)를 이겨 내기 위해 노력했을 뿐만 아니라 북한과 대화를 통해 한반도의 평화를 지키려 했어요. 김대중은 우리나라와 북한이 서로 대립해 싸우기보다 대화하고 협력해야 평화가 온다고 믿어 '햇볕 정책'을 추진했어요. 그 결과 2000년에는 남북이 나눠진 이후 처음으로 남북 정상 회담이 열려 당시 김정일 국방 위원장과 직접 만나 이야기를 나눴어요. 이 회담을 통해 이산가족 상봉, 금강산 관광 등 다양한 교류가 이뤄졌죠.

김대중의 정책에 대한 평가는 다양해요. 하지만 그가 평화를 위해 노력했다는 점은 바뀌지 않아요. 김대중은 인권과 민주주의 그리고 남북 화해를 위한 노력을 인정받아 2000년 한국인 최초로 노벨 평화상을 받았어요. 그의 정치 철학과 평화에 대한 마음은 오늘날까지도 많은 사람에게 영향을 미치고 있어요.

무역은 나라와 나라 사이에
물건을 사고파는 모든 활동을 말해요.
무역이 우리의 삶에 어떤 영향을 미치는지 알아볼까요?

3장 무역

무역 | 무역 정책 | 무역 협정 | 관세 | 수출과 수입
무역 금융 | 무역 이야기 | 통상 정책과 관련된 두 인물

키워드	교과 과정	
무역	초등 사회 6-1	2. 우리나라의 경제 발전
	초등 사회 6-2	1. 세계 여러 나라의 자연과 문화
	중학 사회 2	5. 국민 경제와 국제 거래
	고등 통합 사회 2	3. 시장 경제와 지속 가능 발전
수출과 수입	초등 사회 6-1	2. 우리나라의 경제 발전
	중학 사회 2	5. 국민 경제와 국제 거래
	고등 통합 사회 2	3. 시장 경제와 지속 가능 발전

무역

우리나라에서 필요한 게 있다면 우리나라에서 다 만들면 되지 왜 다른 나라에서 사 오는 걸까요? 또 왜 다른 나라에 우리나라의 물건을 파는 걸까요? 그건 바로 나라마다 가지고 있는 것이 다르기 때문이에요.

무역이란?

무역은 나라와 나라 사이에서 물건이나 서비스를 서로 사고파는 모든 활동을 말해요. 무역이 필요한 이유는 한 나라에서 모든 걸 만들 수는 없기 때문이에요. 물건을 만들 자원이 없을 수도 있고, 만들 돈이나 기술이 없을 수도 있어요. 또 한 나라가 모든 물건을 다 만들 필요가 없기도 해요. 각 나라가 잘 만들 수 있는 물건을 서로 사고팔면 서로에게 더 큰 도움이 될 수 있거든요.

우리는 무역을 통해 전 세계의 다양한 물건을 쉽게 만날 수 있어요. 무역은 오늘날 세계 경제를 움직이는 핵심적인 활동이자 나라와 나라를 연결해 주는 다리랍니다.

대항해 시대

대항해 시대는 15세기 말부터 17세기 중엽까지 유럽 사람들이 새로운 바닷길을 찾아 새로운 땅을 찾아 나섰던 시기를 말해요. 유럽 사람들이 바다로 나간 건 동방(인도, 중국)의 황금과 향신료를 얻기 위해서예요. 땅으로 가는 길도 있었는데 당시 오스만 제국에 의해 막혀 새로운 길을 찾을 수밖에 없었거든요. 그 결과 1492년 콜럼버스가 아메리카 대륙을 발견하고, 마젤란이 세계 일주에 성공하면서 전 세계가 연결되기 시작했어요. 그러자 유럽 상인들은 다른 대륙에 새로운 물건들을 사고팔았고, 유럽의 문화와 종교도 널리 퍼져 나갔죠. 그러나 이 과정에서 아메리카 원주민들이나 아프리카인들이 많은 고통을 겪기도 했답니다.

실크 로드와 차마고도

실크 로드는 아주 먼 옛날인 기원전 2세기부터 기원후 15세기까지 중국 동쪽과 유럽 서쪽을 연결했던 오래된 무역 도로를 말해요. 이 길을 통해 가장 많이 오갔던 물건이 바로 중국의 비단이었기 때문에 '비단길(실크 로드)'이라고 부르게 됐죠. 실크 로드는 비단뿐만 아니라 도자기, 기술, 유리, 농작물 등 다양한 물건과 불교, 기독교, 이슬람교와 같은 종교도 오갔어요. 실크 로드는 단순한 무역로가 아니라 동서양 문명이 교류하던 통로이자 다양한 문화의 탄생지예요.

차마고도는 차와 말이 다니던 옛 길이라는 뜻으로 지금으로부터 약 1300년 전인 당나라 때부터 20세기 중반까지도 사용됐어요. 중국의 차 생산지에서 티베트나 인도 등 다른 지역으로 차를 옮기고 그 대신 말을 가져오던 아주 험한 산길이죠. 차마고도를 통해 차와 말뿐만 아니라 비단, 소금, 약재 그리고 불교, 기술, 문화 등 다양한 것들이 오갔어요. 실크 로드와 마찬가지로 차마고도는 문명 교류의 길로 다양한 문화가 만나던 곳이랍니다.

무역 정책

무역 정책은 한 나라가 다른 나라와 물건이나 서비스를 사고 파는 무역 활동을 어떻게 할지 정하는 것을 말해요. 나라의 경제를 살리고 국민을 보호하기 위한 중요한 약속이에요.

자유 무역

자유 무역은 나라와 나라 사이에서 물건을 사고파는 데 세금이나 제한이 없는 걸 말해요. 마치 친구들과 물건을 교환할 때 특별한 규칙 없이 원하는 대로 바꾸는 것과 비슷하죠.

자유 무역을 하면 각 나라는 가장 잘 만들거나 싸게 만들 수 있는 물건을 만들고, 그걸 다른 나라와 사고팔 수 있어요. 우리나라가 자동차나 반도체를 잘 만들고 다른 나라는 비행기나 옷을 잘 만든다면, 서로 필요한 것을 자유롭게 사고팔아서 더 많은 물건을 싸게 얻는 거죠. 우리는 더 저렴한 가격으로 더 좋고 다양한 물건을 살 수 있게 되는 거예요. 또 회사는 더 좋은 물건을 만들거나 새로운 기술을 개발하도록 노력해요. 이처럼 자유 무역은 각 국가 간의 건강한 경쟁을 불러일으키고, 더 효율적인 생산을 이끌어서 경제가 빠르게 성장하도록 도와요. 대신 모든 나라가 자유 무역으로 이득을 보는 것은 아니에요. 경쟁에서 약한 산업은 위기를 맞을 수 있거든요. 또 일자리가 줄어들어 사회적인 문제로 이어질 수도 있답니다.

보호 무역

보호 무역은 우리나라 산업과 일자리를 지키기 위한 무역을 말해요. 외국에서 들어오는 물건에 세금(관세)을 많이 물리거나, 들어오지 못하게 막는 거예요. 세금을 높이면 외국 물건의 가격이 비싸져서 우리나라 사람들이 잘 사지 않게 돼요. 그 대신 우리나라에서 만든 물건들을 더 많이 사게 되죠. 이처럼 보호 무역은 우리나라 산업을 보호하는 장치예요. 특히 이제 막 시작한 산업이나 아직 경쟁력이 약한 산업이 외국과의 경쟁에서 밀리지 않도록 하는 거예요.

하지만 보호 무역은 다른 나라와의 관계를 나쁘게 만들 수 있어요. 외국 물건을 비싸게 사야 하므로 국민이 손해를 볼 수도 있죠. 또 다른 나라도 보호 무역을 할 수 있어서 전체적인 무역량이 줄어들게 돼요. 보호 무역을 하는 나라들이 많아지면 세계 경제가 나빠질 수도 있답니다.

옥쌤의 시사 상식

자유 무역 VS 보호 무역, 무엇이 더 좋을까요?

무역은 보통 자유 무역을 바탕으로 해요. 나라끼리 서로 자유롭게 물건을 사고파는 것이 모두에게 이득이라고 생각하는 거죠. 하지만 때로는 자기 나라의 이익을 위해 보호 무역을 하기도 해요. 그래서 전 세계의 나라들은 자유 무역을 하지만 필요에 따라 보호 무역을 하는 거예요. 사실 자유 무역과 보호 무역 중 어떤 게 더 좋다고 할 수 없어요. 나라마다 경제 상황이 다르고, 산업이나 시대에 따라 필요로 하는 무역 정책이 다르기 때문이에요. 이처럼 외교 정책이나 경제 문제는 정답이 있는 게 아니라 여러 가지를 복합적으로 생각해야 할 때가 많답니다.

무역 분쟁

무역 분쟁은 나라들끼리 물건을 사고파는 과정에서 다툼이 생기는 것을 말해요. 각 나라가 자기 나라의 산업을 보호하고 더 많이 팔고 싶어 하다 보니, 관세를 높이거나 수입을 제한하면서 문제가 생기죠. 어떤 나라가 원자재(물건을 만드는 데 꼭 필요한 재료) 수출을 줄이거나, 자기 나라 기업에 보조금을 줘서 더 싸게 팔게 하는 것도 원인이 돼요.

이런 분쟁이 일어나면 물건값이 오르거나 일자리가 줄어들 수 있어요. 그래서 나라들은 만나서 해결하거나 세계 무역 기구(WTO)의 도움을 받기도 해요. 하지만 한쪽이 계속 불공정하게 행동하면 다른 나라도 똑같이 세금을 올리거나 수입을 제한하는 등 보복 조치를 취할 수 있어요. 다만 이런 방식은 모두에게 손해가 되기 때문에 조심해야 해요.

무역 보복 조치

무역 보복 조치는 한 나라가 상대 나라의 불공평하거나 부당한 무역 행동에 맞서 상대방에게 똑같이 또는 비슷하게 무역과 관련된 불이익을 주는 행동을 말해요. 불공평한 행동을 멈추지 않으면 우리도 손해를 입힐 수 있다는 경고를 주거나, 실제 행동으로 옮기면서 상대방의 행동을 바꾸도록 하는 거죠. 대표적인 행동으로는 보복 관세를 부과하거나 수입을 제한하는 게 있어요. 또 수출이나 투자를 제한하고 수입 절차를 어렵게 만들거나, 자기 나라 제품에만 유리한 기준을 만들어 외국 제품이 들어오지 못하게 하기도 해요. 하지만 무역 보복 조치는 문제를 더 복잡하게 만들고 서로에게 손해를 입히는 경우가 많아요. 자칫하면 '무역 전쟁'으로 확대될 수도 있고, 세계 경제에 악영향을 줄 뿐만 아니라 국민들에게 피해를 줄 수 있어요. 그래서 보복보다는 대화와 협상으로 문제를 해결하려고 노력한답니다.

공정 무역

물건을 사고파는 것에서 더 나아가 만든 사람을 배려하는 게 공정 무역이에요. 커피나 초콜릿, 바나나처럼 개발 도상국의 농부나 노동자가 만든 물건에 정당한 값을 지불하고, 그들이 안전한 환경에서 일할 수 있도록 돕는 거예요. 그래서 '착한 무역'이라고도 불려요.

공정 무역은 가난한 나라의 노동자들이 힘들게 일하고도 적은 돈을 받는 문제를 해결하려고 생겼어요. 어린이의 노동을 막고, 노동자들의 일하는 환경을 개선하는 것도 중요한 목표예요. 하지만 공정 무역 제품은 일반 제품보다 비싸고, 과정이 복잡하며 실제로 돈이 잘 전달되는지 확인하기 어려운 점도 있어요. 그래도 공정 무역은 더 나은 세상을 만드는 데 도움을 준답니다.

목쌤의 시사 상식

무역 의존도란?

무역 의존도는 한 나라가 무역에 얼마나 많이 기대어 살아가고 있는지를 나타내는 말이에요. 한 나라의 전체 경제 활동(국내 총생산) 중 무역(수출+수입)이 차지하는 비중이 얼마인지 알 수 있죠. 만약 우리나라의 무역 의존도가 80퍼센트라고 하면, 우리나라의 경제 활동의 80퍼센트가 무역과 관련돼 있다는 뜻이에요. 반대로 20퍼센트라고 한다면 무역보다는 우리나라 안에서만 물건을 만들고 소비하는 비중이 더 크다는 거죠.

우리나라는 땅이 넓지 않고 자원이 부족해 원자재를 들여와 스마트폰, 자동차 같은 제품을 만들어 수출해요. 그래서 무역 의존도가 높은 편이에요. 이런 나라는 세계 경제에 따라 쉽게 영향을 받을 수 있어요. 물론 무역 의존도가 높다고 꼭 나쁜 건 아니에요. 그만큼 다른 나라와 활발히 교류하며 경제를 키웠다는 뜻이거든요. 중요한 건 외부 변화에 흔들리지 않도록 잘 대비하는 거예요.

무역 협정

무역 협정은 여러 나라가 무역 활동을 할 때 더 쉽고 공정하게 할 수 있도록 약속을 맺는 걸 말해요. 무역에서 생길 수 있는 어려움을 줄이고, 서로에게 도움이 되도록 하는 중요한 약속이에요.

세계 무역 기구

세계 무역 기구(WTO)는 전 세계의 나라들이 무역을 더 자유롭고 공정하게 하도록 규칙을 만들고 지키도록 돕는 국제기구를 말해요. 각 나라가 무역을 편하게 할 수 있게 관세를 낮추고 수입 제한을 줄이려 하죠. 이렇게 하면 다른 나라에서 더 싸거나 좋은 물건을 쉽게 사 올 수 있어 많은 나라의 경제가 함께 발전할 수 있기 때문이에요. 세계 무역 기구는 무역 규칙을 만들고, 나라끼리 무역으로 다툼이 생기면 중간에서 문제를 해결하도록 도와요. 세계 무역 기구는 각 나라의 무역 정책을 살펴보는 아주 중요한 역할을 한답니다.

자유 무역 협정

자유 무역 협정(FTA)은 각 나라가 무역을 할 때 무역을 더 자유롭게 하도록 하는 약속을 말해요. 자유 무역 협정을 맺은 나라끼리는 수출하고 수입하는 물건에 붙는 세금을 없애거나 줄이죠. 이렇게 되면 그 나라에서 들어오는 물건의 가격이 싸져서 국민이 더 쉽게 물건을 살 수 있어요. 우리나라도 그 나라에 물건을 더 쉽게 팔 수 있어서 기업들이 이득을 보게 돼요.

자유 무역 협정은 무역량을 늘리고, 각 나라의 경제 성장을 돕는 중요한 역할을 해요. 하지만 값이 싼 외국 물건들이 많이 들어와서 국내의 약한 산업이 피해를 볼 수 있답니다. 자유 무역 협정을 맺을 때는 각 나라가 신중하게 검토할 필요가 있어요.

스파게티볼 효과

스파게티볼 효과는 여러 나라가 서로 다른 자유 무역 협정(FTA)을 많이 맺으면서 무역 규칙이 너무 복잡하게 얽혀 있는 상황을 말해요. 그 모습이 스파게티 면과 비슷하다고 해서 붙여진 이름이죠. 한 나라가 여러 나라와 각각 자유 무역 협정을 맺으면, 자유 무역 협정을 맺을 때마다 다른 무역 규칙이 생겨서 무역할 때 매우 복잡해질 수 있어요.

기업들은 이 모든 규칙을 확인하고, 이에 맞춰 무역해야 하는 어려움을 겪게 되죠. 그러면 기업들이 자유 무역 협정의 혜택을 제대로 활용하기 어려워지고, 무역 비용이 오히려 늘어날 수도 있어요. 그래서 자유 무역 협정을 맺을 때는 이러한 복잡성을 줄이기 위해 노력해요.

디지털 경제 동반자 협정

하나 더 알아보기

디지털 경제 동반자 협정(DEPA)은 디지털 무역을 더 쉽고 자유롭게 하도록 하는 약속을 말해요. 보통 무역은 배, 비행기 등으로 실제 물건을 주고받는 걸 말해요. 그런데 디지털 무역은 온라인 게임을 팔거나 인터넷 서비스를 이용하는 것처럼 눈에 보이지 않는 디지털 형태의 상품이나 서비스를 주고받아요. 디지털 경제 동반자 협정은 나라들끼리 디지털 정보를 자유롭게 주고받도록 돕죠. 또 전자 상거래를 안전하게 할 수 있는 규칙을 만들고, 디지털 기술 개발을 발전시키도록 해요. 우리나라는 2023년에 디지털 경제 동반자 협정에 참여했어요.

관세

관세는 외국 물건이 우리나라에 들어올 때 나라에서 적용하는 세금을 말해요. 우리나라의 산업을 보호하거나 나라의 살림에 필요한 돈을 만들어 주는 중요한 역할을 해요.

보편 관세

보편 관세는 물건이 어느 나라에서 오는지 상관없이 모두에게 똑같이 적용되는 세금을 말해요. 모든 나라에게 가장 낮은 기본 관세율을 적용한다는 거죠. 보편 관세는 무역을 공정하게 만들기 위해 아주 중요해요. 특정 나라의 물건만 싸게 해 주거나 다른 나라의 물건을 비싸게 하는 등의 차별을 하지 않겠다는 약속이거든요. 때문에 보편 관세는 세계 무역 기구(WTO)에서 정한 무역 규칙 중 하나이기도 해요. 하지만 자유 무역 협정(FTA)을 맺은 나라들의 경우 보편 관세보다 더 낮은 세금을 적용해 서로 무역을 더 활발하게 만들려 하기도 한답니다.

비관세

비관세는 관세가 아닌 것을 말해요. 관세는 아니지만 무역을 어렵게 만드는 여러 방법들을 뜻하는 거죠. 국민의 건강이나 안전, 환경을 지키거나 특정 산업을 지키기 위해 여러 가지 규칙을 만든 거예요. 비관세에는 특정 물건이 우리나라로 들어올 수 있는 분량을 정해 그 이상은 들어오지 못하게 하는 수입 할당제, 특정 물건을 수입하기 위해선 정부의 특별한 허가가 필요한 수입 허가제, 수입된 물건이 건강 안전에 문제없는지 확인하는 위생 및 안전 기준 등이 있어요. 비관세는 국민의 건강이나 환경을 보호하기도 하지만 때로는 보호 무역의 수단으로 악용될 수 있답니다.

반덤핑 관세

덤핑은 물건을 원래 가격보다 훨씬 싸게 파는 것을 말해요. 반덤핑은 그런 덤핑을 막는다는 뜻이죠. 즉 외국 기업이 자기 나라에 파는 것보다 우리나라에 훨씬 싸게 팔아 우리나라 기업에 피해를 줄 때, 그 물건에 추가로 붙이는 세금이에요. 외국 기업이 덤핑을 하는 건 시장 점유율을 높이거나 남은 물건을 처리하기 위해서예요. 덤핑이 되면 우리나라 물건은 경쟁이 되지 않기 때문에 정부에서 우리나라 기업을 보호하거나 공정한 경쟁 환경을 만들기 위해 반덤핑 관세를 붙여요. 반덤핑 관세는 불공정한 방법으로 무역 질서를 어지럽힐 때 대응하는 보호 무역의 하나라고 할 수 있어요.

해외 직구

해외 직구는 우리나라의 소비자가 외국에 있는 가게나 인터넷 쇼핑몰에서 직접 물건을 사는 것을 말해요. 해외 직구를 하는 가장 큰 이유는 같은 물건이라도 외국에서 사는 것이 더 싸거나, 우리나라에는 없는 특별한 물건을 살 수 있기 때문이에요. 옷, 신발, 전자제품 등 다양한 종류의 물건을 살 수 있죠. 하지만 150달러(약 21만 원) 이상의 물건인 경우 관세를 내야하기도 하고, 물건에 문제가 있더라도 교환이나 환불이 어렵거나 오래 걸릴 수도 있어요.

밀수

하나 더 알아보기

밀수는 나라에 정해진 법과 규칙을 지키지 않고 물건을 몰래 외국에서 들여오거나 외국으로 내보내는 것을 말해요. 밀수하는 이유는 세금을 내지 않거나, 합법적으로 사고팔 수 없는 물건을 몰래 거래하기 위해서예요. 세관의 검사를 피하려고 물건을 숨기거나 거짓 서류를 꾸미는 등 다양한 방법을 사용해요. 밀수는 나라의 경제에 나쁜 영향을 미치고, 국민의 안전을 위협하며 사회의 질서를 어지럽히는 범죄 행위예요. 그래서 각 나라에서는 밀수를 막기 위해 공항이나 항만에서 세관 직원들이 철저하게 검사를 하고, 밀수범들을 강력하게 처벌하고 있어요.

수출과 수입

수출은 우리 물건을 다른 나라에 파는 것을 말하고, 수입은 다른 나라 물건을 우리가 사 오는 것을 말해요. 수출과 수입은 나라와 나라 사이에서 이뤄지는 경제 활동의 기본이에요.

우리나라의 수출품

우리나라는 땅이 좁지만 기술력이 뛰어나고 열심히 일하는 사람들이 많아서 여러 나라에 다양한 물건을 수출하고 있어요. 주로 수출하는 물건은 대부분 첨단 기술이 필요한 것들이에요. 대표적 수출품인 반도체는 컴퓨터, 스마트폰, 텔레비전 등 거의 모든 전자 기기에 들어가는 핵심 부품이에요. 또 자동차와 선박은 오랜 기간 이어져 온 우리나라의 자랑스러운 주요 수출품이죠. 최근에는 스마트폰, 텔레비전, 가전제품 같은 완제품들과 드라마, 웹툰 같은 문화 콘텐츠도 새로운 인기를 얻으며 수출의 한 부분을 차지하고 있어요.

우리나라의 수입품

우리나라는 자원이 많지 않아서 많은 물건을 외국에서 수입하고 있어요. 주로 수입하는 것으로는 석유나 천연가스 같은 에너지 자원이 있어요. 우리나라는 기름이 나지 않아서 자동차를 움직이거나 공장을 돌리는 데 필요한 연료를 대부분 외국에서 사 와요. 또 반도체를 생산하는 데 필요한 장비나 핵심 부품을 수입하죠. 반도체를 만드는 데 필요한 기계나 특수 재료는 외국에서 수입할 때가 많아요. 고기, 과일, 농산물 등 다양한 식재료도 외국에서 자주 수입한답니다.

흑자와 적자

흑자는 어떤 기간 들어온 돈이 나간 돈보다 더 많을 때를 말해요. 무역에서는 수출해서 번 돈이 수입하는 데 쓴 돈보다 많으면 무역 흑자라고 불러요. 무역 흑자를 보면 나라의 돈이 점점 쌓여서 경제가 튼튼해지는 원동력이 돼요. 반대로 적자는 들어온 돈보다 나간 돈이 더 많을 때를 말해요. 무역에서는 수출해서 번 돈보다 수입하는 데 쓴 돈이 더 많으면 무역 적자라고 불러요. 무역 적자가 계속되면 나라의 돈이 계속 줄어들어 경제가 어려워질 수 있어요.

무역 수지

무역 수지는 한 나라가 일정 기간 다른 나라와 물건을 사고팔면서 발생한 수출 금액과 수입 금액을 비교하는 수치를 말해요. 수출 금액이 수입 금액보다 많으면 무역 수지 흑자라고 말해요. 이는 우리나라의 경제가 좋고, 다른 나라에 물건을 많이 팔아 돈을 벌고 있다는 좋은 신호예요. 반대로 수입 금액이 수출 금액보다 많으면 무역 수지 적자라고 해요. 무역 적자가 계속되면 나라가 가진 외국 돈이 줄어들 수 있어서 경제에 부담이 될 수 있어요.

수출 규제

수출 규제는 한 나라가 다른 나라로 물건을 팔지 못하게 막거나 어렵게 만드는 것을 말해요. 정부가 나서서 특정 물건을 외국으로 내보내는 것을 허락하지 않거나 매우 까다로운 조건을 붙여서 수출을 제한하는 거죠. 보통 무기나 군사 기술, 첨단 기술 등 나라의 안전과 발전에 큰 영향을 미치는 물건이나 기술을 다른 나라로 넘어가는 것을 막기 위해서 수출 규제를 하곤 해요. 또 외교적인 이유로 특정 나라에 물건을 수출하지 않기도 하죠. 하지만 수출 규제를 하는 나라도 해당 물건의 생산이 줄거나 관련 기업이 어려움을 겪을 수 있어요. 그래서 수출 규제는 매우 신중하게 결정해야 해요.

무역 금융

무역 금융은 무역 거래가 원활하게 이뤄지도록 돈을 빌려 주거나, 돈을 주고받는 것을 돕는 모든 금융 활동을 말해요. 이는 무역이 더 활발하게 이뤄지도록 도와요.

무역 결제 화폐

무역 결제 화폐는 나라와 나라 사이에 물건을 사고팔 때 가장 많이 사용되는 돈을 말해요. 현재 전 세계 무역에서 가장 많이 사용되는 돈은 미국 달러(USD)예요. 미국은 세계에서 경제 규모가 가장 큰 나라인 만큼 안정적으로 거래가 진행될 수 있어요. 우리나라도 외국에 물건을 팔 때 달러로 돈을 받거나 외국에서 물건을 사 올 때도 달러로 돈을 내는 경우가 많아요. 달러 외에도 유럽 연합의 유로(EUR), 일본의 엔(JPY), 영국의 파운드(GBP) 등도 국제 무역에서 중요한 역할을 해요. 최근에는 중국의 경제 규모가 커지면서 중국의 위안(CNY)도 많이 사용하고 있어요.

금 본위제

금 본위제는 나라의 돈 가치를 금에 맞춰서 정하는 것을 말해요. 즉 금이 최고라는 뜻이에요. 금 본위제가 중심일 때는 나라에서 만드는 돈의 양이 그 나라가 가진 금의 양을 넘을 수 없었어요. 이러면 나라에서 함부로 돈을 만들 수 없어서 돈의 가치가 안정적으로 유지될 수 있죠. 또 무역을 할 때도 금을 기준으로 돈의 가치를 쉽게 비교할 수 있어서 무역이 안정적으로 이뤄졌어요.

그러나 나라가 경제를 성장시키기 위해 돈을 더 만들어 내면서 금 본위제가 점차 사라지게 됐어요. 동시에 미국 달러의 힘이 세지면서 무역에서 금보다 달러의 필요성이 더 커졌어요. 이에 따라 요즘에는 대부분 나라가 금 본위제를 사용하지 않고 있어요.

무역 보험

무역 보험은 무역할 때 생길 수 있는 여러 가지 손해를 미리 막아 주거나 해결해 주는 제도를 말해요. 무역 거래를 하다 보면 여러 가지 위험이 있을 수 있어요. 물건을 보냈는데 돈을 받지 못할 수 있고, 수출한 물건이 배송 중에 망가질 수 있죠. 또 다른 나라의 정치나 경제 상황이 불안정해져서 무역이 갑자기 중단될 수도 있어요. 이런 위험이 생기면 수출하거나 수입하는 기업들은 큰 손해를 보게 돼요. 무역 보험은 이러한 위험들로부터 기업들을 보호해 줘요. 기업이 보험료를 내고 무역 보험에 가입하면 예상치 못한 위험이 발생했을 때 보험 회사에서 그 손해를 보상해 주는 거죠. 기업들은 무역 보험 덕분에 조금 더 안심하고 외국과 무역을 할 수 있어요. 무역 보험 덕분에 무역 활동이 더욱 활발해질 수 있는 거랍니다.

어음

어음은 '나중에 언제까지 얼마의 돈을 줄게요'라는 약속이 담긴 종이 문서를 말해요. 무역 거래처럼 큰돈이 오고 갈 때 물건을 먼저 보내고 나중에 돈을 받거나, 물건을 받기 전에 미리 돈을 줘야 할 때 사용해요. 어음에는 그 회사의 서명이 있기에 법적인 효과를 발휘할 수 있어요. 어음을 받은 회사는 이 어음을 갖고 은행에 가서 돈을 미리 받거나, 나중에 어음에 적힌 날짜에 그 회사로부터 직접 돈을 받을 수 있어요. 이렇게 하면 수출하는 회사는 물건을 팔고 돈을 받기까지 기다리는 시간을 줄일 수 있고, 수입하는 회사는 물건을 받고 돈을 낼 때까지 시간을 벌 수 있어서 편리하답니다.

무역 이야기

옛날부터 지금까지 나라와 나라 사이에서 물건을 주고받으며 다양한 일이 일어났어요. 이 사건들은 나라 간의 관계를 바꿨고, 전쟁을 일으키거나 새로운 시대를 열기도 했어요.

삼각 무역

삼각 무역은 세 개의 지역이나 나라가 서로 다른 종류의 물건을 주고받으면서 연결되는 무역을 말해요. 대표적인 예로는 16세기부터 19세기까지 유럽, 아프리카, 아메리카 대륙을 잇는 무역이 있어요.

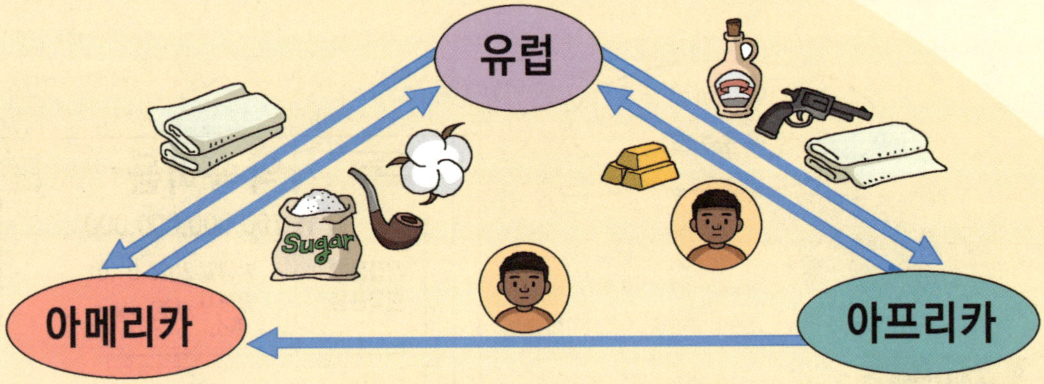

삼각 무역의 시작은 유럽이에요. 유럽의 상인들은 총, 화약, 옷감, 술 같은 물건들을 배에 싣고 아프리카 서쪽 해안으로 갔어요. 아프리카에서는 이 물건들을 주고받으며 흑인 노예들을 데려왔죠. 이 노예들은 끔찍한 환경의 배에 실려 아메리카 대륙으로 끌려갔어요. 아메리카 대륙에 도착한 노예들은 담배, 설탕, 목화 같은 작물을 키우는 농장에서 강제로 일하게 됐어요. 이 농장에서 생산된 담배, 설탕, 목화 같은 값비싼 작물들은 다시 배에 실려 유럽으로 돌아갔어요.

이러한 삼각 무역은 유럽 나라에 엄청난 돈을 벌게 해 줬어요. 하지만 아프리카 사람들에게는 큰 고통과 아픔을 줬죠. 수많은 사람이 노예로 끌려가 목숨을 잃거나 자유를 빼앗기기도 했고, 인종 차별이 시작됐어요. 이처럼 삼각 무역은 수많은 사람의 삶과 역사에 깊은 상처를 남겼답니다.

보스턴 차 사건

보스턴 차 사건은 1773년 미국 보스턴에 살던 사람들이 영국 정부의 부당한 차(茶) 세금에 항의해 영국 동인도 회사의 차 상자를 바다에 던진 사건을 말해요. 당시 아메리카 대륙은 영국의 식민지였어요. 그래서 영국은 식민지에 사는 사람들의 의견을 묻지 않고 마음대로 세금을 정했죠. 특히 차에 세금을 많이 붙였는데, 당시 사람들은 차를 물처럼 많이 마셨기 때문에 크게 분노했어요. 보스턴 항구에 차를 실은 배가 들어오자 주민들은 차를 내리지 못하게 막았어요. 일부 사람들은 배에 실려 있던 차 상자를 바다에 던져 버리기까지 했죠. 이 일로 인해 화가 난 영국 정부는 보스턴 항구를 폐쇄하는 등 보복 조치를 했어요. 이에 더욱 반감을 느낀 사람들은 영국으로부터 독립하고자 마음먹었죠. 보스턴 차 사건으로 인한 긴장과 갈등은 미국의 독립 전쟁으로 이어지는 계기가 됐어요.

아편 전쟁

18세기 무렵 영국과 유럽에는 중국 청나라의 차, 비단, 도자기 등이 큰 인기였어요. 특히 차는 영국 사람들의 필수품이었죠. 그런데 영국에는 청나라에 팔 만한 물건이 없어 물건을 살 때마다 막대한 양의 은을 줘야 했어요. 영국은 이 문제를 해결하기 위해 당시 식민지였던 인도에서 아편이라는 마약을 만들어 청나라에 팔기 시작했어요. 아편은 사람들의 몸을 아프게 만들 뿐만 아니라 중독성이 매우 강했어요. 때문에 계속 아편을 사기 위해 다시 영국으로 은이 흘러 들어갔죠. 이 사실을 알게 된 청나라는 영국 상인들이 가진 아편을 전부 빼앗아 바다에 버렸고, 영국은 이것을 기회로 삼아 군대를 보내 전쟁을 일으켰어요. 이게 바로 1차 아편 전쟁이에요. 전쟁에서 진 청나라는 영국에게 홍콩을 넘겨주고 여러 항구도 열어야 했어요. 이후 더 많은 곳에서 물건을 팔고 싶었던 영국은 프랑스와 함께 2차 아편 전쟁을 일으키기도 했죠. 아편 전쟁은 청나라를 비롯한 아시아 대륙이 서양 세력의 침략을 본격적으로 받게 되는 사건으로 동양과 서양의 관계에 큰 변화를 가져왔어요.

동인도 회사

동인도 회사는 유럽의 여러 나라들이 인도, 동남아시아와 무역하기 위해 만든 회사들을 말해요. 그중에서 가장 유명한 회사로는 영국 동인도 회사와 네덜란드 동인도 화사가 있답니다. 당시 아시아 지역에서 나는 향신료, 비단, 차, 도자기 같은 물건을 사 유럽에서 비싸게 팔면 큰 돈을 벌 수 있었어요. 때문에 여러 상인들이 힘을 모아 회사를 만들어 무역을 하게 됐죠.

동인도 회사는 자기 배를 보호하고 아시아 땅을 자치하기 위한 군대를 갖고 있었어요. 특히 영국 동인도 회사는 인도 지역에서 세금을 거두고 법을 만들 정도로 강력한 힘을 가졌죠. 세계 최초의 주식회사이기도 한 네덜란드 동인도 회사는 엄청난 양의 향신료를 독점해 큰 부를 쌓기도 했어요. 이러한 회사들은 서양이 아시아 지역에 진출하고 식민지를 만드는 데 중요한 역할을 했어요. 하지만 그 과정에서 아시아의 많은 나라와 사람들에게 고통을 줬어요.

옥쌤의 시사 상식

서인도 회사란?

서인도 회사는 바다 너머에 있는 나라들과 무역하기 위해 유럽에서 만든 회사들을 말해요. 동인도 회사가 인도와 동남아시아를 비롯한 동쪽에 집중했다면, 서인도 회사는 아메리카 대륙 근처, 특히 카리브해에 있는 섬들과 무역했어요. 서인도 회사는 국가로부터 특별한 허락을 받아 서인도 제도(카리브해 섬들)에서 설탕을 생산해 유럽에 팔았죠. 사탕수수 농장에서 일할 사람들을 아프리카 서해안에서 잡아 오는 노예 무역도 했어요. 아메리카 대륙의 땅을 차지해 식민지로 만드는 일도 했답니다. 하지만 경쟁이 너무 심해진 데다가 유럽에서 노예 제도가 폐지되면서 18세기 후반에는 국영 회사로 바뀌거나 없어졌어요.

수에즈 운하 사건

이집트에는 수에즈 운하라는 아주 중요한 물길이 있어요. 이 운하는 지중해 바다와 홍해 바다를 이어 주는 길로, 이 길이 있으면 유럽에서 아시아로 갈 때 아프리카 대륙을 돌아가지 않아도 됐죠. 그래서 수에즈 운하는 이집트에 있었지만 오랫동안 영국과 프랑스가 사용했어요. 그런데 1956년 이집트의 대통령이 된 나세르가 수에즈 운하를 이집트가 직접 관리하겠다고 선언했어요. 수에즈 운하를 국유화하려고 한 거죠. 그러자 자신들의 이익이 줄어들 것을 걱정한 영국과 프랑스는 이스라엘과 손을 잡고 이집트를 공격했어요. 이를 미국, 소련 같은 다른 강대국들이 나서 전쟁이 일어나는 것을 막았죠. 결국 전쟁은 멈췄고, 이스라엘도 군대를 물릴 수밖에 없었어요. 이 일로 이집트는 수에즈 운하를 국유화하는 데 성공했고, 아랍 국가들의 민족주의 자부심이 높아졌어요. 이 사건은 서유럽 제국주의가 몰락하고 있음을 말해 주는 사건으로 평가받기도 해요.

운하

운하는 배가 다닐 수 있도록 땅을 파서 인공적으로 만든 물길을 말해요. 운하를 만든 가장 큰 이유는 물건을 운반하는 데 필요한 시간과 비용을 줄이기 위해서예요. 운하를 통해 바닷길을 짧게 가로지르면 배들은 더 빠르게 도착하고, 기름값도 아낄 수 있어요. 대표적인 운하로 대서양과 태평양을 연결하는 파나마 운하, 지중해와 홍해를 연결하는 수에즈 운하가 있어요. 운하가 만들어지면 물건을 나르는 것이 쉬워져서 무역이 활발해지고, 운하 주변의 도시도 발전하죠. 하지만 운하를 만들고 관리하는 데는 많은 돈과 기술이 필요해요. 때로는 환경에 문제를 발생시킬 수도 있답니다.

통상 정책과 관련된 두 인물

통상 정책은 경제뿐만 아니라 나라 사이의 관계에도 영향을 줘요. 무역으로 이익을 보면 사이가 좋아지지만 불공평하다고 느끼면 갈등이 생기기도 해요. 그래서 우리나라에 가장 유리한 정책을 잘 따져서 결정해야 해요.

통상 정책

통상 정책은 무역을 어떻게 할지 정하는 모든 규칙과 전략을 말해요. 무역은 단순히 물건을 사고파는 것 이상으로 복잡해요. 정부는 자기 나라의 이익을 지키고, 기업들이 안정적일 수 있도록 여러 가지 정책들을 만들죠. 무역할 때 상대 나라와 어떤 조건을 중심으로 교류할지, 세금을 얼마나 매길지, 무역 방식은 어떻게 할지 등이 모두 포함돼요. 자기 나라의 산업을 보호하고 싶을 땐 세금을 올리거나 특정 품목의 수입을 제한하는 보호 무역 정책을 쓰고, 반대로 세계 시장과 자유롭게 거래하려면 자유 무역 정책을 선택해요.

통상 정책은 정치와 경제 상황에 따라 달라져요. 최근에 기후 문제, 인권 문제, 인공 지능(AI) 기술 발달과 같은 새로운 일들이 통상 정책에 많은 영향을 미치고 있어요. 이처럼 통상 정책은 경제 문제를 넘어서 외교와 안보, 환경까지 연결되는 복합적인 분야로 커지고 있답니다.

데이비드 리카도

데이비드 리카도는 영국의 유명한 경제학자예요. 어린 시절부터 수학과 논리에 강했던 리카도는 증권업을 하는 아버지를 도우며 돈과 시장의 흐름을 익혔어요. 그 후 증권 시장에서 큰 성공을 거두며 경제적 여유를 가졌죠. 그는 젊은 시절에 애덤 스미스의《국부론》을 읽고 경제학에 깊이 빠져들었어요. 이를 바탕으로 '비교우위 이론'을 내세우기도 했죠. 이 이론은 단순히 어떤 나라가 생산과 무역을 더 잘하는지를 따지는 게 중요하지 않아요. 각 나라가 상대적으로 더 나은 분야에 집중하면 모두가 이익을 얻는다고 생각했거든요. 예를 들어 한 나라가 와인 생산과 쌀 생산을 모두 잘하더라도, 와인을 더 잘 생산하면 와인에 집중하고 쌀은 다른 나라로부터 수입하는 게 더 나을 수 있다는 거예요. 리카도의 이론은 자유 무역을 지지하는 근거로 사용되곤 해요. 그의 사상은 오늘날 세계 무역 기구(WTO)의 자유 무역 원칙에 이론을 제공했고, 지금까지도 큰 영향을 주고 있어요.

프리드리히 리스트

프리드리히 리스트는 독일의 유명한 경제학자예요. 그는 독일에서 젊은 교수로 활동했지만 자유로운 정치 발언 때문에 독일에서 추방돼 미국으로 가게 됐어요. 리스트는 미국의 급격한 산업 성장을 보면서 강력한 무역 보호 정책이 어떻게 국가 경제를 키울 수 있는지 확인했죠. 그 결과 개인 중심의 이익보다 '국민 경제'라는 개념을 중요하게 생각하게 됐어요. 각 나라의 경제 발전 단계가 달라서 자유 무역이 항상 옳지는 않다는 거예요. 그는 자유 무역이 특정 국가에 큰 이익을 준다고 생각했거든요. 당시 산업 혁명을 한 영국은 세계 경제를 이끌었어요. 그런데 리스트는 영국과 같은 나라가 자유 무역을 강조하면 다른 나라들이 올바르게 산업 성장을 할 수 없다고 여겼어요. 그는 짧은 시간이라도 각 나라의 산업을 보호하는 것이 필요하며, 충분한 경쟁력이 쌓인 뒤 자유 무역을 시도해 볼 수 있다고 했어요. 보호 무역의 강점을 강조한 그의 생각은 개발 도상국의 통상 정책에 큰 영향을 미쳤어요.

World ne
Lorem ipsum dolor sit amet, consectetuer adipiscing elit, sed diam nonummy
ad minim veniam, quis nostrud exerci tation ullamcor
Breaking
ws!!
Vintage
daily news
est. 1924
Lorem ipsum dolor sit amet, consectetuer adipiscing elit, sed diam nonummy nibh euismod tincidunt ut laoreet dolore magna aliquam erat volutpat. Ut wisi enim ad minim veniam, quis nostrud exerci tation ullamcorper suscipit lobortis nisl ut aliquip ex ea commodo consequat.

아울일보

20XX년 X월 XX일 X요일

PART 4

문화와 예술은 우리에게 어떤 힘이 될까?

문화 | 예술과 스포츠 | 미디어

문화는 사람들이 생활하며 경험하는 다양한 활동을 말해요.
주변에 어떤 문화가 있는지 찾아보고
내게 무슨 영향을 주는지 알아봐요.

1장 문화

문화 | 문화 충돌 | 현대 문화 | 디지털 문화 | 문화 산업
국가유산 | 전통문화 | 케이팝과 관련된 두 인물

키워드	교과 과정	
문화	초등 사회 6-2 중학 사회 1 고등 통합 사회 1	1. 세계 여러 나라의 자연과 문화 8. 다양한 문화의 이해 4. 문화와 다양성
국가유산	초등 사회 4-1 중학 사회 2 고등 통합 사회 1	2. 우리 지역의 국가유산 11. 세계 속 우리나라 4. 문화와 다양성

문화

사람들이 함께 살면서 자신들만의 편하고 좋은 방법, 특별한 방식을 만들어 냈어요. 그게 바로 문화예요.
우리가 살아가는 방법이자 우리를 다른 사람과 구분할 수 있게 만드는 문화에 대해 알아볼까요?

문화란?

문화는 사람들이 오랜 시간에 걸쳐 만들어 온 삶의 방식을 말해요. 언어, 종교, 예술, 의식주, 축제, 예절, 교육 방식 등이 모두 문화예요. 즉 우리가 살아가면서 배우는 모든 부분이 문화와 관련돼 있는 거죠. 문화는 사람들이 서로 대화하고 도울 수 있게 해요. 또 문화는 세대를 거쳐 이어 내려오고 새로운 시대의 흐름에 맞춰 변화하거나 새롭게 만들어지기도 하죠. 때문에 한 사회 안에는 다양한 문화가 존재해요. 그래서 서로의 문화를 이해하면 친하게 지낼 수 있지만 이해하지 못하면 갈등이 생기거나 충돌이 일어나기도 해요. 문화를 올바르게 이해하는 것은 개인과 사회가 더 나은 방향으로 나아가는 데 중요한 역할을 한답니다.

대중문화

대중은 수많은 보통 사람을 말해요. 즉 대중문화는 많은 사람이 쉽게 접하고 즐길 수 있는 문화예요. 대중문화는 텔레비전이나 영화, 신문, 음악, 게임, 패션 등 다양한 대중 매체의 발달과 함께 성장했어요. 예전에는 신문, 라디오, 텔레비전 등을 통해 대중문화를 접했지만 요즘은 인터넷, 스마트폰, 사회 관계망 서비스(SNS) 등으로 더 다양한 대중문화를 즐길 수 있어요. 특히 우리나라의 음악, 드라마, 웹툰, 영화 같은 대중문화는 전 세계에서 인기를 얻고 있답니다.

고급문화

사람들은 문화에도 수준 차이가 있다고 생각하기도 해요. 수준 높은 문화가 있으면 수준 낮은 문화도 있다는 거예요. 이때 수준 높은 문화를 고급문화라고 해요. 고급문화는 여러 사람이 즐기는 대중문화와 달리 일부 사람들이 즐기는 문화라고 생각해 왔어요. 예를 들어 연극이나 발레 공연을 보거나, 미술관에서 미술을 감상하는 것 등이 있죠. 하지만 경제가 안정되고 기술이 발달한 오늘날에는 텔레비전이나 인터넷을 통해서 공연이나 전시를 관람할 수 있게 됐어요. 그 결과 대중문화와 고급문화의 경계가 점점 사라지고 있어요.

옥쌤의 시사 상식

의식주 문화란?

사람이 살아가면서 꼭 필요한 세 가지가 있어요. 옷(의), 음식(식), 집(주)이에요. 이러한 의식주와 관련된 문화를 의식주 문화라고 해요. 사람들이 사는 지역이나 환경에 따라 의식주 문화는 다양하게 만들어져요. 또 시대에 따라 달라지기도 하죠. 예를 들어 옛날에 우리나라 사람들은 한복을 입고 한식을 먹으며 한옥에 살았어요. 그런데 지금은 다양한 옷을 입고 외국에서 만들어진 음식을 먹으며 높은 아파트나 주택에 살고 있죠. 이러한 의식주 문화는 그 시대를 살았던 사람들이 어떻게 살았는지를 보여 줘요. 의식주 문화를 알면 과거의 역사를 알기도 하고, 다른 나라의 문화를 이해할 수 있답니다.

문화 충돌

세상에는 다양한 문화가 있다고 했죠? 그런데 서로 다른 문화가 만나면 오해나 갈등이 발생할 수 있어요. 이를 문화 충돌이라고 해요. 문화 충돌을 해결하기 위해서는 서로를 잘 이해할 필요가 있답니다.

문화 다양성

세상에는 수많은 나라와 민족이 있어요. 그 사람들이 살아가는 지역에 따라 언어나 식습관, 전통, 생활 양식 등 다양한 문화가 발전하죠. 이처럼 **한 사회 안에 다양한 민족, 종교, 언어를 가진 사람들이 함께 살아가는 것을 문화 다양성**이라고 해요. 어떤 옷을 입고, 어떤 음식을 먹는지, 어떻게 인사를 하는지 등이 모두 포함돼요.

다문화 사회가 늘어나면서 문화 다양성의 중요성은 점점 커지고 있어요. 국제 연합 교육 과학 문화 기구(UNESCO)는 모든 문화가 평등하게 대우받아야 함을 강조하고 있죠. 그러나 문화 간의 편견과 차별 등으로 인해 갈등이 발생하고 있어요. 이를 해결하기 위해선 다른 사람을 더 잘 이해하려는 노력과 교육이 필요해요.

문화 충격

문화 충격은 익숙하지 않은 문화 환경을 만났을 때 경험하는 혼란과 스트레스를 말해요. 낯선 언어나 식사 방식, 사회 가치관 등이 주된 원인이 돼요. 문화 충격은 유학이나 외국 근무, 이민, 국제결혼 등의 상황에서 자주 발생해요. 처음에는 불안, 우울 등의 부정적인 감정을 겪지만 점차 그 문화에 적응하며 익숙해지게 돼요. 즉 문화 충격을 올바르게 극복하기 위해서는 열린 마음으로 그 문화를 바라보려는 노력이 필요하답니다. 또 그 나라의 언어를 빠르게 배우거나 그 지역에서 오랫동안 살아온 사람과 이야기 나누며 문화 충격을 해결할 수 있어요.

문화 상대주의

문화 상대주의는 다양한 문화를 이해하고 인정하는 태도를 말해요. 다른 문화를 자기 나라 문화를 기준으로 판단하지 않고 그 문화의 입장에서 바라보는 거예요. 예를 들어 어떤 나라는 맨손으로 밥을 먹고, 어떤 나라는 신발을 신고 방에 들어가기도 해요. 우리에겐 낯설지만 그런 모습을 이상하게 보지 않고 그 지역의 문화로 이해하는 거예요. 즉 그 문화가 가진 특별함을 이해하고 받아들이는 것이랍니다. 문화 상대주의는 상대에 대한 편견을 줄이고, 평화롭게 살아가는 데 큰 도움이 돼요.

문화 절대주의

문화 절대주의는 문화 상대주의의 반대 개념으로, 자기 문화만이 옳고 우월하다고 여기는 태도를 말해요. 다른 문화를 존중하지 않고 뒤떨어진 것으로 여기는 거죠. 과거 제국주의 국가들이 식민지 지배를 하면서 현지 문화를 야만적이라고 생각한 것이나 특정 교리만이 절대적이라고 여겼어요. 이처럼 다른 문화나 종교를 억압하는 것 모두 문화 절대주의에 해당해요.

종교 갈등

하나 더 알아보기

종교는 사람들에게 정신적으로 큰 위안을 주지만 때로는 갈등을 만들기도 해요. 이를 종교 갈등이라고 말해요. **종교 갈등은 자신이 믿는 종교 외의 다른 종교를 인정하지 않는 태도에서 일어나요.** 단순히 정신적 갈등에 그치지 않고 정치나 경제와 얽혀 다툼이나 테러, 전쟁 같은 심각한 물리적 갈등으로 이어지기도 하죠. 대표적인 예로 인도와 파키스탄의 힌두교-이슬람교 갈등, 이스라엘과 팔레스타인의 분쟁 등이 있어요. 이런 갈등을 줄이려면 서로의 종교를 이해하고 존중하는 자세가 필요하답니다.

현대 문화

현대 문화는 지금 우리가 살고 있는 시대에 만들어지고 유행하는 모든 것을 말해요. 인터넷, 스마트폰처럼 새로운 기술이 생기면서 음악, 영화, 게임, 유행어 등 다양한 모습으로 빠르게 변하고 발전하고 있어요.

한류

한류는 우리나라의 대중문화가 해외에서 큰 인기를 얻는 현상을 말해요. 드라마, 음악, 영화, 웹툰, 음식 등 다양한 분야에서 한국의 문화가 전 세계로 퍼져나간다고 해서 '한류'라는 이름이 붙었어요. 한류는 1990년대 후반 중국이나 대만, 홍콩, 마카오와 같은 중화권에서 한국 드라마와 아이돌 그룹이 인기를 얻기 시작하면서 만들어진 말이에요. 그 후 2000년대 초반 일본에서 한국 드라마가 인기를 얻으면서 한류가 새롭게 주목받기 시작했죠.

2010년대에 이르러 유튜브, 사회 관계망 서비스(SNS) 등이 확산되면서 한류가 전 세계적으로 주목받게 됐답니다. 이러한 한류 덕분에 많은 외국인이 한국어를 배우고, 한국 음식이나 전통문화에도 관심을 가지게 됐어요. 이처럼 한류는 우리나라의 문화를 세계에 알리는 중요한 다리 역할을 하고 있어요.

팬덤

팬덤은 특정 인물, 그룹, 작품을 아주 좋아해서 응원하고 사랑하는 팬들의 큰 모임을 말해요. 특정 분야를 좋아하는 사람을 말하는 '팬(fan)'과 왕국을 뜻하는 '덤(dom)'이 합쳐진 말이죠. 팬덤에 속한 사람들은 자신이 좋아하는 대상을 위해 아낌없이 응원하고, 관련된 정보를 모으는 등 다양한 활동을 해요. 또 팬덤은 인터넷이나 사회 관계망 서비스(SNS)를 통해 다른 팬들과 소통하며 정보를 나누고 함께 응원하죠. 특히 좋아하는 대상을 더욱 유명하게 만들고 큰 성공을 거두도록 도와요. 하지만 때로는 다른 팬들과의 갈등이나 사생활 침해 같은 문제가 발생하기도 한답니다.

인플루언서

인플루언서는 인터넷이나 온라인에서 다른 사람들에게 큰 영향을 미치는 사람을 말해요. 주로 유튜브, 인스타그램, 틱톡 같은 사회 관계망 서비스(SNS)에서 활동하면서 자기 생각이나 일상, 취향 등을 글과 이미지로 올려요. 사람들은 인플루언서가 소개하는 옷, 음식, 여행지 등을 보고 따라 사거나 경험해 보려 해요.

인플루언서는 연예인처럼 유명한 사람일 수도 있고, 평범한 사람이지만 특정 주제에 대해 전문적이거나 매력적인 콘텐츠를 꾸준히 올리는 사람일 수도 있어요. 그들은 주로 사람들과 소통하고 공감하며 신뢰를 쌓아 나가요. 이러한 이유로 기업들은 인플루언서와 협력해 제품을 홍보하기도 해요.

인터넷 밈

인터넷 밈은 인터넷과 사회 관계망 서비스(SNS)에서 유행하는 재미있는 사진, 영상, 글, 짧은 문구를 말해요. 인터넷 밈을 본 사람들이 내용을 똑같이 따라 하거나 조금씩 바꿔 퍼뜨리면서 순식간에 퍼져나가는 게 특징이에요. 인터넷 밈은 보통 짧고 강렬한 이미지를 보여 줘요. 이를 통해 공감대를 만들죠. 사람들은 인터넷 밈을 공유하고 따라 하면서 자신들만의 방식으로 변화시켜 사용하기도 해요. 예를 들어 유명한 사진에 다양한 글을 붙여서 새로운 인터넷 밈을 만드는 거예요. 인터넷 밈은 현대 사회에서 사람들이 소통하고 문화를 즐기는 새로운 방식이 됐어요. 하지만 특정 인물이나 집단을 무시하는 데 사용되거나 잘못된 정보를 퍼뜨리는 도구로도 활용될 수 있답니다.

디지털 문화

디지털 문화는 디지털 기술이 발전하면서 생긴 새로운 형태의 문화 현상이에요. 디지털 기술이 발전할수록 디지털 문화는 사회, 경제적으로 큰 영향을 미치게 돼요.

메타버스

메타버스는 '초월(meta)'과 '우주(universe)'가 합해진 말로 현실 세계를 넘어선 가상 세계를 말해요. 이 세계에서 우리는 아바타를 만들어 다른 사람과 대화하고, 물건을 사고파는 등 다양한 일을 할 수 있어요. 대표적인 메타버스로 로블록스, 제페토, 포트나이트 등이 있죠.

우리나라는 코로나19 이후 메타버스에 관한 관심이 늘어났어요. 메타버스는 주로 게임과 관련돼 있지만 시간이 지날수록 교육이나 회의, 공연 등 다양한 분야에서 활용될 거예요. 실제로 기업 회의나 학교 수업, 콘서트와 같은 활동이 메타버스 안에서 이뤄지고 있고, 최근에는 적극적으로 메타버스와 관련한 기술을 발전시키고 있어요. 디지털 기술이 발전할수록 메타버스는 우리 삶에 더 큰 영향을 미칠 거예요. 하지만 메타버스는 개인정보 보호나 사이버 중독, 가상 폭력 등 다양한 문제가 일어날 수 있어요. 때문에 메타버스가 잘 성장하기 위해서는 이러한 문제를 해결하도록 노력해야 해요.

증강 현실과 가상 현실

증강 현실(AR)과 가상 현실(VR)은 디지털 기술이 발전하면서 생긴 것으로 가짜 세상을 보여 주는 기술이에요. 두 기술 모두 디지털 문화의 중요 요소로 교육이나 예술, 게임, 산업 등 다양한 분야에서 활용돼요.

증강 현실은 현실 세계에 컴퓨터 그래픽을 더해서 새로운 것을 보여 주는 거예요. 스마트폰 화면으로 책상 위를 비추면 귀여운 공룡이 책상 위를 걸어 다니는 거죠. 책상은 진짜지만, 공룡은 실제로 존재하지 않아요. 최근 산업 현장에서 증강 현실을 활용하는 경우가 늘어났어요. 일하는 사람에게 가상의 설명서를 띄우거나 전문가로부터 가상의 지시 사항이 내려오기도 한답니다.

가상 현실은 완전히 다른 세계를 체험하게 하는 기술을 말해요. 가상 현실을 볼 수 있는 기기를 쓰면 우주에 떠 있거나 바닷속에 있는 느낌을 받을 수 있어요. 주변을 둘러보면 진짜라고 생각할 수 있지만 모두 디지털로 만든 가짜 세상이에요. 이러한 가상 현실은 박물관 관람이나 게임 체험, 직업 체험 등에 주로 사용해요.

증강 현실과 가상 현실은 디지털 기술이 발전할수록 더욱 다양한 분야에 활용될 거예요. 그러나 기계의 금액이 비싼 데다가 오랜 시간 사용하면 눈에 피로감이 오고 어지럼증 같은 문제가 생길 수도 있어요.

디지털 노마드

하나 더 알아보기

디지털 노마드는 인터넷과 디지털 기기를 이용해 장소에 상관없이 일하는 사람을 말해요. 노트북, 스마트폰만 있으면 카페나 회사, 바닷가, 산속, 외국 도시 등 어디서든지 일할 수 있죠. 보통 회사처럼 일하는 시간이 정해져 있지 않고, 자신이 일하고 싶을 때 일한다는 특징이 있어요. 디지털 노마드는 직장에 출근하지 않고도 자유롭게 일을 할 수 있어서 코로나19 이후 사람들의 주목을 받았답니다. 하지만 일하는 시간을 스스로 관리해야 하고, 안정적으로 돈을 벌지 못할 수도 있다는 단점이 있어요.

온라인 커뮤니티

온라인 커뮤니티는 인터넷을 통해 사람끼리 모여 대화하고 정보를 나누는 온라인 공간을 말해요. 인터넷 카페, 동호회 게시판, 특정 주제를 다루는 온라인 사이트, 사회 관계망 서비스(SNS) 등이 모두 온라인 커뮤니티에 속해요. 디지털 기술이 발전하면서 온라인 커뮤니티는 사회에 많은 영향을 미치고 있어요.

온라인 커뮤니티에는 비슷한 관심사를 가진 사람들이 쉽고 빠르게 정보를 나눌 수 있어요. 멀리 떨어져 있는 사람들도 인터넷만 연결되면 한곳에 모여 이야기를 나눌 수 있죠. 예를 들어 게임을 좋아하는 사람들은 게임 커뮤니티에서 새로운 전략이나 아이템 정보를 나눠요. 맛집에 관심 있는 사람들은 맛집 커뮤니티에서 괜찮은 식당과 관련된 정보를 나누고요. 이처럼 사람들은 자신에게 필요한 정보를 빠르게 얻을 수 있어요.

또 얼굴을 보지 않고 익명으로 활동할 수 있어서 평소 말하기 어려웠던 고민을 털어놓거나 다양한 의견을 자유롭게 표현하기도 해요. 특히 청소년들에게 온라인 커뮤니티는 의견을 마음껏 표현할 수 있는 만큼 또 다른 사회로 여겨지기도 하죠. 하지만 이름을 밝히지 않고 활동한다는 이유로 다른 사람에게 비속어를 쓰거나, 거짓 정보를 퍼뜨리기도 해요. 이런 것을 '악성 댓글' 또는 '사이버 폭력'이라고도 불러요. 하지만 온라인 커뮤니티를 이용할 때는 다른 사람을 존중하는 태도가 필요해요. 또 사실이 아닌 정보는 퍼뜨리지 않아야 한답니다.

디지털 휴먼

텔레비전이나 유튜브에 종종 사람처럼 생겼는데 사실은 진짜 사람이 아닌 사람이 나오곤 해요. 그런 사람들을 디지털 휴먼이라고 불러요. 디지털 휴먼은 컴퓨터 기술과 인공 지능(AI)을 사용해 진짜 사람처럼 움직일 수 있게 만든 가상의 사람이에요. 버추얼 휴먼 또는 인공 지능 휴먼이라고도 하죠.

디지털 휴먼은 아이돌이나 모델, 기자, 유튜브 크리에이터 등 다양한 일을 할 수 있어요. 공간과 시간의 제약이 없기 때문에 인터넷만 된다면 언제든지 활동할 수 있죠. 또 원하는 대로 외모를 바꾸거나 여러 가지 캐릭터로 활동할 수 있어 활용도가 높답니다. 그래서 기업이나 방송국에서 인기가 많아요.

옥쌤의 시사 상식

우리나라 최초의 사이버 가수

혹시 '아담'이라는 사이버 가수를 들어본 적 있나요? 아담은 1998년 우리나라에서 최초로 만들어진 사이버 가수예요. 사이버 가수는 사이버 공간을 기반으로 활동하는 가수 캐릭터로 오늘날 버추얼 아이돌과 비슷해요. 컴퓨터 그래픽으로 만들어진 가상의 인물인데 노래를 부를 뿐만 아니라 뮤직 비디오나 음료수 광고에 나오기도 했어요. 디지털 휴먼이 대중화된 지금은 아담이 특별하다고 생각하지 않을 수도 있어요. 하지만 당시에는 지금처럼 컴퓨터 기술이 발달하지 않았어요. 아담을 만들고 움직이게 하기 위해선 정말 많은 기술과 노력이 필요했죠. 아담은 미래 기술이 어떻게 발전할지 보여 준 청사진이라고 할 수 있답니다.

문화 산업

문화 산업은 음악이나 영화, 방송, 출판, 게임, 패션 등 다양한 분야를 포함해요. 문화는 단순한 취미가 아닌 여러 일자리와 수익을 만들어 내며 국가 경제에도 많은 영향을 미치고 있어요.

문화 콘텐츠

문화 콘텐츠는 인간의 상상력과 창의력을 바탕으로 만들어진 이야기, 이미지, 음악, 영상 등의 콘텐츠를 말해요. 영화, 드라마, 애니메이션, 웹툰, 게임, 공연 등에서 다양한 방식으로 표현돼요. 문화 콘텐츠는 단순한 정보가 아닌 사람들에게 감동이나 재미, 지식 등을 전해 주죠. 디지털 기술의 발달로 다양해진 문화 콘텐츠는 전 세계로 퍼지기 시작했어요. 예를 들어 우리나라의 음악, 드라마, 웹툰, 게임 등 여러 콘텐츠가 전 세계적으로 인기를 끌고 있죠. 덕분에 우리나라의 전통이나 문화를 널리 알릴 수 있게 됐답니다.

문화 콘텐츠는 전문가가 아니어도 만들 수 있어요. 인터넷과 스마트폰 같은 디지털 기기만 있으면 쉽게 만들고 즐길 수 있거든요. 연예인이나 인플루언서가 아니더라도 직접 그림을 그리거나 영상을 만들어 인터넷에 올릴 수 있어요. 하지만 문화 콘텐츠를 만들 때는 반드시 다른 사람의 문화나 감정을 이해하고 존중해야 해요. 또 콘텐츠를 만든 사람의 권리를 지켜 줘야 한답니다.

지식 재산권과 저작권

지식 재산권은 창의적인 활동에서 나온 결과물을 법으로 보호하는 권리를 말해요. 창작자와 발명가의 권리를 지켜 창의 활동을 돕죠. 과거에는 '지적 재산권' 또는 '지적 소유권'이라고 불리기도 했어요. 지식 재산권은 창작자나 발명가의 권리를 보호해 창의적 활동이 이뤄질 수 있도록 도와줘요. 지식 재산권은 산업 재산권, 신지식 재산권, 저작권으로 나뉘는데 산업 재산권은 새로운 기술, 상표, 디자인 등을 보호하는 내용이 담겨 있어요. 신지식 재산권은 반도체 기술이나 생명 공학 기술, 로봇 기술 같은 첨단 기술을 보호하려고 만들어졌어요. 마지막으로 저작권은 일반 사람들에게 아주 중요한 권리예요.

저작권은 창작자가 자신이 만든 작품에 대해 가지는 권리를 말해요. 만약 누군가가 다른 사람의 글을 몰래 써서 이익을 봤다면 저작권을 침해했다고 해서 벌을 받게 돼요. 디지털 시대엔 콘텐츠 복제가 쉬워진 만큼 지식 재산권 교육과 법적 보호가 더 중요해졌어요. 창작자의 권리가 잘 지켜져야 문화 산업도 성장할 수 있답니다.

지식 재산권						
산업 재산권				신지식 재산권		저작권
특허	실용실안	디자인	상표	기술	영업비밀	영상, 음악, 각본 등 창작물

옥쌤의 시사 상식

디즈니의 저작권 보호

혹시 '무인도에 표류하면 미키마우스를 그려라.'라는 말을 들어본 적이 있나요? 그건 디즈니가 자신들의 캐릭터를 강력하게 보호하는 것에 빗대어 말한 유머예요. 디즈니는 자신들이 만든 캐릭터나 영화, 음악에 대한 저작권을 아주 중요하게 여기는 회사로 유명하거든요. 그래서 다른 사람들은 디즈니의 허락 없이 디즈니 캐릭터를 사용할 수 없어요. 이러한 방침 덕분에 디즈니의 캐릭터들은 오랫동안 사랑받을 수 있는 거랍니다.

퍼블리시티권

퍼블리시티권은 유명한 사람들의 이름이나 얼굴, 목소리, 사인 등이 가지는 재산적 가치를 보호하는 권리를 말해요. 만약 어떤 회사나 개인이 유명인의 허락 없이 그 사람의 이름이나 얼굴, 목소리 등을 사용해 돈을 번다면 퍼블리시티권을 침해한 거랍니다.

그런데 이 권리는 초상권과는 조금 차이가 있어요. 퍼블리시티권이 개인의 경제적인 가치를 보호하는 거라면 초상권은 남이 함부로 내 사진을 찍어 인터넷 등에 올릴 수 없도록 내 인격과 사생활을 보호하는 거예요. 또 퍼블리시티권이 유명인에게 주로 적용되는 거라면 초상권은 모든 사람이 보호받을 권리랍니다. 오늘날 디지털 기술이 발전하면서 퍼블리시티권의 중요성이 점점 커지고 있어요. 하지만 퍼블리티시권의 범위가 헷갈릴 수 있는데다가 아직 정확한 법안이 많지 않아 앞으로도 많은 논의가 필요해요.

상표권

하나 더 알아보기

상표권은 상표를 보호하는 권리를 말해요. 상표는 어떤 회사나 사람이 만든 물건을 다른 회사나 사람이 만든 것과 헷갈리지 않게 구별해 주는 표시랍니다. 과자를 살 때 과자 봉지에 있는 이름이나 그림, 로고가 바로 상표예요. 만약 상표가 없거나 여러 개의 회사가 같은 상표를 쓴다면 내가 어떤 과자를 사려고 했는지 알 수 없어요. 또 상표권이 없다면 다른 회사가 유명한 상표를 베껴서 자기 물건을 팔려고 할 수 있죠. 그런데 상표권은 자동으로 생겨나는 게 아니에요. '특허청'에 등록을 해야 상표권이 생기거든요. 저작권과 달리 상표는 등록을 해야 법적으로 보호받을 수 있어요.

K 콘텐츠

K 콘텐츠는 우리나라에서 만들어진 다양한 문화 콘텐츠를 말해요. 처음에는 케이팝이나 K-드라마처럼 주로 음악이나 드라마를 의미했지만 지금은 영화나 웹툰, 웹소설, 게임, 한식, 뷰티, 패션 등 우리나라의 모든 문화 창작물을 포함하는 개념이 됐어요. K 콘텐츠는 한류로 드라마와 음악이 인기를 얻으면서 알려지기 시작했어요. 그리고 2010년대 이후 싸이의 '강남스타일'이 유튜브에서 폭발적인 인기를 얻은 것을 시작으로 아이돌 그룹 방탄소년단(BTS)와 블랙핑크, 영화 〈기생충〉, 드라마 〈오징어 게임〉 등이 세계적으로 성공하면서 K 콘텐츠는 하나의 유명 브랜드가 됐어요.

그 인기의 배경에는 전통 이야기에서 아이디어를 얻은 콘텐츠, 뛰어난 기획력과 디지털 기술, 팬덤 문화 그리고 정부의 지원 덕분이에요. K 콘텐츠는 이제 세계인의 관심을 받으며 한국 문화를 널리 알리는 역할을 하고 있어요.

온라인 동영상 서비스

온라인 동영상 서비스(OTT)는 인터넷을 통해 방송이나 영상 콘텐츠를 제공하는 서비스를 말해요. 예전에는 텔레비전으로만 콘텐츠를 볼 수 있었지만 오늘날에는 인터넷만 있으면 스마트폰이나 스마트 텔레비전 등 다양한 기기에서 원하는 시간에 원하는 콘텐츠를 볼 수 있어요. 대표적인 온라인 동영상 서비스로는 넷플릭스, 디즈니+, 티빙, 웨이브 등이 있죠. 다양한 콘텐츠를 마음껏 골라 볼 수 있고, 원하는 시간에 볼 수 있어서 많은 사람이 이용하고 있어요. 기업들은 사람들이 온라인 동영상 서비스를 즐길 수 있도록 계속해서 콘텐츠를 만들고 있어요. 때문에 우리나라뿐만 아니라 전 세계적으로 온라인 동영싱 서비스 시장은 빠르게 성장하고 있답니다.

국가유산

국가유산이란 오래전부터 이어져 온 유물이나 유적 중에서 역사적, 예술적, 문화적으로 의미가 있는 것을 말해요. 예전에는 '문화재'라고도 불렸어요. 이는 한 나라의 역사와 문화를 보여 주는 중요한 것으로 미래 세대를 위해서 국가유산을 잘 지키고 전달해야 해요.

문화유산

문화유산은 한 나라의 역사, 전통, 예술, 종교, 생활 방식을 알 수 있는 것을 말해요. 경복궁이나 불국사, 훈민정음, 전통 노래, 전통 춤, 옛날이야기 등이 모두 문화유산에 포함돼요. 이 유산들은 단순히 오래된 것이 아니에요. 문화유산을 통해 그 시대에 살던 사람들의 생각과 삶을 알 수 있거든요. 이처럼 문화유산은 과거에서 현재로, 현재에서 미래로 이어진답니다. 다만 오래전에 만들어진 만큼 훼손되기가 쉬워서 보존과 관리가 필요해요. 문화유산을 잘 관리하고 다음 세대에 물려주는 일은 중요한 일이랍니다.

무형유산

무형유산은 눈에 보이지 않는 문화유산을 말해요. 예를 들어 판소리, 탈춤, 김장 문화, 전통 기술 같은 것이 있어요. 이러한 것들은 건물처럼 남아 있지 않고, 사람들의 말과 행동을 통해 전해져요. 눈에 보이는 게 아니라서 보존이 어려워요. 그래서 누군가가 배우고 가르치기를 반복하면서 계속 이어져야 하죠. 이를 지키기 위해 국가에서는 중요한 무형유산을 국가 무형유산으로 정해 놓고 있어요.

자연유산

자연유산은 오랜 기간 자연이 만든 멋진 풍경이나 특별한 생태계를 말해요. 예를 들어 제주도의 화산 지형, 한라산, 설악산과 같은 곳이 자연유산에 포함돼요. 이곳들은 아름다울 뿐만 아니라 자연적으로 아주 중요한 의미를 가져요. 희귀한 동식물이 살거나 지구의 역사를 보여 주는 단서가 되거든요. 이러한 자연유산은 인간이 만들지 않았기에 보존에 더 신경을 써야 하고 마음대로 해치면 안 돼요. 정부와 국제기구는 자연유산을 보호 구역으로 지정하고, 연구와 교육을 통해 그 가치를 널리 알리고 있어요.

국보와 보물

우리나라에는 소중한 국가유산이 많아요. 그중에도 역사적, 예술적으로 의미가 있는 것을 국보와 보물로 지정했어요. 보물이 아주 중요한 물건이라면 국보는 보물 중에서도 가장 뛰어나고 가치가 높아 우리나라를 대표할 만한 국가유산이라고 할 수 있어요. 우리나라의 국보 1호는 남대문(숭례문)이고, 보물 1호는 동대문(흥인지문)이랍니다. 국보와 보물은 조상들이 남긴 자랑스러운 국가유산으로서 후손들에게 전달해 줄 수 있도록 잘 보호하고 관리하는 것이 중요해요.

전승

하나더알아보기

전승은 문화, 지식, 기술 등을 다음 세대에게 전해 주는 과정을 말해요. 자식에게 전통 음식 만드는 법을 가르치거나 제자에게 옷 만드는 기술 등을 알려 주는 거죠. 무형유산은 전승이 없으면 사라질 위험이 커요. 건물은 다시 만들 수 있지만 사람의 기억과 기술은 전해지지 않으면 잊히기 때문이에요. 그래서 국가나 지역에서는 무형유산 전승자를 찾아서 유산이 이어지도록 지원해요. 학교나 마을 행사에서 전통문화를 체험하는 활동도 전승의 한 방식으로 볼 수 있어요.

전통문화

전통문화는 아주 옛날부터 우리 조상들이 살아오면서 만들고 지켜 온 소중한 삶의 방식을 말해요. 음식, 옷, 집, 놀이, 이야기 등에 우리 조상들의 지혜와 멋이 담겨 있어요.

민속놀이

민속놀이는 우리 조상들이 예전부터 해 왔던 놀이를 말해요. 농사를 지을 때나 명절에 온 가족이 모여 즐겁게 놀았던 것들이 많아요. 이 놀이들은 사람들에게 즐거움을 줄 뿐만 아니라 힘을 모으고 경쟁하게 하면서 지혜와 협동심을 키워 줬어요. 대표적인 민속놀이로는 줄다리기가 있어요. 두 편으로 나뉘어 줄을 당기며 힘을 겨루는 놀이인데, 줄다리기에는 농사가 잘되기를 바라는 마음도 담겨 있어요. 널뛰기는 긴 널빤지를 가운데에 놓고 양쪽에서 번갈아 뛰어오르는 놀이로 여자들이 주로 즐겼어요. 오늘날에는 교육 현장이나 체험 활동, 지역 축제, 관광 프로그램 등에서 민속놀이를 즐길 수 있답니다.

민요와 민담

민요는 우리 조상들이 노래로 부르던 옛 노래를 말해요. 누가 만들었는지 정확히 알 수 없는 것들이 많아요. 지역마다 조금씩 다른 리듬과 이야기가 담겨 있는 게 민요의 특징이에요. 농사를 지으며 힘든 노동을 잊기 위해 부르거나 기쁘고 슬픈 마음을 표현할 때 불렀어요. 정선 아리랑, 강원도 아리랑 같은 아리랑이 민요의 대표적인 예라고 할 수 있어요.

민담은 옛날부터 사람들의 입에서 입으로 전해 내려오는 재미있는 이야기를 말해요. 착한 사람이 복을 받고 나쁜 사람은 벌을 받는 권선징악의 이야기가 많죠. 신기하고 재미있는 동물 이야기, 역사적인 인물을 바탕으로 한 이야기도 있어요. 민담은 교훈을 주거나 사람들의 상상력을 자극하게 만들어요. 이처럼 민요와 민담은 우리 조상들의 생각과 생활을 담고 있어서 우리가 옛 문화를 이해하는 데 도움이 되는 아주 소중한 자료예요.

한복

한복은 우리나라 사람들이 아주 예전부터 입었던 우리나라의 전통 옷을 말해요. 남자와 여자가 입는 한복은 조금 다르지만 대부분 옷의 선이 부드럽고 아름다우며 색깔이 다양하고 화려하다는 공통점이 있어요.

한복은 우리 조상들의 멋과 지혜가 담겨 있는 문화유산이에요. 옷을 만드는 천연 염색 기술이나 활동하기 편하게 만든 디자인 등 많은 과학적인 요소와 예술적인 아름다움이 함께 담겨 있죠. 요즘에도 명절이나 결혼식, 돌잔치 같은 특별한 날에 전통 한복, 생활 한복, 퓨전 한복 등을 입으며 그 아름다움을 이어 가고 있어요.

옥쌤의 시사 상식

백의민족이란?

백의민족은 옛날부터 우리나라 사람들이 흰색 옷을 즐겨 입어서 불리게 된 이름으로 흰옷을 입은 민족이란 뜻이에요. 우리나라 사람들이 흰옷을 많이 입었던 데는 여러 가지 이유가 있다고 해요. 먼저 우리 조상들은 흰색을 순수하고 평화를 상징하는 색으로 생각했어요. 특히 조선 시대에는 예절과 도덕을 중요하게 생각하기 때문에 주로 흰옷을 입었어요. 또 당시에는 염색 기술이 발달하지 않았거나 염색하는 것이 비싸서 자연 그대로의 흰색 천을 많이 사용했다고 해요. 이처럼 백의민족이란 것은 우리 조상들의 단순히 옷차림을 넘어 흰색처럼 깨끗하고 순수한 마음을 가진 우리 민족의 특성을 나타내기도 한답니다.

케이팝과 관련된 두 인물

케이팝

케이팝(K-pop)은 우리나라에서 만들어진 대중음악을 말해요. 대중음악이란 대중문화의 하나로서 많은 사람이 즐길 수 있는 음악이에요. 오늘날 케이팝은 세계 사람들이 함께 즐기는 문화로 자리를 잡았어요. 노래뿐만 아니라 화려한 안무, 의상, 무대 연출, 팬 문화가 어우러진 하나의 종합 콘텐츠가 됐죠.

케이팝 스타들은 유튜브나 인스타그램, 틱톡 같은 사회 관계망 서비스(SNS)를 적극적으로 활용해 전 세계 팬들과 함께 소통하고 있어요. 가사가 한국어여도 해외 팬에게 노래의 감정과 메시지를 전달할 수 있고, 해외 팬들은 한국어 가사를 공부하기까지 해요. 또 팬들은 음악을 듣고, 함께 응원하고, 기부에도 참여하며 케이팝 문화를 만들어 가고 있어요. 이러한 흐름 덕분에 방탄소년단(BTS), 블랙핑크 같은 그룹이 해외 유명 시상식에서 많은 상을 받았답니다.

싸이

케이팝의 시작으로 불리는 싸이는 2001년, '새'라는 노래로 데뷔했어요. 당시 한국 가요계에서 쉽게 볼 수 없던 가사와 독특한 춤으로 사람들에게 많은 관심을 받았죠. 점차 대중성과 음악성을 인정받으며 자신만의 영역을 만들었고, 2012년 발표한 '강남스타일'을 통해 전 세계에 이름을 알리게 됐어요. 이 노래는 강남 문화를 비꼬는 듯하면서도 반복적인 가사, 신나는 리듬, 독특한 말춤이 특징이에요. 유튜브에서 인기를 끌기 시작한 '강남스타일'은 이후 유튜브 역사상 처음으로 조회 수 10억을 달성하며 세계 음악 시장에 위대한 이름을 남겼어요. 싸이는 영어가 아닌 한국어 가사로도 전 세계의 흥미를 끌 수 있음을 증명했죠. 이러한 싸이의 업적은 이후 많은 한국 가수가 해외로 진출하는 데 큰 영향을 미쳤답니다.

방탄소년단

방탄소년단(BTS)는 2013년 데뷔한 7인조 남자 아이돌 그룹이에요. 처음에는 작은 기획사 소속이라 큰 관심을 받지 못했어요. 하지만 이들은 청소년의 고민, 사회 문제 같은 주제를 솔직하게 노래했죠. 멤버들은 직접 곡을 만들고, 팬들과 사회 관계망 서비스(SNS)로 꾸준히 소통했어요. 이러한 노력은 전 세계 청소년의 공감을 얻기 시작했답니다. 이들은 단순히 춤추고 노래하는 아이돌이 아니라 자신만의 목소리로 메시지를 전하는 예술가로 성장했어요. 특히 2018년 국제 연합(UN) 총회에서 '자신을 사랑하자'라는 메시지가 담긴 연설을 하며 많은 사람에게 감동을 줬어요.

방탄소년단의 팬덤 '아미(ARMY)'는 단순한 팬을 넘어서 기부, 캠페인, 사회적 활동까지 함께 하며 철학을 넓혔고, 방탄소년단의 음악과 아미의 행동은 전 세계에 큰 영향을 미쳤어요. 이후 '다이너마이트(Dynamite)', '버터(Butter)' 등 다양한 노래들이 빌보드 차트 1위를 했죠. 빌보드 차트 1위를 한 것은 우리나라 음악 역사상 처음이었답니다.

예술이란 사람에게 감동을 주는 활동을 말하고,
스포츠란 경쟁하며 운동하는 활동을 말해요.
예술과 스포츠에는 무엇이 있는지 알아볼까요?

2장
예술과 스포츠

예술과 스포츠 | 시각 예술 | 공연 예술 | 문화 예술 | 문학
스포츠 문화 | 스포츠 마케팅 | 문화 강국과 두 인물

키워드	교과 과정	
예술과 스포츠	초등 사회 6-1 초등 사회 6-2 중학 사회 1	2. 우리나라의 경제 발전 1. 세계 여러 나라의 자연과 문화 8. 다양한 문화의 이해
문학	중학 사회 1 고등 통합 사회 1	8. 다양한 문화의 이해 2. 인간, 사회, 환경과 행복

예술과 스포츠

사람의 생각과 느낌을 아름답게 표현하고 감동을 주는 활동을 예술이라 하고, 몸을 움직여 규칙에 따라 경쟁하며 즐거움을 얻는 활동을 스포츠라고 해요. 이 둘은 우리에게 즐거움을 주며 삶을 풍요롭게 만들어요.

예술이란?

예술은 사람들이 자기 생각, 감정, 상상력 등을 다양한 방법으로 표현하는 활동을 말해요. 표현하는 방식으로는 그림, 음악, 글, 춤, 조각 등이 있어요. 예술에서는 자유로운 표현이 중요해요. 작가는 정해진 규칙 없이 마음속 이야기를 자유롭게 나타내거나 내가 살고 있는 시대와 문화를 반영하기도 하죠. 미술관의 그림, 길거리의 조각, 영화관의 영화, 라디오에서 흘러나오는 음악, 우리가 읽는 책 속의 이야기 등이 모두 예술의 한 형태예요.

전통 예술과 현대 예술

전통 예술은 아주 오래전부터 내려오는 예술 활동을 말해요. 우리나라의 전통 예술로는 국악, 판소리, 탈춤 등이 있어요. 이런 전통 예술 작품들은 우리 민족의 지혜와 역사를 담고 있고 특별한 아름다움을 갖고 있어요. 전통 예술은 단순히 오래된 게 아니라 오늘날에도 여전히 많은 사람에게 감동과 즐거움을 주며 소중하게 보존되고 발전되고 있답니다.

현대 예술은 현재 우리 주변에서 일어나는 다양한 예술 활동을 말해요. 전통적인 방식이나 재료에 얽매이지 않고 새로운 시도를 하거나 예상하지 못한 방식으로 작품을 만들기도 해요. 현대 예술 작품들은 그림이나 조각뿐만 아니라 디지털 기술을 이용한 미디어 아트, 공간 전체를 활용하는 설치 미술, 몸짓으로 표현하는 퍼포먼스 아트 등 다양한 형태가 있어요.

스포츠란?

스포츠는 몸을 움직여 규칙에 따라 경쟁하는 활동을 말해요. 혼자서 하는 스포츠도 있고, 친구들과 함께 팀을 이루는 스포츠도 있어요. 올림픽에서 선수들이 겨루는 경기부터, 친구들과 학교 운동장에서 하는 축구까지 모두 스포츠에 포함돼요. 스포츠는 스트레스를 풀고 즐거움을 줘요. 좋아하는 스포츠 경기를 보거나 직접 참여하면서 쌓였던 스트레스를 풀고 큰 즐거움을 얻을 수 있어요. 직접 스포츠 활동을 하면 튼튼한 몸을 만들고 질병을 예방할 수 있죠. 또 규칙을 지키는 방법을 배울 수 있고, 협동심을 길러 줘요.

올림픽과 피파 월드컵

올림픽은 4년마다 열리는 지구촌 최대의 스포츠 축제를 말해요. 여름(하계) 올림픽과 겨울(동계) 올림픽으로 나뉘어 번갈아 열려요. 전 세계 수많은 나라의 선수가 육상, 수영, 축구, 스키 등 다양한 종목에서 경기해요.

피파(FIFA) 월드컵은 축구 경기에서 전 세계 최고의 팀을 가리는 대회를 말해요. 이 역시 4년마다 열리며, 전 세계 축구 팬의 뜨거운 관심과 응원을 받으며 진행돼요. 각 대륙을 대표하는 나라들이 모여 치열한 경쟁을 펼치고 우승팀은 '월드컵 챔피언'이라는 영광을 얻게 되죠.

패럴림픽

패럴림픽은 신체적으로 어려움을 겪는 선수들이 참여하는 국제 스포츠 대회를 말해요. 패럴림픽이라는 이름은 '나란히'라는 뜻의 '파라(Para)'와 '올림픽(Olympic)'이 합쳐진 말이에요. 패럴림픽은 올림픽과 마찬가지로 여름과 겨울로 나뉘어 진행돼요. 패럴림픽은 선수들의 도전 정신과 용기 그리고 스포츠를 통해 꿈을 이루는 모습을 보여 주며 많은 사람에게 희망과 감동을 준답니다.

시각 예술

시각 예술이란 눈으로 보고 즐기는 모든 형태의 예술을 말해요. 그림, 조각, 사진, 건축물, 디지털 영상 등이 포함돼요. 시각 예술은 우리에게 다양한 느낌과 메시지를 전달해 줘요.

회화와 조각

회화는 그림을 그리는 예술을 말해요. 연필이나 물감, 붓 등을 사용해 종이, 캔버스, 벽 등에 그림을 그리는 활동이에요. 사람의 모습을 그리는 인물화, 풍경을 그리는 풍경화, 움직이지 않는 물건을 그리는 정물화 등 여러 종류가 있어요. 대표적인 회화 작품으로는 레오나르도 다빈치의 '모나리자', 빈센트 반 고흐의 '별이 빛나는 밤' 등이 있죠.

조각은 흙이나 돌, 나무, 금속 등 다양한 재료를 깎거나 붙이거나 다듬어서 입체적인 모양을 만드는 예술을 말해요. 그림이 종이에 그리는 거라면 조각은 손으로 만질 수 있는 작품을 만드는 거예요. 찰흙으로 여러 모양을 만드는 것과 비슷하죠. 조각으로 사람이나 동물의 모습을 만들기도 하고, 다양한 물건을 만들기도 해요. 길거리나 공원에 세워진 동상 같은 것들이 모두 조각 작품이에요.

디지털 아트

디지털 아트는 컴퓨터, 스마트폰, 태블릿 같은 디지털 기기와 프로그램을 사용해 만드는 모든 예술 작품을 말해요. 그림을 그리거나 조각을 할 때 손으로 직접 도구를 사용하는 것과는 다르게 디지털 아트는 컴퓨터 그래픽이나 코딩 등을 활용해서 만들어요. 오늘날 디지털 아트는 컴퓨터 기술의 발전과 함께 계속해서 새로운 모습으로 변화하고 있어요. 전통적인 예술 방식으로는 표현하기 어려운 다양한 형태와 움직임을 만들 수 있고, 인터넷을 통해 전 세계 사람들에게 보여 줄 수 있답니다.

설치 미술

설치 미술은 특별한 공간에 작품을 설치해 그 공간 자체를 예술 작품으로 만드는 것을 말해요. 미술관이나 공원, 빈 건물, 자연 속 등 다양한 곳에서 만들 수 있죠. 설치 미술은 작가가 원하는 대로 특정 공간을 꾸미거나, 관객이 작품으로 직접 들어가 경험할 수 있게 만들기도 해요. 예를 들면 방을 특별한 주제로 꾸며서 방문하는 사람들에게 어떤 느낌을 주는 거죠.

이처럼 설치 미술은 작품이 놓인 공간과 관객이 그 공간에서 느끼는 경험까지도 포함해요. 단순히 눈으로 작품을 보는 게 아니라 작품 속에서 직접 걸어 다니거나 만져 보면서 작품을 경험할 수 있게 하거든요. 이는 사람들에게 더욱 강력하고 기억에 남는 예술적 경험을 전해 주기 위해서예요.

퓰리처상

하나 더 알아보기

퓰리처상은 언론 보도, 문학, 음악 분야에서 가장 뛰어난 업적을 남긴 사람에게 주는 상을 말해요. 그중 기자들에게 주어지는 상이 가장 유명하고, 그 상은 '기자들의 노벨상'이라고도 불려요. 이러한 퓰리처상은 1917년 미국의 언론인인 조지프 퓰리처에 의해 만들어졌어요. 다양한 부문이 있지만 언론 부문은 언론의 자유를 지키고, 진실을 알리며 사회에 좋은 영향을 미치는 기사를 쓴 기자들에게 주어져요. 예를 들어 어려운 사회 문제를 깊이 파헤쳐서 변화를 끌어낸 기사나, 전쟁이나 재난 현장에서 위험을 무릅쓰고 생생한 사실을 전달한 사진 등을 쓴 기자가 퓰리처상을 받곤 해요.

공연 예술

무대 위에서 배우나 가수들이 직접 몸과 목소리, 표정 등으로 이야기를 들려주거나 감동을 주는 예술을 공연 예술이라고 해요. 공연 예술에는 연극, 뮤지컬, 오페라, 콘서트 등 다양한 종류가 있어요.

연극과 뮤지컬

연극은 배우들이 무대 위에서 대사와 연기로 이야기를 표현하는 공연 예술을 말해요. 관객들은 배우들과 같은 공간에서 숨 쉬며 직접 그들의 연기를 보고 감정을 느낄 수 있어요. 연극은 아주 오래전부터 사람들이 모여 이야기를 나누고 즐기던 방식에서 시작됐다고 해요.

뮤지컬은 연극에 노래와 춤이 더해진 공연 예술을 말해요. 이야기가 대사로만 진행되는 게 아니라 중요한 감정이나 사건을 노래나 춤을 통해 보여 주는 거예요. 뮤지컬은 보통 음악가들이 직접 음악을 연주하거나, 녹음된 음악을 사용해 공연의 분위기를 더욱 멋지게 만들어요. 유명한 뮤지컬로는 '라이언 킹', '레 미제라블', '오페라의 유령', '영웅' 등이 있어요.

오페라

오페라는 노래를 중심으로 이야기가 진행되는 종합 예술을 말해요. 배우들의 대사 대부분이 노래죠. 뮤지컬과 비슷해 보일 수 있지만 뮤지컬보다 더 전통적인 음악을 사용해요. 오페라는 16세기에 이탈리아에서 처음 시작돼 유럽 전체로 퍼졌어요. 유명한 오페라로는 조르주 비제의 '카르멘', 주세페 베르디의 '아이다', 자코모 푸치니의 '투란도트' 등이 있어요. 오페라를 감상할 때는 배우들이 부르는 노래의 아름다움과 그 속에 담긴 감정 그리고 웅장한 음악이 주는 감동을 느끼는 게 중요해요. 보통 무대 양옆이나 위쪽에 가사 자막이 나와서 외국어 노래여도 쉽게 이해할 수 있어요.

오케스트라

오케스트라는 여러 가지 악기들이 한데 모여 음악을 연주하는 대규모 음악 단체로, 관현악단이라고도 말해요. 주로 서양 클래식 음악을 연주하는 악단이죠. 오케스트라는 크게 바이올린, 비올라, 첼로 등의 현악기, 플루트, 오보에, 클라리넷 같은 목관 악기, 트럼펫, 호른, 트럼본 등의 금관 악기, 팀파니, 큰북, 심벌즈와 같은 타악기로 구성돼 있어요. 경우에 따라 피아노와 같은 건반 악기가 추가되기도 해요.

오케스트라의 가장 큰 특징은 지휘자가 있다는 거예요. 수십 명에서 많게는 100명이 넘는 연주자들이 동시에 연주하기 때문에 모든 악기들의 소리를 모으는 역할이 중요하거든요. 대표적인 오케스트라로는 베를린 필하모닉 오케스트라, 빈 필하모닉 오케스트라, 뉴욕 필하모닉 등이 있답니다.

콘서트

콘서트는 음악을 연주하거나 노래하는 공연 예술을 말해요. 미리 녹음된 음악이 아니라 가수나 악기 연주자와 같은 아티스트들이 관객 앞에서 노래하거나 음악을 연주하는 거예요. 콘서트는 케이팝, 록, 클래식 등 음악의 종류에 따라 다양한 종류가 있고, 소규모 콘서트부터 대형 스타디움 콘서트까지 규모가 매우 다양해요. 콘서트의 가장 큰 특징은 아티스트와 관객이 서로 이야기를 나누거나 노래를 함께 부르는 등 직접 소통할 수 있다는 거예요.

버스킹

버스킹은 정해진 공연장이 아닌 길거리나 공원, 지하철역, 바닷가 등 사람들이 많은 장소에서 자유롭게 노래, 춤, 마술 등의 공연을 펼치는 것을 말해요. 특별한 무대 장치 없이 지나가는 사람들과 함께 자유로운 분위기에서 공연해요. 전문적인 공연장 예약이나 복잡한 절차 없이 공연을 할 수 있거든요. 유명한 사람들이 버스킹하기도 하지만 누구나 할 수 있기도 해요.

공연자와 관객은 가까운 거리에서 직접 소통하고 공감해요. 공연이 마음에 들면 관객들은 박수로 응원하거나 돈을 주기도 하죠. 우리나라는 홍대, 대학로, 해운대 등 젊은 사람들이 많이 모이는 거리에서 버스킹을 쉽게 찾아볼 수 있답니다.

프레스 콜과 커튼 콜

공연을 보러 가면 볼 수 있는 특별한 순간들이 있어요. 바로 프레스 콜과 커튼 콜이에요. 이 두 가지는 공연의 시작과 끝에 중요한 역할을 하는 이벤트예요. 프레스 콜은 공연이 정식으로 시작하기 전에 기자, 사진작가, 방송 관계자들이 공연의 일부 장면을 미리 보고 촬영할 수 있도록 준비한 특별한 시간을 말해요. 이때는 공연의 모든 내용이 아니라 가장 중요하고 특별한 장면 몇 개를 골라서 보여 줘요. 프레스 콜을 통해 언론은 공연에 관한 기사를 쓰고 사진을 실어 사람들에게 공연을 홍보하고 알릴 수 있어요. 이는 공연이 시작하기 전에 사람들의 관심을 모으고 성공적인 흥행을 돕는 과정이에요.

커튼 콜은 공연이 모두 끝난 후에 무대 위에서 배우들이 사람들에게 인사하는 시간을 말해요. 공연이 끝나면 보통 무대 커튼이 내려가요. 그리고 사람들의 박수와 환호에 맞춰서 다시 커튼이 열리며 배우들이 등장해 인사하죠. 사람들은 배우들의 멋진 연기와 노력을 칭찬하고 감사하는 마음으로 박수를 보내요. 배우들은 다시 한번 노래를 부르거나 춤을 추는 등 특별한 무대를 보여 주기도 하죠. 커튼 콜은 배우와 관객이 서로에게 감사를 전하고 공연의 느낌을 함께 나누는 시간이에요.

옥쌤의 시사 상식

공연 중 박수와 환호성에도 규칙이 있다고요?

연극, 뮤지컬, 콘서트의 경우 멋진 장면이나 연기가 끝났을 때, 신나는 노래가 나왔을 때 등 자유롭게 박수나 환호성을 보낼 수 있어요. 관객들의 박수나 환호성을 받은 배우나 가수들은 힘을 얻고 신나게 공연을 할 수 있죠. 그런데 오케스트라 같은 클래식 공연에서는 중간중간 박수를 치는 게 아니라 모든 악장이 끝났을 때 박수를 치는 것이 예절이에요. 중간에 박수를 치면 곡의 흐름을 방해하고, 다른 사람들의 몰입을 방해할 수 있기 때문이에요. 물론 특별히 감동적인 연주가 나오면 짧게 환호성을 보낼 때도 있답니다.

문화 예술

우리가 즐기고 감동하는 모든 예술 활동을 문화 예술이라고 불러요. 책이나 그림, 음악, 영화, 연극, 춤 등 사람의 생각과 감정을 아름답게 표현한 모든 게 문화 예술이죠. 문화 예술은 우리 삶을 더 멋지게 만들어요.

장르

장르는 책, 음악, 영화 등 다양한 문화 예술 작품들을 비슷한 특징끼리 묶어 놓은 종류를 말해요. 교과서가 국어, 수학, 음악, 영어, 미술 등으로 나뉘는 것과 같아요. 책이나 영화의 장르로는 액션, 코미디, 로맨스, 공포, SF, 판타지, 스포츠 등이 있고, 음악에는 발라드, 재즈, 힙합, 록 등이 있어요. 이처럼 장르를 나눈 건 우리가 문화 예술 작품을 이해하고 즐기는 데 도움이 되기 때문이에요. 어떤 장르인지 알면 내용을 미리 짐작할 수 있어서 더 쉽게 작품을 감상할 수 있거든요. 또 예술가들이 어떤 특징을 가진 작품을 만들고 싶은지 보여 주는 중요한 약속이기도 하답니다.

스포일러

스포일러는 영화나 드라마, 소설, 만화 등에서 중요한 내용이나 결말 등을 미리 알려 주는 것을 말해요. 아직 그 작품을 보지 않은 사람들의 재미를 망칠 수 있어서 많은 사람이 스포일러를 싫어하기도 하죠. 어떤 영화를 보지 않은 친구에게 "그 영화 주인공이 마지막에 죽어."라고 말하면 영화를 보면서 느낄 수 있는 놀라움이나 슬픔 같은 감정이 줄어들 수 있기 때문이에요. 그래서 인터넷 등에서 작품에 관한 이야기를 할 때는 '스포일러 포함' 등과 같이 미리 알려 주거나 핵심 내용을 가리는 등 다른 사람들을 배려하는 습관을 가져야 해요.

비평

비평은 다양한 문화 예술 작품을 깊이 있게 보거나 읽은 후에 그 작품에 대한 자기 생각과 느낌을 글 등으로 정리하는 걸 말해요. 단순히 좋다, 싫다고 말하는 게 아니라 왜 그 작품이 좋고 싫은지에 관한 이유를 논리적으로 설명해야 해요. 논리가 없는 설명은 사람들에게 잘 전달되지 않아요. 이러한 비평을 하는 사람을 비평가라고 불러요. 이들은 작품에 대한 깊은 지식과 날카로운 시선을 갖고 있어요.

비평은 작품의 의미를 이해하도록 도와줘요. 비평가가 작품에 숨겨진 의미나 작가의 의도를 설명해 주면 사람들은 작품을 더욱 깊게 감상할 수 있죠. 한편 비평은 예술을 하는 작가에게도 도움이 될 수 있어요. 비평을 통해 작가는 자기 작품이 어떻게 평가받는지 알고 다음 작품을 할 때 참고할 수 있거든요.

필모그래피

하나 더 알아보기

필모그래피는 한 사람이나 단체가 지금까지 참여했거나 출연했던 모든 영화 작품의 목록을 말해요. 영화 제작에 참여한 배우나 감독, 작가, 제작자 등이 필모그래피를 갖고 있죠. 필모그래피를 보면 그 감독이나 배우가 어떤 장르의 영화를 만들거나 출연했는지, 어떤 주제에 관심이 많았는지, 시간이 지나면서 어떻게 변화하는지 등을 확인할 수 있어요. 때문에 영화사나 제작사, 감독 등이 새로운 작품에 함께할 사람을 찾을 때 그 사람의 필모그래피를 보고 캐스팅하기도 하고, 팬들은 자신이 좋아하는 배우나 감독의 필모그래피를 찾아보면서 내가 미처 보지 못했던 작품을 찾아볼 수 있어요.

문학

사람들이 자기 생각이나 이야기를 글로 쓰고, 그 글을 읽으면서 감동과 재미를 얻는 예술을 문학이라고 해요. 우리는 문학을 통해 다른 사람의 마음을 이해하고 세상을 더 넓게 볼 수 있어요.

베스트셀러와 스테디셀러

베스트셀러는 특정 기간 사람들에게 잘 팔리는 책을 말해요. 보통 일주일이나 한 달처럼 짧은 기간 동안 많이 팔린 것을 기준으로 하죠. 그 시기에 사람들이 관심 있는 주제나 미디어의 영향 등으로 인기가 있는 경우가 많아요. 최근에는 드라마나 영화의 원작 소설, 인플루언서의 에세이 등이 베스트셀러가 돼요.

스테디셀러는 꾸준히 잘 팔리는 책을 말해요. 이 책들은 한 번에 폭발적인 인기를 얻기보다는 시간이 오래 지나도 꾸준히 많은 사람이 찾고 읽으면서 오랫동안 사랑받는 책이에요. 고전 소설이나 자기 계발서, 교양서적들이 대표적인 스테디셀러예요.

옥쌤의 시사 상식

노벨 문학상이란?

노벨 문학상은 전 세계에서 가장 유명한 문학상이에요. 1901년 스웨덴의 과학자이자 발명가인 알프레드 노벨이 남긴 유산으로 만든 노벨상 중 하나죠. 노벨 문학상은 단순히 잘 쓴 책이 아니라 인류에게 큰 영감을 주거나 인간의 삶과 정신에 큰 영향을 미친 작가에게 주는 상이에요. 이 상을 받으면 그 작가와 작품은 전 세계적으로 널리 알려지고 읽히게 돼요. 2024년 작가 한강이 한국인 최초로 노벨 문학상을 수상하기도 했답니다.

자서전

자서전은 한 사람이 자기 삶에 대해 직접 쓴 책을 말해요. 위인전이 다른 사람이 그 사람의 이야기를 대신 써 준 것이라면, 자서전은 스스로 자기 생각과 경험을 솔직하게 기록한 책이에요. 자서전에는 그 사람의 학교생활이나 사회생활, 어려움을 극복한 이야기, 성공한 이야기 등 다양한 내용이 담길 수 있어요. 보통 정치인이나 예술가, 운동선수, 기업가 등이 자기 삶을 기록하기 위해 자서전을 써요. 사람들은 자서전을 통해 그 인물의 삶을 간접적으로 경험하고, 그들의 생각이나 지혜를 배울 수 있어요.

웹소설

웹소설은 인터넷을 통해 연재된 소설을 말해요. 컴퓨터나 스마트폰을 통해 언제 어디서든 읽을 수 있고, 짧은 분량으로 자주 연재된다는 특징이 있어요. 로맨스, 판타지, 무협 등 다양한 장르가 있어 자신이 좋아하는 장르를 찾아서 볼 수 있기도 하죠. 웹소설 플랫폼에는 독자가 댓글로 의견을 남기거나 다음 내용을 예상하는 등 작가 또는 다른 독자와 서로 소통할 수 있어요. 인기를 얻은 웹소설은 웹툰, 드라마, 영화 등으로 만들어지기도 해요.

북토크

하나 더 알아보기

북토크는 작가가 책을 읽은 사람들과 직접 만나 이야기를 나누는 자리를 말해요. 작가가 책을 쓰게 된 이유, 숨겨진 이야기, 작품 속 인물에 관한 생각 등을 사람들에게 들려주고, 사람들은 궁금했던 점을 직접 질문하는 시간을 가져요. 작가에게 직접 책에 대한 설명을 듣고, 책에서는 알 수 없던 새로운 이야기를 들으면서 책을 더 깊이 이해할 수 있죠. 또 다른 사람들과 함께 책에 대한 서로의 생각을 나누며 공감해요.

스포츠 문화

몸을 움직여 규칙에 따라 승부를 겨루거나 건강을 위해 운동하는 모든 활동을 스포츠라고 해요. 혼자 하거나 여러 사람이 함께할 수 있고, 재미와 경쟁을 통해 건강한 몸과 마음을 키울 수 있어요.

MVP

MVP는 스포츠 경기나 대회에서 가장 특별한 선수에게 주는 상을 말해요. 경기에 나선 모든 선수 중 가장 뛰어난 활약을 펼쳐서 팀의 승리에 결정적인 역할을 했거나 해당 분야에서 가장 중요한 역할을 한 선수에게 주어져요. MVP는 보통 중요한 경기나 한 시즌이 끝난 후에 결정돼요. 팀원들에게 용기를 주고, 중요한 순간에 실수하지 않으며 팀 전체의 분위기를 좋게 만드는 등 눈에 보이지 않는 활약을 한 선수에게도 주어질 수 있어요. 이처럼 MVP는 선수의 실력뿐만 아니라 팀을 이끄는 리더십을 인정하는 상징적인 의미를 지녀요.

GOAT

어떤 스포츠 분야에서 역대 최고 선수를 GOAT라고 불러요. 단순히 실력이 뛰어난 선수가 아닌, 그 분야의 역사를 통틀어 가장 뛰어난 업적을 남기고 가장 큰 영향력을 준 선수를 부르는 말이에요. MVP가 한 게임이나 한 시즌에서 제일 능력이 좋은 선수에게 주어진다면, GOAT는 역사상 가장 위대한 선수에게 주어져요.

GOAT를 평가하는 조건에는 몇 가지가 있어요. 먼저 뛰어난 실력이에요. 압도적인 실력과 수많은 우승과 기록도 중요해요. 많은 대회에서 우승하고 다른 선수들이 깨기 어려운 대기록을 세워야 하죠. 마지막으로 스포츠 역사에 미친 영향이 커야 해요. 그 선수로 인해 스포츠의 규칙이나 전략이 바뀌거나 수많은 후배 선수에게 큰 영향을 주는 거죠. GOAT는 팬들 사이에서 활발하게 이야기되는 주제이며, 스포츠를 더 재미있게 즐길 수 있는 요소 중 하나예요.

발롱도르

발롱도르는 프랑스어로 '황금 공'이라는 뜻으로, 세계 축구계에서 가장 의미 있는 상 중 하나를 말해요. 매년 전 세계 축구 선수 중에서 1년 동안 가장 뛰어난 활약을 펼친 최고의 선수에게 주어지는 상이죠. 축구 선수가 받을 수 있는 최고의 명예 중 하나라고 할 수 있어요.

발롱도르는 프랑스의 축구 잡지 '프랑스 풋볼'이 1956년부터 상을 주기 시작했어요. 처음에는 유럽 선수들에게 주어졌지만 오늘날에는 전 세계 모든 선수를 대상으로 상을 주고 있어요. 2025년 기준, 발롱도르를 제일 많이 받은 선수는 아르헨티나의 축구 영웅 리오넬 메시랍니다.

스토브리그

하나 더 알아보기

스토브리그는 프로 스포츠에서 한 시즌을 끝내고 난 후부터 다음 시즌이 시작하기 전까지의 기간을 말해요. 이 기간에는 계약 기간이 끝난 선수들이 자유롭게 다른 팀과 계약할 수 있어요. 다른 팀으로 옮기거나 원래 팀과 다시 계약하며 선수들의 팀이 결정되는 거죠. 팀끼리 서로 필요한 선수를 맞바꾸기도 해요. 또 팀의 전력을 강화하기 위해 해외에서 뛰어난 선수들을 데리고 오거나 새로 프로 선수가 될 어린 선수들을 뽑아 팀에 합류시키기도 해요. 스토브리그 중에는 경기가 없어서 선수들의 경기를 직접 볼 수는 없지만 선수와 팬들이 다음 시즌을 기대하게 만드는 중요한 시기예요. 팬들은 자신이 응원하는 팀이 어떤 선수를 데려오고 어떤 변화를 겪을지에 신경 쓰며 다음 시즌을 기다려요.

페어플레이

페어플레이는 스포츠 경기에서 규칙을 잘 지키고, 상대방을 존중해 예의를 갖추며 정정당당하게 경기를 하는 태도를 말해요. 단순히 이기는 것만을 생각하는 게 아니라 경기의 규칙을 지키면서 아름다운 승부를 펼치는 것을 의미해요. 상대 선수가 넘어져 있으면 일으켜 세워 주거나 경기가 끝난 후 승패와 상관없이 상대 팀 선수들과 악수하는 태도, 경기 중에 자신에게 불리한 상황이 되더라도 속임수를 쓰지 않고 정직하게 경기하는 것 등이 포함돼요.

아무리 경기를 잘해도 페어플레이 정신이 없으면 진정한 선수로 인정받기 어려워요. 스포츠는 경쟁을 통해 실력을 겨루지만 그 과정에서 보여 주는 페어플레이 정신은 스포츠가 사람들에게 주는 가장 큰 교훈 중 하나예요.

부정행위

스포츠에서 부정행위란 경기를 공정하게 치르지 않거나 규칙을 어겨서 승리하는 행동을 말해요. 경기를 조작하거나 금지된 약을 먹는 것, 또 일부러 반칙하는 것 모두 부정행위예요. 부정행위는 단순한 실수나 전략이 아니라 스포츠 정신을 어기는 심각한 문제라고 할 수 있어요. 이런 행동은 최선을 다해 노력하는 선수들과 그 경기를 지켜보는 수많은 사람에게 실망을 줄 수 있죠.

스포츠는 정정당당하게 경쟁하고 서로를 존중하면서 최선을 다하는 것이 중요해요. 이기기 위해 규칙을 어기는 것보다는 노력과 연습으로 실력을 쌓는 것이 진짜 스포츠인의 자세랍니다.

E 스포츠

스포츠는 축구나 농구처럼 몸을 직접 움직이는 운동을 말해요. 그런데 디지털 기술이 발달하면서 또 다른 형태의 스포츠가 등장했어요. 바로 E 스포츠예요. E 스포츠는 전자 스포츠(Electronic sports)의 줄임말로 컴퓨터나 스마트폰 같은 전자 기기를 이용해서 하는 게임을 스포츠 경기처럼 즐기는 것을 말해요. 1990년대 후반부터 생겨났고, 2010년대 이후 인터넷과 게임 기술의 발전과 함께 빠르게 성장했어요. E 스포츠는 선수들이 팀을 이뤄 전략적으로 게임을 해요. 머리와 손을 빠르게 움직이는 섬세한 기술과 뛰어난 전략 그리고 팀원과 협동심이 필요하다는 점에서 스포츠로 인정받아요.

E 스포츠에는 스타크래프트, 리그 오브 레전드, 오버워치, 배틀그라운드 등 다양한 종류의 게임이 있어요. E 스포츠 선수들은 프로 게임단에 소속돼 훈련하고, 정식 경기장에서 경기를 펼치곤 해요. 경기는 온라인으로 전 세계에 생중계되며 수많은 사람이 선수들의 멋진 플레이에 응원을 보내죠. E 스포츠는 2022 항저우 아시안 게임과 같은 큰 국제 스포츠 대회에서 정식 종목으로 채택할 만큼 중요한 스포츠가 됐어요. 게임을 통해 전 세계 사람들이 함께 즐기고 소통하는 새로운 스포츠 문화를 만들어 가고 있어요.

옥쌤의 시사 상식

프로게이머란?

E 스포츠를 하는 선수들을 프로게이머라고 해요. 우리나라는 전 세계적으로 E 스포츠 강국으로 손꼽히는 데다가 2000년에 한국프로게임협회가 만들어지는 등 가장 먼저 프로게이머라는 직업이 생겨난 나라예요. 프로게이머는 겉으로는 게임만 하는 직업으로 보이지만 사실 일반 스포츠 선수들처럼 혹독한 훈련과 치열한 경쟁을 이겨내야 하는 전문 직업이랍니다.

스포츠 마케팅

스포츠 경기를 더 많은 사람에게 알리고, 스포츠와 관련된 상품이나 서비스를 더 잘 팔기 위한 모든 활동을 스포츠 마케팅이라고 해요. 멋진 경기를 통해 사람들에게 즐거움을 주고, 스포츠 산업을 더 크게 성장시키는 데 중요한 역할을 하죠.

스포츠 외교

스포츠 외교는 스포츠를 통해 나라들 사이에 좋은 관계를 만드는 외교 활동을 말해요. 스포츠는 정치나 경제 문제처럼 직접적인 대화가 어려울 때 사람들의 마음을 하나로 모으고 벽을 부수는 힘이 있어요.

대표적인 예로 올림픽, 월드컵 같은 국제적인 스포츠 대회가 있죠. 이런 큰 대회에 여러 나라가 함께 참여해 서로 존중하고 응원하며 평화롭게 관계를 맺어요. 각 나라의 선수들은 다른 나라에서 경기하거나 훈련하면서 자연스럽게 문화를 교류하고 우정을 쌓기도 해요. 우리나라는 1988년 서울 올림픽, 2002년 한일 월드컵, 2018년 평창 동계 올림픽 등을 통해 우리나라의 발전된 모습을 전 세계에 알렸답니다.

중계권

중계권은 스포츠 경기나 다른 공연을 텔레비전, 인터넷 등을 통해 사람들에게 보여 줄 수 있는 권리를 말해요. 방송국이나 기업이 이 권리를 사서 경기를 생중계하거나 다시 보여 주는 거예요. 특히 월드컵이나 올림픽 같은 큰 경기의 중계권은 아주 비싸요. 경기를 보여 줌으로써 사람들이 자신들의 방송을 보게 만들기 때문이에요. 시청자가 많아지면 방송 중간에 광고를 붙여 돈을 벌 수 있다 보니 방송국에서는 중계권을 사려해요. 그래서 가격이 높아지는 거랍니다.

스폰서

스폰서는 스포츠 선수와 팀 또는 스포츠 대회에 돈이나 물품 등을 지원해 주는 단체와 기업을 말해요. 스폰서는 기업과 선수 모두에게 도움이 돼요. 기업으로서는 회사 이름이나 로고를 선수 유니폼에 붙이거나 경기장에 광고하며 자신을 홍보할 수 있어요. 좋아하는 선수나 팀을 응원하는 사람들에게 회사 이미지를 긍정적으로 보여 주는 거죠. 선수나 팀으로서는 돈이나 물품을 지원받아 훈련하거나 경기를 운영하는 데 필요한 돈을 준비할 수 있어요. 스폰서의 지원 덕분에 선수들은 더 좋은 환경에서 운동에 집중할 수 있답니다.

프로팀과 실업팀

프로팀 선수들은 경기를 해서 돈을 버는 전문 운동선수를 말해요. 구단과 계약을 맺고 경기에 나가는 대가로 연봉을 받죠. 반면 실업팀 선수들은 회사에 다니면서 운동을 하는 거예요. 주로 회사 이름을 알리거나 직원들의 복지를 위해 만들어졌어요. 실업팀은 보통 육상이나 사격 같은 개인 종목이나 비인기 종목에 많아요. 그래서 프로팀이 없는 종목의 선수들은 실업팀에서 대회를 준비하죠. 프로팀과 비슷하지만 완전한 프로가 아니라는 뜻에서 세미프로팀이라 불리기도 해요.

옥쌤의 시사 상식

스폰서와 인도스먼트는 어떻게 다를까요?

스폰서와 인도스먼트는 모두 기업이 개인이나 단체 등을 지원하는 거예요. 하지만 스폰은 금전이나 물건으로 지원하는 것을 말해요. 지원의 대가로 특정 행사나 로고를 노출하는 거죠. 스포츠 선수들의 옷에 기업 로고가 있는 게 바로 스폰서예요. 반면 인도스먼트는 유명인이나 전문가가 특정 상품이나 브랜드는 사용하면서 소비자에게 해당 물품을 간접적으로 광고하는 거라 할 수 있어요.

문화 강국과 두 인물

문화 강국은 그 나라의 예술, 문학, 음악, 영화, 스포츠 등 다양한 문화 활동이 전 세계적으로 큰 사랑과 인정을 받는 나라를 말해요. 예를 들어 다른 나라 사람들이 우리나라의 문화를 좋아하고 배우려 하면 우리나라의 문화가 다른 나라와 전 세계에 영향을 미치는 문화 강국이 되는 거예요.

문화 강국

문화 강국이 되려면 다양하고 창의적인 문화 콘텐츠를 만들어 내야 해요. 영화나 드라마, 웹툰 등 많은 사람이 즐길 수 있는 재미있고 감동적인 작품을 계속 만드는 거예요. 그런데 왜 많은 나라가 문화 강국이 되려는 걸까요? 그건 문화가 경제 발전에 도움이 되기 때문이에요. 문화 콘텐츠가 인기를 얻으면서 그 나라에 여행 오는 사람이 늘어나고 관련 상품들이 많이 팔려 나라 경제에 좋은 영향을 주거든요. 이러한 일이 많아지면 자연스럽게 다른 나라는 그 나라를 더 좋게 보고 존중하게 돼요. 오늘날 우리나라는 세계적으로 문화 강국으로 인정받고 있어요. 이러한 문화의 힘은 국제 외교에도 긍정적인 영향을 준답니다.

한강

한강 작가는 대한민국을 대표하는 소설가예요. 한강의 대표적인 작품으로는 2014년에 쓴《소년이 온다》가 있어요. 이 작품은 5 · 18 민주화 운동을 배경으로 쓰인 가슴 아픈 소설이에요. 여러 언어로 번역돼 전 세계에 우리나라의 아픈 역사를 보여 줬죠. 이 외에도 《채식주의자》,《작별하지 않는다》 등의 작품을 통해서 많은 사람에게 감동을 줬어요.

한강은 아름답고 뛰어난 문장력을 바탕으로 한 문학성을 인정받아 2016년 세계 3대 문학상 중 하나인 맨부커 국제상을 받았고, 2024년에는 세계에서 가장 유명한 문학상인 노벨 문학상을 받았어요. 한강은 한국 문학의 위치를 높이고 문화 강국으로서 대한민국을 널리 알렸어요.

봉준호

봉준호 감독은 대한민국을 대표하는 영화감독이에요. <플란다스의 개>를 시작으로 <살인의 추억>, <괴물>, <설국열차>, <옥자> 등 다양한 장르의 영화를 통해 작품성과 대중성을 모두 인정받았어요. 그의 영화들은 단순히 재미있는 이야기를 넘어 사회를 향한 메시지를 담아서 사람들에게 생각할 거리를 줬죠.

그리고 2019년 <기생충>으로 세계 영화계의 역사를 새로 썼어요. 우리나라의 사회 계층 문제를 날카롭게 다루면서 예상이 어려운 이야기가 담겨 있는 이 영화는 전 세계에서 가장 유명한 영화 시상식인 '아카데미 시상식'에서 작품상, 감독상, 각본상, 국제영화상 등 4개 부문에서 수상했어요. 그중 작품상은 아카데미 시상식 92년 역사상 처음으로 영어로된 영화가 아닌 작품이 수상받았기 때문에 더욱 큰 의미가 있었죠. 그의 작품은 전 세계 관객들에게 큰 인기를 얻으며 한국 영화가 국제 영화 시장에서 중요한 위치를 차지하게 만드는 데 큰 영향을 미쳤답니다.

미디어는 사람들에게 소식이나 정보를
전달하는 도구나 방법을 말해요.
일상생활 속에서 볼 수 있는 미디어를 알아봐요.

3장
미디어

미디어 | 언론 | 1인 미디어 | 디지털 미디어 | 스마트폰
미디어 문제 | 미디어 교육 | 미디어 혁명과 관련된 두 인물

키워드	교과 과정	
미디어	초등 사회 3-2	2. 옛날과 오늘날의 모습
	중학 사회 1	8. 다양한 문화의 이해
	중학 기술·과정 2	5. 정보 통신 기술
	고등 통합 사회 1	5. 생활 공간과 사회
미디어 문제	초등 사회 3-2	2. 옛날과 오늘날의 모습
	중학 사회 1	8. 다양한 문화의 이해
	고등 통합 사회 1	5. 생활 공간과 사회

미디어

만약 미디어가 없어진다면 어떻게 될까요? 세상의 소식을 알기 어렵고 멀리 있는 사람과 소통하기도 힘들어질 거예요. 또 새롭고 재미있는 정보나 이야기를 접하기 어려워지겠죠. 우리의 삶을 풍부하게 만드는 미디어에 대해 자세히 알아볼까요?

미디어란?

미디어는 사람들에게 소식이나 정보를 전달하는 도구나 방법을 말해요. 우리가 보고 듣는 신문이나 텔레비전, 라디오, 인터넷, 스마트폰 애플리케이션 등이 모두 미디어예요. 미디어를 통해 우리는 세상에서 무슨 일이 일어났는지 알 수 있어요. 또 새로운 지식을 배우거나 재미있는 이야기들을 즐길 수 있죠. 미디어는 다른 사람과 연결되고 세상과 소통하는 중요한 역할을 해요.

매스 미디어

매스 미디어는 아주 많은 사람(대중)에게 동시에 같은 내용의 정보를 전달하는 미디어를 말해요. 대표적으로 신문, 라디오, 텔레비전이 있어요. 매스 미디어는 중요한 사건이나 유행 등을 많은 사람에게 빠르게 퍼뜨리죠. 그러나 인터넷과 같은 뉴 미디어의 등장 등으로 인해 매스 미디어의 영향력이 줄어들고 있어요.

옥쌤의 시사 상식

공중파 방송이란?

공중파 방송은 공중의 전파를 이용해 방송하기 때문에 공중파 방송이라고 불러요. 텔레비전이나 라디오 같은 방송 수신기가 있으면 공중에 퍼지는 전파를 잡아 방송을 볼 수 있어죠. 공중파 방송은 공공의 자원인 전파를 사용하기 때문에 방송법에 따라 공익성을 추구해야 해요. 그래서 뉴스나 다큐멘터리, 교양 프로그램 등을 제공하죠. KBS, MBC, SBS, EBS 등이 우리나라의 대표적인 공중파 방송이랍니다.

소셜 미디어

소셜 미디어는 인터넷을 통해 사람들이 서로 친구를 맺고, 사진과 영상을 자유롭게 나누며 소통하는 온라인 공간을 말해요. 대표적으로 인스타그램, 페이스북, 틱톡 같은 애플리케이션이 있어요. 소셜 미디어에서는 누구나 글을 올리거나 댓글을 달 수 있어 일방적으로 정보를 받는 매스 미디어와 달리 정보를 서로 주고받을 수 있어요. 멀리 있는 친구와도 쉽게 대화하고, 자신이 만든 사진이나 영상을 전 세계 사람들에게 보여 줄 수도 있죠.

레거시 미디어와 뉴 미디어

레거시 미디어는 디지털 기술이 발전되기 이전부터 있었던 전통적인 대중 미디어를 말해요. 올드 미디어나 전통 미디어라고도 하죠. 신문이나 잡지와 같이 오프라인 형태가 많고, 만들어 낸 정보를 여러 사람에게 일방적으로 전달하는 특징이 있어요.

뉴 미디어는 인터넷과 디지털 기술이 발전하면서 새롭게 등장한 다양한 형태의 미디어를 말해요. 인터넷 등을 통해 누구나 콘텐츠를 만들고 전할 수 있으며 서로 정보를 주고받을 수 있죠. 대표적으로 유튜브, 틱톡, 인스타그램 등이 있어요.

심의 등급

하나 더 알아보기

심의 등급은 영화나 드라마, 게임 같은 미디어 콘텐츠가 아이들이 보기에 적절한지, 아니면 어른들만 봐야 하는지 등을 나눈 기준을 말해요. 영상물 등급 위원회, 방송 통신 심의 위원회 등에서 콘텐츠에 폭력적이거나 무서운 장면이 있는지, 부적절한 말이 나오는지 등을 살펴요. 이후 모든 연령 시청 가능, 12세 이상 시청 가능, 15세 이상 시청 가능, 청소년 관람 불가 등으로 등급을 나누죠. 예를 들어 어떤 영화가 청소년 관람 불가로 정해지면 청소년은 혼자서 그 영화를 볼 수 없어요. 이처럼 심의 등급은 아이들이 나이에 맞지 않는 내용으로부터 보호받고, 건강한 미디어 콘텐츠를 선택할 수 있도록 도와요.

언론

언론은 세상에 일어나는 일이나 정보 그리고 사람들의 생각을 모아 알리는 모든 활동과 그것을 담당하는 기관을 말해요. 신문사, 방송국, 인터넷 뉴스 매체 등이 대표적인 언론 기관이랍니다.

언론의 자유

언론의 자유는 누구나 하고 싶은 이야기를 다른 사람에게 말하고 다른 사람이 이야기하는 것을 자유롭게 들을 수 있는 권리를 말해요. 헌법에 적혀 있는 기본권이기도 하죠. 언론의 자유가 있어야 세상에 무슨 일이 일어났는지 자유롭게 알 수 있고, 여러 사람이 자유롭게 이야기를 나눌 수 있어요. 하지만 자유가 있다고 해도 다른 사람의 명예를 훼손하거나 사생활을 침해해서는 안 돼요. 또 위험하거나 나쁜 행동을 부추기는 내용을 올려서도 안 된답니다.

엠바고

엠바고는 특정 소식이나 정보를 일정 시간 동안 보도하지 않고 기다려 주는 걸 말해요. 정부나 어떤 기관이 아주 중요한 내용을 발표할 예정인데 발표 시간 전에 미리 기사로 나가지 않도록 기자들에게 부탁하고, 기자들도 그 약속을 지키는 거예요. 정확한 정보를 전달하고 뉴스가 나가는 순간의 충격을 줄이기 위해서죠. 또 모든 언론이 동시에 사실을 알려서 공정하게 경쟁할 수 있도록 해요. 엠바고를 어기면 언론사 간의 믿음이 깨지거나 해당 기관과의 관계가 나빠질 수 있어요.

여론

여론은 많은 사람이 어떤 문제나 사건에 대한 비슷한 생각이나 의견을 말해요. 뉴스나 신문 기사를 보고 다른 사람과 이야기하면서 각자의 생각이 모여 만들어지는 거예요. 예를 들어 학교에서 규칙을 발표했는데 학생들의 반응이 좋으면 여론이 좋다고 하고, 학생들의 반응이 좋지 않으면 여론이 나쁘다고 해요. 이처럼 여론은 사람들이 사회의 중요한 문제에 대해 어떤 생각을 하는지 보여 주고, 정부나 국회 의원들이 정책을 만들 때 큰 영향을 미친답니다.

오보와 정정 보도

오보는 언론이 잘못된 정보를 마치 진짜인 것처럼 알려 주는 것을 말해요. 뉴스를 만들 때 실수로 사실과 다른 내용을 알리거나 확인하지 않은 소문을 그대로 전하는 거예요. 정정 보도는 언론이 오보를 냈을 때 자신이 잘못 전한 내용을 바로잡아 다시 알리는 것을 말해요. 언론은 잘못된 정보를 바로잡을 책임이 있어요. 오보가 확인되면 곧바로 '이전에 알린 내용은 사실과 다르다'는 걸 밝히고 올바른 정보를 다시 전해야 해요. 정정 보도는 언론이 사람들에게 진실을 알리고 믿음을 회복하는 데 매우 중요한 과정이에요.

방송 통신 위원회

하나 더 알아보기

방송 통신 위원회는 우리나라의 방송과 인터넷에 관련된 일들을 관리하고 감독하는 기관을 말해요. 우리가 텔레비전을 보거나 스마트폰으로 인터넷을 사용할 때 올바르고 안전하게 사용할 수 있도록 규칙을 만들고 지키게 하는 역할을 해요. 또 텔레비전에서 너무 폭력적인 내용이 나오지 않도록 하거나 인터넷에서 가짜 뉴스가 퍼지지 않도록 관리하죠.

1인 미디어

1인 미디어는 개인이 콘텐츠를 만들거나 유통하는 미디어 형태를 의미해요. 오늘날에는 누구나 디지털 기술과 플랫폼을 통해 자신만의 콘텐츠를 만들고 사람들과 소통할 수 있어요.

크리에이터

크리에이터는 다양한 디지털 플랫폼에서 글이나 이미지, 영상 등의 콘텐츠를 만드는 사람을 말해요. 대표적으로 유튜버, 인플루언서 등이 있어요. 예전에는 방송사나 출판사 같은 곳을 통해야만 콘텐츠를 만들 수 있었지만 지금은 스마트폰과 인터넷만 있으면 누구나 콘텐츠를 만들 수 있는 시대가 됐어요.

크리에이터들은 자신만의 주제와 특징을 담아 콘텐츠를 만들어 사람들과 소통하려 해요. 교육이나 게임, 패션, 뷰티 등 다양한 분야에서 활동하죠. 크리에이터는 단순히 콘텐츠를 만드는 사람이 아니라 자신만의 방식으로 세상과 소통하고 영향력을 행사하는 존재들이랍니다.

플랫폼

플랫폼은 사람들이 모여서 무엇인가를 함께하거나 필요한 것을 만들고 사는 가상의 공간을 말해요. 디지털 정보를 중심으로 움직여서 '디지털 플랫폼'이라 부르기도 하죠. 플랫폼에서 누군가는 정보를 만들고, 누군가는 정보를 사용해요. 예를 들어 유튜브나 틱톡은 사람들이 동영상을 올리거나 구경하는 곳이에요. 인스타그램이나 페이스북은 사람들이 글이나 사진을 올려서 서로 소통할 수 있죠. 네이버나 구글은 궁금한 것을 검색하고 정보를 찾아요. 쿠팡이나 네이버 쇼핑은 물건을 사고파는 곳이에요.

이처럼 플랫폼은 정보를 생산하는 사람과 소비하는 사람을 연결해 줘요. 또 수많은 사람에게 돈을 벌 기회를 주며 새로운 직업을 만들기도 해요. 하지만 플랫폼 내 정보의 신뢰성이나 개인 정보에 관한 문제 등이 발생할 수도 있어요. 때문에 플랫폼을 운영하는 기업은 사람들이 피해를 보지 않도록 조심해야 해요.

사회 관계망 서비스

사회 관계망 서비스(SNS)는 온라인에서 사람들 간에 소통할 수 있는 서비스를 말해요. 대표적으로 인스타그램, 페이스북, 틱톡 등이 있어요. 사람들은 사회 관계망 서비스를 통해 자기 생각이나 경험, 일상 등을 쉽게 공유해요. 1인 미디어 시대에 중요한 도구로서 개인이 콘텐츠를 직접 만들고 유통할 수 있도록 도와줘요. 개인뿐만 아니라 기업이나 정치인, 기관들도 마케팅, 홍보, 이미지 관리, 고객 소통 등을 위해 사용하고 있어요. 하지만 가짜 뉴스나 사이버 폭력, 사생활 침해와 같은 문제가 일어나기도 해요.

숏폼

숏폼은 1분 내외 짧은 길이의 영상으로 핵심 메시지를 빠르게 전달하는 디지털 콘텐츠를 말해요. 대표적으로 틱톡, 유튜브 쇼츠, 인스타그램 릴스 등이 있어요. 숏폼 콘텐츠는 집중력이 짧은 현대인의 특성에 맞춰 빠른 정보 전달과 높은 집중력을 제공해요. 숏폼은 스마트폰 애플리케이션을 이용해 촬영, 편집, 업로드까지 쉽게 할 수 있어요. 또 알고리즘을 바탕으로 한 추천 시스템을 통해 다른 사람에게 빠르게 퍼져 나가요.

최근에는 기업들도 숏폼을 적극적으로 이용해 젊은 세대로부터 많은 인기를 얻고 있어요. 하지만 숏폼은 짧은 시간 내 사람들의 관심을 끌어야 하는 만큼 내용이 자극적이기도 해요. 또 저작권 문제가 생기기도 하죠. 좋은 숏폼이 계속해서 만들어지려면 바람직한 디지털 미디어 문화가 필요하답니다.

브이로그

브이로그는 일상을 영상으로 기록하고 공유하는 콘텐츠를 말해요. 개인적인 경험과 생각을 영상으로 담아 감정과 분위기를 더욱 직접적으로 전달할 수 있죠. 브이로그가 처음 만들어졌을 때는 주로 여행이나 일상생활을 기록했지만 요즘은 먹방, 공부, 취미 생활, 반려동물과의 일상 등 다양한 주제가 생겨나고 있어요. 사람들은 브이로그를 통해 다른 사람의 삶을 간접적으로 체험하기도 하고 즐거움을 얻어요.

팟캐스트

팟캐스트는 인터넷으로 들을 수 있는 오디오 콘텐츠를 말해요. 라디오 방송과 비슷하지만 스마트폰이나 태블릿 등에 다운로드하거나 스트리밍해서 내가 원하는 시간 언제든 들을 수 있다는 차이가 있어요. 팟캐스트는 뉴스나 시사, 코미디, 교육, 취미 등 다양한 분야가 있어 관심사에 맞춰 들을 수 있기도 해요. 전문적인 방송 장비가 없어도 누구나 쉽게 만들 수 있어 1인 미디어로 많이 활용되기도 하죠. 최근 오디오 콘텐츠에 대한 관심이 커지면서 팟캐스트의 인기도 계속해서 높아지고 있답니다.

오디오 콘텐츠

오디오 콘텐츠는 소리만으로 이뤄진 모든 콘텐츠를 말해요. 글이나 그림, 영상 없이 소리로만 이야기를 전달하는 거죠. 음악, 라디오, 오디오북, 자율 감각 쾌락 반응(ASMR)이 대표적인 오디오 콘텐츠예요. 오디오 콘텐츠는 눈으로 볼 필요가 없기 때문에 다른 활동을 하면서 동시에 즐길 수 있는 데다가 영상 콘텐츠에 지친 눈을 쉬게 하면서도 즐길 거리를 찾는 사람들이 많아지면서 다시 인기를 얻고 있어요.

옥쌤의 시사 상식

개인 콘텐츠의 시대를 연 UCC!

혹시 UCC라는 말을 들어본 적이 있나요? UCC는 전문가나 방송국이 아니라 일반 사람들이 만들어 올린 모든 종류의 콘텐츠를 말해요. 영상 플랫폼이 대중화된 지금은 UCC보다 1인 미디어, 크리에이터 콘텐츠라는 표현을 더 많이 사용하죠. 하지만 유튜브의 개인 채널 영상, 틱톡 영상, 팟캐스트에 올리는 오디오 방송도 모두 UCC에 해당해요. UCC는 우리 모두가 미디어의 주인공이 될 수 있다는 걸 보여 준 중요한 개념이랍니다.

디지털 미디어

디지털 미디어는 컴퓨터, 스마트폰처럼 디지털 기기를 통해 정보를 만들고 주고받는 모든 것을 말해요. 글, 사진, 영상, 소리 등 다양한 형태로 언제 어디서든 빠르고 편리하게 소통할 수 있는 새로운 방식의 미디어예요.

알고리즘

알고리즘은 컴퓨터가 어떤 일을 할 때 따르는 순서나 규칙을 말해요. 우리가 요리할 때 재료를 준비하고 요리하는 순서가 있듯이 컴퓨터도 어떤 문제를 해결하거나 정보를 찾아낼 때 미리 정해진 순서대로 움직이거든요. 이러한 알고리즘은 사용자의 평소 성향을 파악해서 사용자에게 필요한 정보를 자동으로 분류하고 추천해요. 우리가 유튜브를 켰을 때 우리가 좋아할 만한 동영상을 추천해 주는 건 모두 알고리즘 때문이에요. 알고리즘 덕분에 컴퓨터는 더 똑똑하고 빠르게 우리에게 필요한 정보를 줄 수 있답니다.

빅 데이터

빅 데이터는 아주 크고 많은 양의 정보를 모아 놓은 것을 말해요. 우리가 스마트폰을 사용하거나 인터넷에서 물건을 사고 사회 관계망 서비스(SNS)에 글을 올리는 등의 모든 행동이 데이터로 쌓여요. 이렇게 엄청나게 쌓인 데이터를 빅 데이터라고 불러요. 이 많은 정보 속에는 우리가 무엇을 좋아하는지, 어떤 물건을 살지, 어디로 놀러 갈지 등 다양한 비밀이 숨어 있어요. 기업은 이러한 빅 데이터를 사용해서 고객이 편하게 물건을 살 수 있게 하죠. 이처럼 빅 데이터를 잘 분석하면 사람들의 생활을 더 편리하게 만들거나 새로운 걸 만들어 내는 데 도움이 돼요.

챌린지 문화

챌린지 문화는 인터넷이나 소셜 미디어에서 사람들이 어떤 행동을 따라서 하거나 자신만의 방식으로 바꿔 보여 주는 것을 말해요. 주로 짧은 영상으로 만들어서 서로 따라 하고 공유하면서 유행처럼 번져 나가죠. 예를 들어 특정 노래에 맞춰 재미있는 춤을 추거나 특별한 행동을 하는 영상들이 챌린지가 되면 많은 사람이 따라 해요. 챌린지 문화는 사람들이 함께 참여하고 즐기면서 재미를 느낄 수 있게 해 주는 현대 미디어의 새로운 놀이 방식이에요.

필터 버블

필터 버블은 인터넷을 할 때 내가 좋아하는 정보만 보고, 다른 정보를 잘 보지 않게 되는 현상을 말해요. 정보 거품에 갇히게 되는 거죠. 필터 버블은 알고리즘 때문에 생겨나는 현상이에요. 인공 지능(AI)은 개인의 빅 데이터를 활용해서 그 사람이 어떤 정보를 즐겨 봤는지, 어떤 물건을 자주 구매했는지 등을 분석해요. 그리고 그 사람이 좋아할 만한 정보만 보여 주는 거예요.

필터 버블에 갇히면 내가 보고 싶은 정보만 보게 되면서 나와 다른 관점을 가진 정보를 접하기 어려워져요. 내가 믿고 있는 생각과 관련된 정보만 접하면 내 생각이 더욱 강해지고 다른 의견은 틀렸다고 생각하기 쉬워지죠. 사람들이 필터 버블에 갇혀 각기 다른 정보만 보게 되면 서로를 이해하기 어려워지고, 사회 전체의 대화나 소통이 어려워질 수 있어요. 필터 버블에서 벗어나기 위해서는 평소 내가 잘 보지 않았던 분야의 뉴스 등을 보려고 노력하고, 어떤 정보를 봤을 때는 믿을 만한 정보인지 항상 확인하는 습관을 들여야 해요.

스마트폰

스마트폰은 갖고 다니는 작은 컴퓨터라고 할 수 있어요. 전화만 할 수 있던 휴대 전화와 달리 스마트폰은 전화는 물론이고 컴퓨터처럼 많은 일을 할 수 있도록 만들어진 기기예요.

애플리케이션

애플리케이션은 스마트폰이나 컴퓨터, 태블릿 등 디지털 기기에서 특정한 작업을 하도록 만들어진 다양한 프로그램을 말해요. 줄여서 '앱'이라고 많이 부르죠. 애플리케이션의 종류는 아주 다양해요. 친구들과 메시지를 주고받는 채팅 앱, 재미있는 동영상을 보는 동영상 앱, 사진을 예쁘게 꾸미는 사진 편집 앱, 새로운 게임을 즐기는 게임 앱, 다양한 정보를 찾는 검색 앱 등이 있어요.

애플리케이션 덕분에 스마트폰 하나로 정말 많은 일을 할 수 있어요. 은행 일을 보거나, 기차표를 예매하거나, 집에서 음식을 주문하는 것까지 가능해요. 애플리케이션을 잘 활용하면 스마트폰을 훨씬 더 편리하게 사용할 수 있어요. 오늘날에는 인공 지능(AI) 기술이 발달하면서 더욱 다양한 기능과 서비스를 사용할 수 있게 됐죠. 하지만 너무 많이 설치하면 스마트폰이 느려지거나 복잡해질 수도 있어서 필요한 것만 골라 쓰는 게 좋아요.

옥쌤의 시사 상식

애플리케이션과 웹사이트는 어떻게 다를까요?

애플리케이션이 내 기기에 설치해서 쓰는 프로그램이라면 웹사이트는 인터넷 공간에 있는 정보와 자료가 모인 집합체예요. 웹사이트를 사용하려면 크롬, 엣지와 같은 웹 브라우저가 필요해요. 웹 브라우저에 웹 주소를 입력하거나 검색을 통해 내가 원하는 웹사이트를 사용하는 거예요.

스마트폰 중독

스마트폰 중독은 스마트폰을 지나치게 사용해 일상에 나쁜 영향을 주고 스마트폰이 없으면 불안해지는 상태를 말해요. 잠이나 식사 시간을 줄이면서까지 사용하거나 친구들과 직접 소통하기보다는 스마트폰에만 의존하게 되죠. 이로 인해 건강이나 인간관계, 학업 등에 문제가 생길 수 있어요. 스마트폰 중독을 막으려면 사용 시간을 정하고 운동이나 독서, 친구들과 만나 어울리는 활동을 하는 등 스마트폰을 사용하지 않는 시간을 늘리는 게 좋아요.

스몸비

스몸비는 '스마트폰'과 '좀비'가 합쳐져서 만들어진 말이에요. 스마트폰을 보면서 길을 걷느라 앞을 제대로 보지 않고, 좀비처럼 비틀거리거나 느릿느릿 걷는 사람을 뜻하죠. 스몸비는 스마트폰에 집중하느라 주변을 살펴보지 않아 길을 걷다가 무언가에 부딪치거나, 계단에서 넘어지거나, 자동차에 치이는 등 큰 사고를 당할 수도 있어요. 특히 횡단보도를 건널 때 스마트폰을 보면 신호등이나 다가오는 차를 보지 못해 더욱 위험해요. 스몸비가 되지 않기 위해서는 길을 걸을 때 스마트폰 대신 앞을 잘 보고 걸어야 해요. 거리에서 꼭 스마트폰을 봐야 할 때는 안전한 곳에 멈춰 서서 보는 게 좋아요.

미디어 문제

미디어는 우리의 삶을 편리하고 풍요롭게 해 주지만 그와 동시에 가짜 뉴스, 중독 문제, 혐오 표현 등 다양한 문제점이 있어요.

가짜 뉴스

가짜 뉴스는 사실이 아닌 거짓 정보나 내용을 진짜 뉴스처럼 꾸며서 사람들에게 퍼뜨리는 걸 말해요. 실제로는 없는 일이거나 잘못된 정보임에도 진짜처럼 보여서 속게 되는 거죠.

가짜 뉴스는 자극적인 제목과 내용으로 사람들의 클릭을 유도해 광고 수익을 얻으려는 경우가 많아요. 또 특정 연예인이나 정치인, 기업 등을 나쁘게 보이게 하거나 비방하기 위해 만들기도 하죠. 일부러 사회를 혼란스럽게 만들거나 불안감을 키우기 위해 퍼뜨리기도 해요.

가짜 뉴스인지 아닌지를 확인하기 위해선 그 뉴스가 어디서 만들어졌는지, 믿을 만한 곳에서 만들어진 것인지 확인해야 해요. 또 하나의 뉴스만 보는 게 아니라 여러 언론사의 뉴스를 비교해 사실인지 확인해야 하죠. 너무 자극적이거나 근거 없는 주장을 하지 않는지 꼼꼼히 살펴볼 필요도 있어요.

인포데믹

인포데믹은 잘못된 정보가 빠르게 퍼지면서 사회적 불안과 혼란을 일으키는 현상을 말해요. '정보(information)'와 '전염병(epidemic)'이 합쳐진 말이죠. 이 현상은 감염병이나 재난, 전쟁 등 위기 상황에서 정확하지 않은 정보가 넘쳐날 때 자주 생겨요. 코로나19가 유행할 때 확인되지 않은 수많은 정보가 사람들의 판단을 흐리고 불안하게 만들기도 했죠. 이러한 상황이 계속되거나 심해지면 잘못된 정보가 사회 질서에 큰 위협이 될 수도 있어요. 이러한 문제를 해결하려면 자신에게 주어진 정보를 잘 확인할 필요가 있답니다.

사이버 불링

사이버 불링은 인터넷이나 모바일 기기를 통해 사람을 괴롭히거나 따돌리는 것을 말해요. 주로 사회 관계망 서비스(SNS), 채팅, 댓글, 메시지 등 디지털 환경에서 이뤄져요. 이는 디지털 환경에서 이뤄지는 학교 폭력과도 같아요.

피해자는 반복적인 언어폭력이나 따돌림, 협박 등을 당해요. 정신적 고통이나 자존감이 떨어져서 큰 문제가 발생하기도 하죠. 가해자는 상대방의 얼굴을 직접 보지 않아서 더 쉽게 폭력적인 언어와 행동을 할 수 있어요. 사이버 불링은 현실에서의 물리적 폭력보다 대응하기가 어려워요. 때문에 학교나 가정에서는 인터넷 예절과 교육을 계속해야 해요. 사이버 불링을 막기 위해서는 서로에 대한 예의와 존중이 필요해요.

도파민 중독

도파민은 우리가 기분이 좋아지거나 신났을 때 행복하게 만들어 주는 물질을 말해요. 우리가 좋은 일을 다시 하게 만들고 열심히 노력하게 하는 힘이 되죠. 그런데 도파민이 너무 자주 또는 강하게 생겨나면 문제가 생길 수 있어요. 스마트폰이나 사회 관계망 서비스(SNS), 게임 등이 주는 즉각적인 재미에 너무 익숙해져서 그것 없이는 행복하거나 즐겁다고 느끼기 어려워지는 거예요. 그걸 도파민 중독이라고 해요.

도파민 중독 상태가 되면 현실의 자극보다 디지털 자극에 더 쉽게 반응하고 집중력 문제, 불안, 수면 부족 등 다양한 문제를 겪게 돼요. 특히 어린이와 청소년은 뇌가 아직 다 발달하지 않아서 쉽게 도파민 중독에 빠질 수 있어요. 도파민 중독에서 벗어나기 위해서는 스마트폰 사용 시간을 조절하는 게 필요해요. 스마트폰뿐만 아니라 주변에서 활용하는 디지털 기기를 잠시 사용하지 않는 것도 좋아요. 또 글쓰기나 운동, 명상과 같은 활동을 하는 것도 많은 도움이 돼요.

팝콘 브레인

디지털 기기를 계속 사용하면 우리 뇌는 강렬한 자극에 익숙해져요. 그렇게 되면 현실의 평범한 자극에 반응하지 못해 문제가 발생하기도 해요. 이러한 현상을 팝콘 브레인이라고 해요. 팝콘처럼 튀어 오르는 자극에만 반응한다고 해서 붙여진 이름이죠. 이러한 현상이 계속되면 집중력이 떨어지고 인내심이 부족해져요. 특히 학생들은 공부나 독서에 어려움을 느끼게 되죠. 이를 막기 위해서는 디지털 기기 사용 시간을 줄이는 게 중요해요. 또 독서나 명상, 운동처럼 느린 활동에 익숙해지는 것이 필요해요.

확증 편향

필터 버블에 갇히면 내 생각이 더욱 강해지고 다른 의견은 틀렸다고 생각하기 쉬워지는데 그게 바로 확증 편향이에요. 내가 믿고 싶은 것만 믿으려고 하는 거죠. 우리 뇌는 새로운 정보를 받아들이고 처리하는 데 에너지를 많이 써요. 하지만 이미 알고 있던 정보와 비슷한 게 들어오면 더 쉽게 받아들이고 편안해지죠. 반대로 내 생각과 다른 정보가 들어오면 틀린 정보라고 생각하거나 복잡하다고 생각해서 피하려고 해요.

정보가 너무 많아진 오늘날에는 모든 정보를 다 살펴보기가 어려워요. 그래서 뇌는 자신이 관심 있거나 익숙한 정보를 받아들이려고 해요. 하지만 확증 편향은 다른 사람과의 대화하는 것을 막게 되고, 심하면 사회적 갈등을 불러일으킬 수 있어요. 이를 해결하기 위해서는 다양한 정보를 일부러 확인하려는 노력이 필요하죠. 또 다른 의견을 듣고 대화하면서 서로의 관점을 이해하기 위해 노력해야 한답니다.

디지털 디톡스

하나 더 알아보기

디지털 디톡스란 스마트폰이나 컴퓨터, 텔레비전과 같은 디지털 기기를 멀리해 몸과 마음을 쉬게 하는 활동을 말해요. 오랜 시간 동안 스마트폰이나 텔레비전을 보면 눈이 피로하고 집중력이 떨어지게 돼요. 그럴 때는 디지털 기기를 잠시 멀리하고 산책을 하거나, 친구와 만나 놀거나 책을 읽는 등 다른 시간을 갖는 게 좋아요. 디지털 기기는 우리의 삶을 풍요롭게 만드는 아주 편리한 도구지만 너무 많이 쓰면 몸과 마음을 해칠 수 있다는 걸 기억해야 해요.

미디어 교육

미디어 교육은 신문이나 텔레비전, 인터넷, 스마트폰처럼 다양한 미디어를 똑똑하게 사용하는 방법을 배우는 것을 말해요. 미디어를 잘 활용하기 위해 미디어 속 정보를 올바르게 이해하는 거죠.

미디어 리터러시

미디어 리터러시는 다양한 미디어를 사용할 때 미디어 속 내용이 진짜인지 가짜인지, 어떤 의도로 만들어졌는지 등을 알아보고 판단하는 능력을 말해요. 책을 읽고 내용을 이해하는 것처럼 미디어에서 전달하는 정보를 잘 받아들이는 거예요. 요즘은 가짜 뉴스나 자극적인 정보가 너무 많아서 미디어 리터러시 능력을 키우는 게 아주 중요해요. 이 능력을 키우면 잘못된 정보에 속지 않으면서 미디어를 더 똑똑하게 사용할 수 있답니다.

댓글 문화

댓글은 인터넷 뉴스 기사나 미디어 속 게시물에 자기 생각이나 의견을 글로 남기는 것을 말해요. 많은 사람이 함께 보고 이야기하는 온라인 공간에서 댓글은 서로 소통하고 다양한 의견을 나눌 수 있는 좋은 방법이에요. 하지만 대부분 댓글은 익명으로 이뤄져요. 때문에 다른 사람에게 심한 욕설을 하거나 거짓 소문을 퍼뜨리는 등 나쁜 댓글을 달기도 하죠. 이런 댓글은 다른 사람에게 큰 상처를 주고, 사회를 혼란스럽게 만들 수 있어요. 이를 막기 위해 바르고 고운 말로 좋은 댓글을 다는 문화가 필요해요.

개인 정보 보호법

인터넷을 사용하거나 회원 가입을 할 때 이름이나 주소, 전화번호 등 개인 정보를 입력해야 해요. 이러한 개인 정보를 동의 없이 함부로 사용하거나 다른 사람에게 알려 주지 못하도록 지켜 주는 법이 개인 정보 보호법이에요.

이 법 덕분에 허락 없이 다른 사람의 개인 정보를 사용하거나, 피해를 주는 나쁜 일에 쓰지 못하게 할 수 있어요. 이 법은 우리의 소중한 정보를 보호해 주는 중요한 법이에요. 디지털 기술이 발전할수록 이 법의 중요성은 더욱더 커지고 있어요.

미디어 윤리

미디어 윤리는 우리가 뉴스나 영상, 사회 관계망 서비스(SNS) 같은 미디어를 만들거나 이용할 때 지켜야 하는 태도와 규칙을 말해요. 오늘날에는 누구나 스마트폰을 통해 사진이나 글을 올릴 수 있고, 수많은 정보를 얻을 수 있어요. 그런데 사실이 아닌 내용을 퍼뜨리거나 허락 없이 다른 사람의 사진이나 글을 올리기도 해요. 그런 행동은 다른 사람에게 상처를 주거나 저작권을 침해하는 행동일 수도 있어요. 표현의 자유도 중요하지만 항상 배려하는 마음과 규칙을 준수해야 해요. 그래야만 우리 모두가 안전하게 미디어를 이용할 수 있답니다. 미디어 윤리는 우리 사회를 더 건강하고 신뢰 있게 만드는 중요한 약속이에요.

미디어 혁명과 관련된 두 인물

미디어 혁명

옛날에는 글이나 그림을 손으로 쓰고 그렸기 때문에 많은 정보를 만들 수 없었어요. 종이가 귀하기도 했고 교통이 발달하지 않아서 멀리 소식을 전하기도 어려웠거든요. 그래서 정보는 특정 사람들만 가질 수 있었어요. 하지만 새로운 기술이 생겨나면서 많은 사람이 훨씬 빠르고 다양한 정보를 전달하고 받을 수 있게 됐어요. 이처럼 사람들이 정보를 주고받고 소통하는 방식이 크게 바뀐 것을 미디어 혁명이라고 해요.

15세기에 금속 활자 인쇄술이 발달하면서 책을 대량으로 만들게 됐고, 20세기에는 라디오와 텔레비전이 등장했어요. 덕분에 멀리 떨어져 있어도 소리나 영상을 통해 실시간으로 소식을 듣게 됐죠. 오늘날에는 인터넷이나 컴퓨터, 스마트폰을 통한 미디어 혁명이 진행 중이에요. 이제는 누구나 손안의 작은 기기로 전 세계의 정보를 쉽고 편하게 접할 수 있어요. 이처럼 미디어의 발전은 단순히 기술의 변화를 넘어서 사람들이 세상을 이해하고 배우는 방식을 완전히 바꿔 놓았어요.

옥쌤의 시사 상식

우리나라에서 만든 세계에서 가장 오래된 금속 활자본!

금속 활자 인쇄술이 등장하면서 책을 많이 만들 수 있게 됐다고 했죠? 그런데 구텐베르크의 금속 활자로 만든 《성경》보다 약 78년이나 더 일찍 만들어진 금속 활자본이 있어요. 바로 《직지심체요절》이에요. 고려 시대에 만들어진 《직지심체요절》은 세계에서 가장 오래된 금속 활자본으로 인정받아 국제 연합 교육 과학 문화 기구(UNESCO) 세계 기록 유산으로 등재됐답니다.

요하네스 구텐베르크

요하네스 구텐베르크는 인류 역사에서 가장 중요한 발명을 한 인물 중 한 명이에요. 그가 살던 1400년대에는 책을 만들려면 한 글자씩 손으로 베껴 쓰거나 나무판에 글자를 새겨 찍어야 했어요. 책을 만드는 데 많은 시간과 노력이 필요한 거예요. 그런데 구텐베르크가 개발한 금속 활자는 한 번 만든 글자를 계속해서 다시 사용할 수 있고, 이전보다 훨씬 빠르고 정확하게 많은 책을 찍어낼 수 있었어요. 책을 쉽게 만들 수 있게 되면서 많은 사람이 책을 읽고 지식을 얻을 수 있게 된 거죠. 구텐베르크의 금속 활자 덕분에 많은 사람이 글을 배우고 교육을 받게 되면서 사회에 변화가 일어났어요. 특히 종교나 과학과 관련된 글이 더 널리 퍼지면서 과학 혁명과 종교 개혁에 큰 영향을 미쳤답니다.

마셜 매클루언

마셜 매클루언은 캐나다의 유명한 미디어 학자예요. 그는 텔레비전이나 라디오 등 새로운 미디어들이 사람들의 생각이나 사회에 어떤 영향을 미치는지 계속 연구했어요. 1950년대까지만 해도 미디어에 대한 이해가 부족했거든요. 그는 미디어의 의미가 제대로 이뤄질 필요가 있다고 생각했어요. 매클루언이 밝힌 미디어의 의미들은 오늘날의 미디어를 설명하는 데 아주 큰 도움이 되고 있어요.

매클루언은 미디어가 발전할수록 전 세계가 마치 작은 마을처럼 서로 연결되고 영향을 주고받는 지구촌이 될 거라고 생각했어요. 오늘날 인터넷과 스마트폰이 발달하면서 그의 생각이 얼마나 정확했는지 알 수 있죠. 이러한 맥클루언의 생각은 오늘날 우리가 미디어의 중요성과 영향력을 이해하는 데 큰 도움을 줬어요. 그를 통해 미디어가 단순히 정보를 전달하는 도구가 아니라 우리 삶을 변화시키는 강력한 힘임을 알 수 있어요.

World ne
Lorem ipsum dolor sit amet, consectetuer adipiscing elit, sed diam nonummy
ad minim veniam, quis nostrud exerci tation ullamcorp
Breaking
ws!!
Vintage
daily news
est. 1924
Lorem ipsum dolor sit amet, consectetuer adipiscing elit, sed diam nonummy nibh euismod tincidunt ut laoreet dolore magna aliquam erat volutpat. Ut wisi enim ad minim veniam, quis nostrud exerci tation ullamcorper suscipit lobortis nisl ut aliquip ex ea commodo consequat.

아울일보

20XX년 X월 XX일 X요일

PART 5

과학과 기술은 어떻게 미래를 바꿀까?

과학 | IT | 의료

과학은 우리 주변에서 일어나는
비밀들을 알아내는 활동을 말해요.
과학이 우리의 삶에 어떤 영향을 미치고 있는지 알아볼까요?

1장 과학

과학 | 물리 | 지구 과학 | 화학 | 생명 과학
과학 발전 | 과학 윤리 | 과학 혁명과 관련된 두 인물

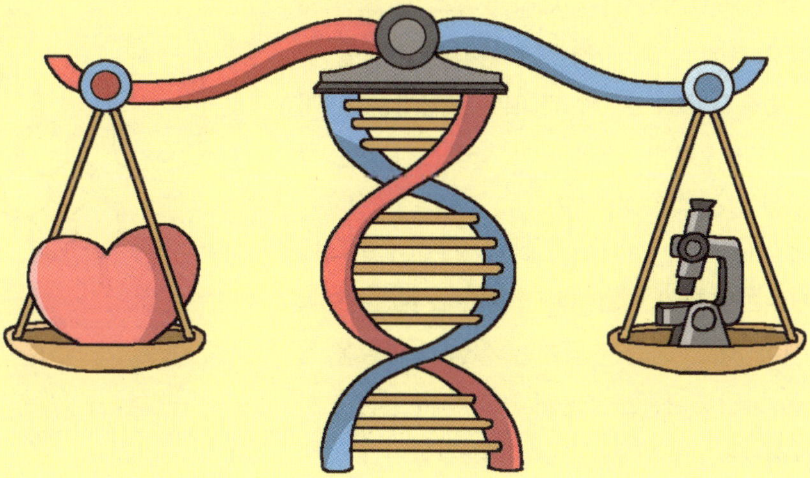

키워드	교과 과정	
과학 발전	중학 과학 1-2 중학 과학 3-1 고등 통합 과학 2	7. 과학과 나의 미래 8. 과학 기술과 인류 문명 3. 과학과 미래 사회
과학 윤리	중학 과학 1-2 중학 과학 3-1 고등 통합 과학 2	7. 과학과 나의 미래 8. 과학 기술과 인류 문명 3. 과학과 미래 사회

과학

과학은 우리 주변에서 일어나는 모든 현상과 세상의 비밀을 알아내기 위해 연구하는 활동을 말해요. 과학으로 알아낸 사실들로 새로운 기술을 만들어 우리 삶을 더 편리하게 만들어 준답니다.

과학이란?

과학은 우리가 사는 세상과 우주에 대한 궁금한 점을 풀기 위해 관찰하고 생각하며 답을 찾아가는 활동을 말해요. 왜 사과가 떨어지는지, 왜 하늘에 비가 오는지, 왜 식물이 자라는지 같은 질문에 대한 답을 찾는 거예요.

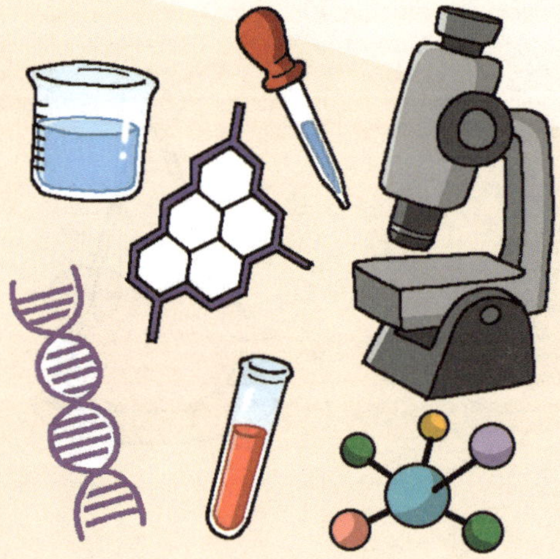

과학은 개인적인 생각이나 감정이 아니라 누가 보더라도 똑같이 확인할 수 있는 사실과 증거가 있어야 해요. 이러한 증거는 실험과 관찰을 통해 얻을 수 있어요. 그런데 왜 계속해서 같은 분야의 연구를 하는 걸까요? 그건 과학 기술이 발전하면서 새로운 비밀을 찾거나 더 자세하게 알 수 있게 됐기 때문이랍니다.

물리학

물리학은 우리 주변의 물체들이 어떻게 움직이고 힘은 어떻게 작용하는지 등을 연구하는 것을 말해요. 물리학은 세상의 가장 기본적인 규칙들을 찾으려고 노력해요. 중력의 법칙, 빛의 속도, 에너지의 크기와 같은 이론들이 발견되면서 지구와 우주를 이해하는 방식이 완전히 바뀌었죠. 스마트폰이나 컴퓨터, 레이저 같은 기술들도 모두 물리학에서 시작됐어요. 이처럼 물리학은 우리 주변의 모든 현상을 이해하고 미래의 기술을 발전시키는 데 아주 중요해요.

지구 과학과 천문학

지구 과학은 우리가 살고 있는 지구를 연구하는 것을 말해요. 우리 발밑의 땅부터 하늘의 구름까지 지구의 모든 자연 현상을 이해하려고 노력해요.

천문학은 저 멀리 우주에 있는 별, 달, 행성 같은 천체들을 연구하며 우주의 신비로운 비밀을 밝히는 거예요. 망원경을 이용해 멀리 있는 별을 관찰하고, 로켓을 우주로 보내 직접 탐험하기도 하죠.

화학

화학은 우리 주변의 모든 물건이 무엇으로 이뤄져 있고 서로 어떻게 바뀌는지를 연구하는 것을 말해요. 물질을 이루는 가장 작은 알갱이인 원자와 분자를 탐구하는 거예요. 화학은 약을 만들어서 아픈 사람을 돕거나, 새로운 재료를 개발해서 더 가볍고 튼튼한 물건을 만드는 데 사용하기도 해요. 또 환경 문제를 해결하는 데도 아주 중요해요.

생물학과 생명 과학

생물학과 생명 과학은 살아 있는 모든 것에 대해 연구해요. 사람, 동물, 식물 그리고 눈에 보이지 않는 작은 세균까지 어떻게 태어나고 자라며 죽는지 등을 연구하는 거죠. 생물학이 식물을 자세히 관찰하면서 그들이 어떻게 생겼고 무엇을 하는지 관찰하는 거라면, 생명 과학은 생물학에서 배운 지식을 바탕으로 생명 현상을 깊이 살피고 그것을 우리의 삶에 어떻게 활용할지 연구하는 거예요. 생물학이 '왜 식물은 광합성을 할까?'를 알아내는 거라면 생명 과학은 '광합성을 더 잘 하는 식물을 만들 수는 없을까?'라는 연구를 하는 거랍니다.

물리

물체가 어떻게 움직이는지, 빛과 소리는 어떻게 전달되는지 등 우리 주변에서 일어나는 모든 자연 현상의 원리를 찾는 걸 물리라고 해요. 물리를 통해 우리는 눈에 보이지 않는 힘과 에너지의 비밀을 알 수 있어요.

중력

중력은 모든 물체가 서로를 끌어당기는 힘을 말해요. 우리가 뛰었다가 다시 땅으로 떨어지거나, 나무에서 떨어진 사과가 땅으로 향하는 건 모두 중력 때문이에요. 중력은 물체의 무게가 무거울수록 강해지고, 물체 사이의 거리가 멀어질수록 약해져요. 우리가 살고 있는 지구는 아주 크기 때문에 중력도 강해요. 그래서 우리가 땅에 붙어 있을 수 있어요. 그런데 중력은 지구에만 있지 않아요. 달이 지구 주위를 돌고 지구가 태양 주위를 도는 것도 중력 때문이에요. 중력 덕분에 행성들이 제자리를 벗어나지 않고 길을 따라 움직일 수 있는 거죠.

광속

광속은 빛이 움직이는 속도를 말해요. 빛이 움직이는 속도는 세상에서 가장 빨라요. 얼마나 빠르냐면 1초에 지구를 7.5바퀴나 돌 수 있어요. 태양에서 출발한 빛이 지구까지 오는 데는 약 8분 20초가 걸린다고 해요. 이처럼 빛은 눈 깜짝할 사이에 엄청난 거리를 이동해요. 때문에 광속은 우주를 탐사하고 별까지의 거리를 측정하는 데 아주 중요한 기준임과 동시에 우주의 역사를 이해하는 열쇠라고 할 수 있답니다.

운동 에너지

운동 에너지는 움직이는 모든 물체가 갖고 있는 에너지를 말해요. 멈춘 물체에는 운동 에너지가 없지만 움직이기 시작하면 운동 에너지를 갖게 돼요. 빠르게 움직이는 공, 굴러가는 자동차, 흐르는 물 등 모두 운동 에너지를 갖고 있어요. 운동 에너지의 크기는 크게 두 가지에 따라 달라져요. 하나는 물체의 무게(질량)예요. 무게가 클수록 운동 에너지가 커져요. 똑같은 속도로 움직여도 작은 돌보다 큰 바위가 훨씬 더 큰 운동 에너지를 가져요.

다른 하나는 물체의 빠르기(속력)예요. 빠르게 움직일수록 운동 에너지가 커져요. 같은 공이라도 천천히 굴러가는 것보다 빠르게 날아가는 게 훨씬 더 큰 운동 에너지를 갖고 있어요. 이처럼 운동 에너지는 움직이는 모든 것의 원리가 되는 중요한 물리 개념이에요.

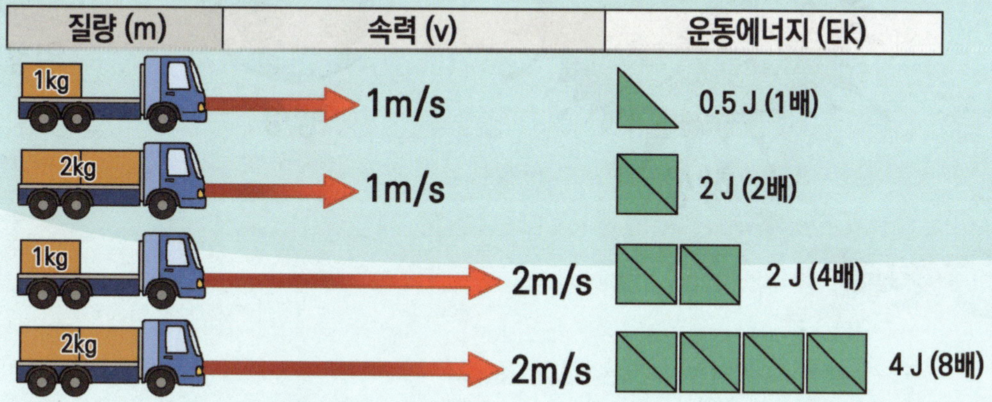

속력

하나 더 알아보기

속력은 물체가 얼마나 빨리 움직이는지를 나타내는 말이에요. 비슷한 말로 쓰이는 '속도'는 속력에 어느 방향까지 움직이는지도 알려 준다는 차이점이 있어요. 속력을 구하는 방법은 움직인 거리를 걸린 시간으로 나누면 돼요. 예를 들어 100미터를 10초에 달렸다면 100미터 나누기 10초를 해요. 1초당 10미터를 달리면 '초속 10미터'가 속력이 되죠. 속력은 자동차나 기차가 얼마나 빠르게 달리는지, 태풍이 얼마나 빨리 다가오는지 등을 알 때 중요하게 사용돼요. 또 누가 더 빨리 뛰는지 등을 비교할 때도 속력을 사용해요.

지구 과학

우리 주변에서 볼 수 있는 땅과 바다 그리고 저 멀리 우주에 있는 달, 별, 태양, 행성 등이 어떻게 생겼고, 어떻게 움직이는지 연구하는 게 지구 과학이에요. 우리가 사는 지구와 넓은 우주의 신비로운 비밀을 탐험해 볼까요?

천체

넓은 우주에는 수많은 별과 덩어리들이 떠다녀요. 이것들을 모두 합쳐서 '천체'라고 불러요. 천체를 이루는 것 중에 꼭 알아 둬야 할 게 항성, 행성, 위성이에요.

항성은 스스로 빛을 내는 아주 뜨거운 가스 덩어리예요. 대표적인 항성으로는 태양이 있어요. 태양은 스스로 엄청난 열과 빛을 내뿜어서 우리가 낮에 환하게 지낼 수 있고, 지구에 생명체가 살 수 있는 에너지를 줘요. 항성은 크기가 아주 커서 태양보다 훨씬 더 큰 항성도 있어요.

행성은 항성 주위를 일정한 길을 따라 도는 덩어리예요. 태양 주위를 도는 지구도 행성이라고 할 수 있죠. 행성은 크기나 모양이 다양하지만 스스로 빛을 낼 수 없다는 특징이 있어요.

위성은 행성 주위를 도는 작은 천체예요. 대표적으로 지구의 주위를 도는 달이 있어요. 위성이 없는 행성이 있기도 하고 목성이나 토성처럼 아주 많은 위성을 가진 행성도 있어요. 위성은 행성이나 항성의 빛을 반사해요.

태양계

태양계는 지구가 속해 있는 거대한 우주 가족을 말해요. 이 가족의 중심에는 태양이 있고, 태양 주변에 여러 행성과 작은 천체들이 돌고 있죠. 태양계에는 지구 외에도 수성, 금성, 화성, 목성, 토성, 천왕성, 해왕성 등 8개의 행성이 있어요. 각 행성은 태양으로부터 떨어진 거리에 따라 온도나 크기, 모습이 모두 달라요. 예를 들어 수성은 태양에 가장 가까워서 아주 뜨겁고, 목성은 태양계에서 가장 큰 행성이에요. 토성 주변에는 아름다운 고리가 있어요. 행성 주위에는 위성이 있고, 행성과 행성 사이에는 작은 돌덩어리인 소행성이나 얼음과 먼지로 이뤄진 혜성이 있죠. 이처럼 다양한 천체가 태양의 강력한 에너지 때문에 각자의 길을 따라 태양 주위를 계속해서 돌고 있답니다.

옥쌤의 시사 상식

왜행성이 된 명왕성!

행성을 외울 때 '수금지화목토천해'라고 외우죠? 그런데 옛날에는 '수금지화목토천해명'이라고 했어요. 1930년 미국의 천문학자 클라이드 톰보가 발견한 명왕성을 태양계의 9번째 행성이라고 구분했거든요. 하지만 2006년 행성의 기준이 바뀌었어요. 그 결과 궤도 주변에 있는 얼음 덩어리나 다른 천체를 끌어당기거나 멀리 튕겨 내지 못하는 명왕성은 행성이 아니라 왜행성 또는 왜소행성이라고 불리게 됐어요.

인공위성

인공위성은 사람이 만든 위성으로 우주로 쏘아 올려서 우주를 관찰하는 기계를 말해요. 지구 주위를 계속해서 돌면서 여러 일을 하죠. 숲이 얼마나 줄었는지, 바다 오염은 어떤지 등 지구의 환경 변화를 살펴요. 하늘 위에서 구름의 움직임이나 기온 변화 등을 관찰해서 일기 예보를 정확하게 만드는 데 도움을 줘요. 또 스마트폰 통화, 인터넷 사용 등이 전 세계로 이어질 수 있도록 신호를 주고받는 역할을 해요. 이 밖에도 우리가 길을 찾을 때 사용하는 스마트폰 지도나 위치 찾기 기능도 인공위성이 있기 때문에 가능한 일이에요. 인공위성이 보내는 신호를 받아 우리가 어디에 있는지 정확하게 알 수 있거든요.

인공위성을 우주로 쏘아 올리면 몇 년에서 몇십 년 동안 지구 주위를 돌면서 우리에게 소중한 정보를 보내 줘요. 이처럼 다양한 일을 하는 인공위성은 현대 사회를 살아가는 데 없어서는 안 될 아주 중요한 과학 기술이에요.

블랙홀

블랙홀은 우주에서 가장 신비롭고 강력한 존재로, '검은 구멍'처럼 보이지만 사실 엄청난 질량이 한 점에 모여 있는 천체를 말해요. 강력한 중력 때문에 빛마저도 블랙홀 안에 빨려 들어가면 밖을 나올 수 없다고 해요. 물론 블랙홀이 모든 걸 빨아들이는 건 아니에요. 일정한 거리를 두고 돌고 있는 천체들은 빨려 들어가지 않거든요.

태양보다도 훨씬 큰 별들이 수명을 다하면 스스로의 중력을 견디지 못해 하나의 점처럼 작아지는데 그게 블랙홀이 되는 거예요. 과학 기술이 발전하면서 2019년에는 블랙홀을 사진으로 찍는 데 성공하기도 했어요. 하지만 여전히 많은 비밀을 간직한 블랙홀은 연구자들의 중요한 연구 대상이에요.

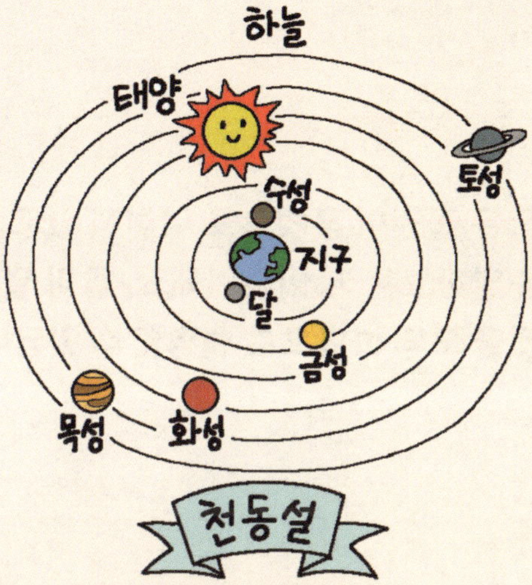

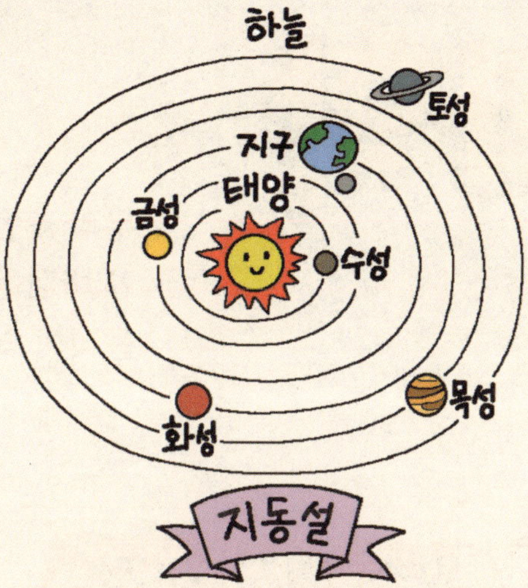

지동설과 천동설

옛날에는 하늘의 태양, 달, 모든 별이 지구를 중심으로 돈다고 생각했어요. 이를 '천동설'이라고 해요. 지구가 우주의 중심이고 다른 모든 것들이 지구를 위해 움직인다고 본 거예요. 그런데 천동설로는 가끔 별들이 이상하게 움직이는 걸 설명하기 어려웠어요.

이후 1500년대에 이르러 코페르니쿠스라는 과학자가 지구가 태양 주위를 돈다는 주장을 내놓았어요. 그게 바로 지동설이에요. 당시 사람들은 지구가 세상의 중심이라고 믿었기 때문에 지동설을 믿지 않았어요. 하지만 갈릴레오 갈릴레이와 같은 과학자들이 직접 망원경을 만들어 하늘을 관측해 지동설이 맞다는 증거를 찾아냈어요.

천동설에서 지동설로 사람들의 생각이 바뀐 건 세상을 이해하는 방식 자체가 바뀌는 큰 사건이었죠. 이 일을 통해 사람들은 관찰과 실험을 통해 얻은 증거를 바탕으로 진실을 찾는 과학적인 사고방식을 갖게 됐어요.

별자리

하나 더 알아보기

옛날 사람들은 하늘에 떠 있는 별들을 이어서 동물이나 물건, 사람의 모습을 상상했어요. 이렇게 상상으로 이어진 별들의 모임을 별자리라고 불러요. 별자리는 우리가 하늘을 보며 위치를 찾거나 계절을 아는 데 도움이 돼요. 지구에서 별을 바라보는 위치와 시간에 따라 별자리의 모습이 다르게 보이거든요. 봄에는 사자자리, 여름에는 백조자리, 가을에는 페가수스자리, 겨울에는 오리온자리 등을 쉽게 찾아볼 수 있어요. 북극성을 중심으로 항상 같은 위치에 있는 작은곰자리나 카시오페이아자리 같은 별자리도 있답니다.

화학

우리 주변의 모든 물건이 무엇으로 이뤄져 있고, 서로 어떻게 바뀌는지를 알아보는 게 화학이에요. 물이 얼음이 되고, 음식이 익는 것을 모두 화학으로 설명할 수 있답니다.

원소, 원자, 분자

세상에 있는 모든 물건은 아주 작은 알갱이들로 이뤄져 있어요. 그중에서도 원소, 원자, 분자는 세상의 모든 물질을 이해하는 데 가장 기본이 되는 개념이에요. 원소는 모든 물질을 구성하는 기본적 요소로 더 이상 다른 물질로 쪼갤 수 없는 가장 기본적인 형태를 말해요. 세상에는 산소, 수소, 탄소 등 100개가 넘는 원소들이 있어요.

원자는 원소의 가장 작은 알갱이를 말해요. 눈에 보이지 않을 만큼 작아서 크기를 상상하기도 어려워요. 수소 원소의 가장 작은 알갱이가 '수소 원자'이고, 산소 원소의 가장 작은 알갱이가 '산소 원자'예요. 모든 원자는 가운데에 '원자핵'이 있고, 그 주위를 '전자'라는 더 작은 알갱이들이 빙글빙글 돌고 있어요. 원자마다 원자핵과 전자의 개수가 달라서 서로 다른 성질을 가져요.

분자는 2개 이상의 원자가 서로 손을 잡고 달라붙어 만들어진 덩어리를 말해요. 이렇게 원자들이 모여서 분자가 되면 새로운 성질을 가지게 돼요. 예를 들어 수소 원자 2개와 산소 원자 1개가 만나서 손을 잡으면 '물 분자'가 돼요. 물 분자가 아주 많이 모이면 우리가 마시는 물이 되죠.

화학 물질

우리 주변의 모든 물건은 화학 물질로 이뤄져 있어요. 화학 물질은 여러 가지 원소들이 일정한 규칙으로 만나서 만들어진 물질을 말해요. 우리가 매일 마시거나 먹는 물이나 소금, 설탕도 모두 화학 물질이에요. 화학 물질은 자연에 원래부터 있던 것도 있고, 사람들이 만들어서 사용하는 것도 있어요. 예를 들어 흙처럼 자연에서 발견되는 화학 물질도 있고 플라스틱을 만드는 데 사용되는 것도 화학 물질이에요. 어떤 화학 물질은 우리 몸에 도움이 되지만 어떤 것은 조심해서 다뤄야 해요. 독성이 있는 물질은 우리 몸이나 환경에 해로울 수 있거든요.

플라스틱

플라스틱은 우리 주변에서 가장 흔하게 볼 수 있는 인공 화학 물질을 말해요. 아주 가볍고 튼튼하며 여러 가지 모양으로 쉽게 만들 수 있다는 특징이 있죠. 석유로 만든 플라스틱은 컵, 그릇, 장난감, 옷, 자동차 부품 등 수많은 물건을 만드는 데 사용돼요. 이처럼 플라스틱은 우리 생활을 편리하게 만들어 주지만 환경에 큰 문제를 일으키기도 해요. 아주 오랫동안 썩지 않아서 버려진 플라스틱 쓰레기가 땅이나 바다에 쌓여 환경을 오염시키거든요. 그래서 플라스틱 사용을 줄이거나 사용한 플라스틱을 녹여 다른 물건으로 만들기도 해요.

옥쌤의 시사 상식

플라스틱을 석유로 만든다고요?

석유는 아주 까맣고 끈적끈적한 액체로 여러 가지 물질이 뒤섞여 있어요. 이 상태의 석유를 '원유'라고 불러요. 원유를 뜨겁게 가열해 뒤섞인 물질을 분리하면 플라스틱을 만드는 재료인 '나프타'를 얻을 수 있어요. 이 나프타를 아주 작게 부셔 '모노머'로 만들고, 길게 연결하면 '폴리머'라고 부르는 물질이 되죠. 폴리머를 녹여서 틀에 부으면 우리가 원하는 모양의 플라스틱을 만들 수 있답니다.

호르몬

호르몬은 우리 몸속에서 만들어지는 아주 특별한 화학 물질이에요. 혈액을 타고 온 몸을 돌아다니면서 중요한 역할을 하죠. 우리 몸이 어떻게 성장하는지, 잠은 언제 자야 하는지, 기분은 어떤지 등 아주 다양한 신체 활동을 조절해요. 예를 들어 키가 자라는 것은 성장 호르몬 때문이고, 무서운 상황에서 심장이 두근거리는 것은 아드레날린이라는 호르몬 때문이에요. 이런 호르몬은 아주 적은 양만 있어도 우리 몸에 큰 변화를 불러올 수 있어요. 호르몬이 너무 많거나 적으면 몸에 문제가 생길 수 있기 때문에 병원에서 치료받아야 해요.

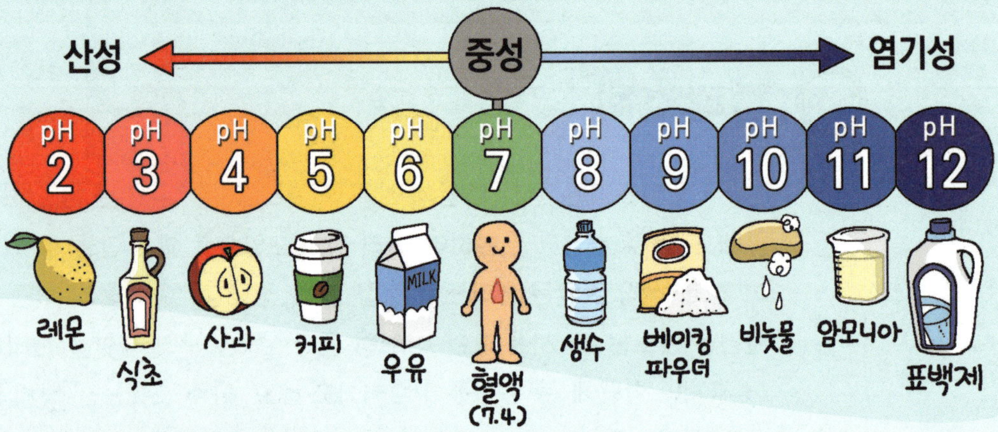

산성과 염기성

우리 주변의 많은 물질은 산성이거나 염기성이라는 성질을 갖고 있어요. 이 두 가지 성질은 서로 반대되는 특성이 있어 물질을 구별하는 중요한 기준이 돼요. 먼저 산성 물질은 신맛이 나고 금속을 녹이는 성질이 있어요. 레몬즙이나 식초처럼 신 음식들이 대표적인 산성 물질이죠. 위장 속의 위액, 탄산음료도 산성을 띠고 있어요. 이런 산성 물질은 푸른 리트머스 종이를 빨간색으로 변하게 해요.

염기성 물질은 쓴맛이 나거나 피부에 닿았을 때 미끈미끈한 느낌을 줘요. 비누나 세제, 샴푸 같은 것들이 염기성 물질이에요. 염기성 물질은 빨간 리트머스 종이를 파란색으로 변하게 해요.

산성과 염기성의 정도를 나타낼 때 'pH'라는 단위를 써요. pH 7은 산성도 염기성도 아닌 딱 중간이에요. pH가 7보다 작으면 산성, pH가 7보다 크면 염기성이라고 해요.

연소와 소화

연소는 어떤 물질이 타면서 열과 빛을 내는 현상을 말해요. 난로에 나무를 넣어서 태우거나 촛불을 켜면 연소가 일어나요. 연소가 일어나려면 탈 물질(가연물), 산소, 뜨거운 온도(점화원)가 필요해요. 이 3개를 '연소의 3요소' 또는 '불의 삼각형'이라고 불러요.

소화는 불이 난 것을 끄는 것을 말해요. 연소의 3요소 중에서 1개라도 없애면 불을 끌 수 있어요. 산불이 났을 때 불이 번지지 않도록 미리 나무를 베어 버리거나(제거 소화), 소화기로 거품을 뿌려 불을 덮거나(질식 소화), 물을 뿌려(냉각 소화) 화재를 막는 거죠. 연소와 소화를 잘 이해하면 안전하게 불을 붙이거나 끌 때 많은 도움이 돼요.

산화

산화는 어떤 물질이 산소와 만나거나 산소와 만났을 때와 비슷한 화학 변화가 일어나는 현상을 말해요. 우리 주변에서 일상적으로 일어나는 중요한 화학 반응이죠. 철이 공기 중의 산소와 만나면 빨갛게 녹거나 사과를 깎아 놓으면 갈색으로 변하는 것이 산화 현상이에요.

연소도 산화의 한 종류라고 할 수 있어요. 나무나 기름이 산소와 만나서 타는 현상은 산소와 나무와 기름이 산소와 격렬하게 반응해 빛과 열을 내는 거거든요. 또 우리가 숨을 쉬어서 몸속으로 들어온 산소가 음식물과 반응해서 힘을 내는 것(세포 호흡)도 산화 현상이랍니다.

생명 과학

생명체가 어떻게 자라고 움직이는지, 왜 병에 걸리는지 등을 연구하는 게 생명 과학이에요. 생명 과학은 신비와 비밀을 알아내 생명을 더 깊이 이해하는 데 도움을 주죠.

DNA와 RNA

DNA와 RNA는 살아 있는 생명체의 아주 중요한 정보를 담고 있는 특별한 물질이에요. DNA는 우리가 몸을 만들고 생명체가 살아가는 데 필요한 정보를 담고 있는 설계도라고 할 수 있어요. 두 개의 긴 사다리가 서로 꼬여 있는 것처럼 보이는데 이걸 '이중 나선 구조'라고 해요. DNA는 주로 세포 안에 있는 핵에 안전하게 보관돼 있어요.

RNA는 DNA에 담긴 설계도를 보고 우리의 몸을 구성하는 중요한 재료인 단백질을 만드는 데 필요한 정보나 재료(아미노산)를 운반하는 역할을 해요. 한 가닥으로 된 줄처럼 생겼는데 세포의 핵을 왔다 갔다 하거나 핵 바깥에 있는 세포질에 있답니다.

유전

유전은 부모의 특징이 자식에게 전달되는 현상을 말해요. 자식이 부모의 눈, 코, 입을 닮았거나 특정 병에 잘 걸리는 것도 모두 유전 때문이에요. 부모의 몸속에 있는 DNA 정보가 자식에게 전달되면서 그 정보에 따라 자식의 DNA가 결정되는데 이걸 유전이라고 해요. 보통 아빠에게서 절반, 엄마에게서 절반의 DNA를 받아서 합쳐지기 때문에 자식은 부모의 특징을 골고루 닮게 돼요. 유전되는 것으로는 키, 머리카락 색깔, 피부색처럼 겉으로 보이는 것뿐만 아니라 혈액형, 어떤 병에 잘 걸리는지 등 눈에 보이지 않는 것까지 등 다양하게 있어요.

진화론

진화론은 살아 있는 생명체가 아주 오랜 시간 동안 조금씩 변해서 지금의 모습이 됐다는 과학적인 생각을 말해요. 영국의 과학자인 찰스 다윈이 처음으로 이 생각을 정리해 발표했어요. 진화론에서 가장 중요한 점은 환경에 적응하고 살아남기에 유리한 특징을 가진 생명체가 더 많이 살아남아 자손을 남긴다는 거예요. 예를 들어 목이 긴 기린은 높은 나뭇잎을 따 먹기 유리해서 살아남았고, 목이 짧은 기린은 먹이를 구하기 어려워 사라졌다는 거죠. 아주 오랫동안 이런 과정이 반복되면서 생명체가 처음과는 전혀 다른 새로운 모습으로 변했다는 게 진화론의 핵심이에요. 오늘날 과학자들은 DNA 연구를 통해 진화가 어떻게 일어났는지 더욱 자세히 밝혀내고 있답니다.

백신

하나 더 알아보기

백신은 우리 몸이 병균으로부터 지킬 수 있도록 도와주는 아주 특별한 약을 말해요. 백신은 우리 몸에 진짜 병균이 들어오지 않도록 미리 준비해 나중에 진짜 병균이 들어와도 쉽게 이겨 낼 수 있게 만들어 줘요. 백신에는 병을 일으키는 병균의 아주 작은 조각이나 힘을 잃은 병균이나 병균과 비슷하게 생긴 물질들이 들어 있어요. 이것을 우리 몸에 주사하면 우리 몸은 진짜 병균이 들어온 것으로 착각하고 스스로 싸워서 이기는 방법을 배우게 돼요. 싸우는 방법을 알면 나중에 진짜 병균이 들어와도 쉽게 병에 걸리지 않거나 걸리더라도 심하게 앓지 않고 지나갈 수 있거든요.

과학 발전

더 나은 삶을 만들기 위해 계속해서 새로운 지식을 알아내고 기술을 발명하는 과정을 과학 발전이라고 해요. 호기심에서 시작된 작은 발견이 모여 미래를 꿈꾸게 하는 놀라운 일들을 만들어 내요.

미국 항공 우주국

미국의 우주 탐사와 항공 연구를 담당하는 정부 기관인 미국 항공 우주국(NASA)은 우주 기술을 발전시키며 우주 탐사를 통해 새로운 발견을 하는 것을 목표로 해요. 미국 항공 우주국은 인류 역사에 길이 남을 만한 중요한 일을 해냈어요. 1969년, 아폴로 11호 우주선을 통해 세계 최초로 사람을 달에 착륙시켰거든요. 우주와 지구를 오갈 수 있는 우주 왕복선을 개발해 우주 연구에 큰 도움을 줬고, 여러 나라의 우주인들이 함께 생활하고 연구하는 국제 우주 정거장(ISS)을 만드는 데도 중요한 역할을 했어요.

오늘날 미국 항공 우주국은 화성 탐사를 위해 로봇 탐사선을 화성으로 보내 생명체의 흔적을 찾고, 화성의 신비로운 비밀을 밝히는 데 계속 도전하고 있어요. 또 '제임스 웹 우주 망원경'을 통해 이전에는 볼 수 없었던 아주 멀리 떨어진 우주를 보며 우주의 비밀을 밝히고 있죠. 이처럼 미국 항공 우주국은 새로운 기술을 개발해 인류의 과학 발전에 큰 역할을 하고 있어요.

옥쌤의 시사 상식

아폴로 11호의 위대한 여정!

1969년 7월 20일, 아폴로 11호의 우주 비행사 닐 암스트롱이 인류 최초로 달에 발을 내디뎠어요. 인류의 과학 기술과 탐험 정신의 위대한 승리가 이뤄진 순간이었죠. 이 일을 통해 우주 탐사의 가능성이 활짝 열렸어요. 또 텔레비전을 통해 이 모습을 지켜본 많은 사람이 과학과 우주에 대한 꿈을 키우게 됐죠. 아폴론 11호의 달 착륙은 인류가 우주를 향해 내딛은 가장 중요한 발걸음 중 하나로, 오늘까지도 많은 사람의 기억 속에 남아 있답니다.

누리호

누리호는 우리나라 기술로 직접 만들고 발사까지 성공한 우주 발사체를 말해요. 우리나라가 만든 위성을 우주로 보내려면 다른 나라의 로켓이나 기술을 빌려야 했어요. 하지만 누리호를 만들게 되면서 이제 우리나라도 우리가 원하는 대로 위성을 우주로 쏘아 올릴 수 있게 됐죠.

2021년, 처음으로 시험 발사를 한 누리호는 2022년 2차 발사에 성공했어요. 이때 위성을 정확히 원하는 위치에 보내면서 우리나라는 세계에서 7번째로 자기 나라의 기술로 로켓을 만든 나라가 됐어요. 2023년에 3차 발사에 성공하면서 우리 기술로 만든 위성을 우주로 보내는 능력이 있음을 전 세계에 보여 줬어요. 그리고 2025년 11월 4차 발사에 성공했어요. 누리호의 성공은 우리나라가 우주 강국으로 나아갈 수 있음을 나타내는 중요한 사건이랍니다.

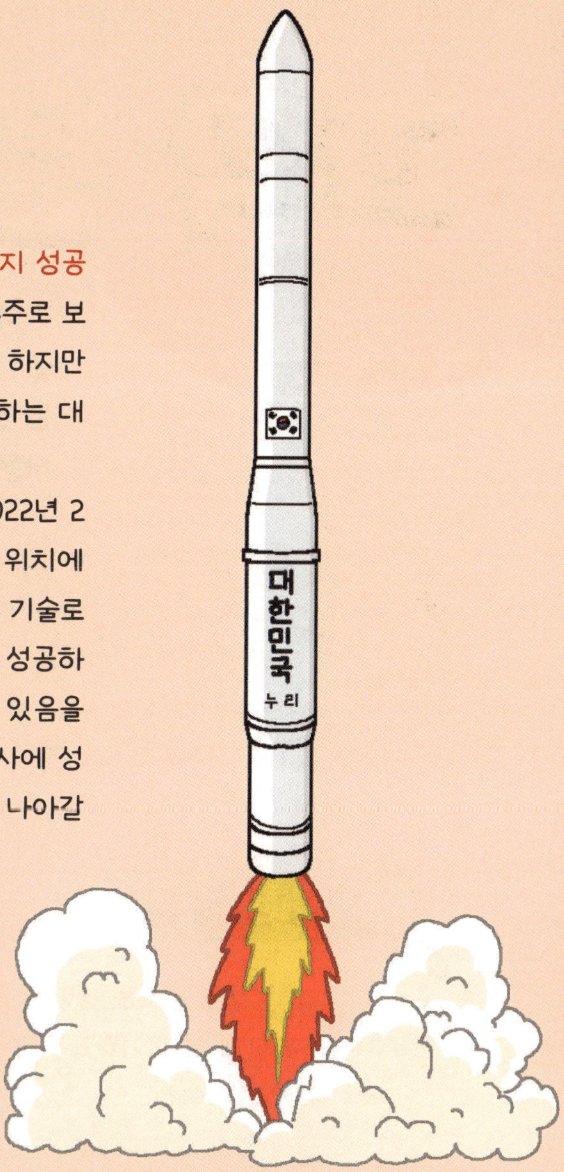

자율 주행

자율 주행은 운전자가 자동차를 조종하지 않아도 자동차 스스로 목적지까지 운전해 움직이는 기술을 말해요. 자동차에 달린 카메라나 레이더, 인공 지능(AI) 같은 기술들이 복잡한 운전을 알아서 해 주는 거예요. 자율 주행 기술로 인해 운전자는 운전대에 신경 쓰지 않고 다른 일을 하거나 쉴 수 있어요. 또 사람이 운전할 때 일어나는 실수를 줄여 더 안전하게 운전할 수 있죠. 물론 아직 자율 주행이 완벽한 건 아니에요. 특히 갑작스러운 날씨 변화나 예상하기 어려운 상황에서는 사람이 직접 운전하는 게 나을 수도 있어요. 하지만 많은 과학자가 자율 주행 기술을 더 안전하고 똑똑하게 만들기 위해 계속 연구하고 있어요. 미래에는 자율 주행 자동차가 우리 생활의 아주 중요한 부분이 될 거예요.

과학 윤리

과학자들이 새로운 기술을 만들거나 연구할 때 사람이나 생명에 어떤 영향을 미칠지를 깊이 생각하고 책임감을 갖는 것을 과학 윤리라고 해요. 과학 기술이 올바른 방향으로 사용되기 위해 지키는 중요한 약속이에요.

생명 윤리

생명 윤리는 생명에 관한 모든 것, 특히 생명 과학의 발달로 인해 생긴 여러 가지 문제점에 대해 어떻게 하는 게 옳을지 생각하고 판단하는 것을 말해요. 생명 과학의 발달로 우리는 아픈 것을 고치고, 더 오래 살게 됐어요. 심지어 새로운 생명을 만들어 낼 수도 있게 됐죠. 그러다 보니 이러한 기술을 어떻게 사용해야 할지, 어디까지 허용해야 할지에 대한 고민을 하게 됐어요. 특히 생명과 관련된 일은 한 번 잘못하면 되돌리기 어렵거나 큰 피해를 줄 수 있기 때문에 더욱 신중하게 생각해야 해요.

생명 윤리에는 네 가지의 중요한 원칙이 있어요. 첫째, 환자나 연구 대상자가 스스로 생각하고 결정할 권리를 존중(자율성 존중의 원칙)해야 한다는 거예요. 충분한 정보를 제공받고 치료를 결정하거나 연구에 참여하는 거죠. 둘째, 다른 사람에게 해를 끼치거나 고통을 주지 않아야 한다는 원칙(악행 금지의 원칙)이에요. 의사가 환자를 대할 때 가장 기본적으로 지켜야 하는 원칙 중 하나죠. 셋째, 다른 사람에게 이익을 주거나 좋은 일을 해야 해요(선행의 원칙). 단순히 해를 끼치지 않는 것을 넘어 적극적으로 도움을 주려고 노력해야 하는 거예요. 마지막으로 모든 사람을 공정하고 평등하게 대우해야 한다는 원칙(정의의 원칙)이 있어요. 이처럼 생명 윤리는 우리 주변의 다양한 문제에 대해 질문하고 답을 찾기 위해 노력하고 있어요.

동물 복제

동물 복제는 인공적으로 하나의 동물과 똑같은 유전 정보를 가진 다른 동물을 만드는 것을 말해요. 대표적인 동물 복제 방법으로는 체세포 복제 기술이 있어요. 복제 양 '돌리'도 이 방법으로 태어났답니다. 돌리는 어미 양의 세포를 이용해서 만들어진 복제 동물이에요. 복사기로 똑같은 그림을 여러 장 찍어 내는 것처럼 동물의 몸속에 있는 유전 정보를 이용해 똑같은 동물을 만들어 낸 거죠. 다양한 동물 복제 기술은 멸종 위기에 처한 동물을 다시 살리거나 동물과 사람의 질병 연구를 위한 동물 실험을 할 때 활용될 수 있어요. 하지만 동물 복제는 성공할 가능성이 매우 낮은 데다가 복제된 동물이 일찍 늙거나 병에 걸릴 확률이 높다는 연구 결과도 있어요. 또 생명을 인위적으로 만들고 조작하는 것이 올바른 일인가에 대한 문제도 있죠. 이처럼 동물 복제는 생명의 가치와 윤리적인 책임을 생각해 보게 만드는 과학 기술이에요.

동물 실험

새로운 약을 만들거나 질병의 원인을 알아낼 때나 화장품 같은 제품이 안전한지 확인하기 위해 동물을 이용해 실험하는 것을 동물 실험이라고 해요. 동물이 사람과 비슷한 반응을 보여 줄 때가 많아요. 그래서 동물들의 반응을 통해 약의 효과나 독성을 미리 알아내 사람에게 안전한지 확인하고, 질병을 치료하는 새로운 방법을 찾아내는 거예요. 이렇게 얻은 정보들은 사람의 생명을 구하거나 건강을 지키는 데 중요한 역할을 해요.

하지만 동물 실험을 반대하는 사람도 많아요. 실험 과정에서 동물이 고통받거나 생명을 잃는 경우가 많아서예요. 그래서 동물 실험을 줄이거나 없애야 한다는 이야기가 계속해서 나오고 있어요. 과학자들은 동물 실험 대신에 컴퓨터 시뮬레이션 등 다른 방법을 찾기 위해 노력하고 있답니다.

과학 혁명과 관련된 두 인물

과학 혁명이 일어나면서 세상을 바라보는 방식, 지식을 얻는 방법 그리고 과학을 통해 세상을 이해하는 근본적인 구조가 바뀌었어요. 단순히 지식이 축적된 게 아니라 새로운 패러다임으로의 전환이 이뤄진 거죠.

과학 혁명

과학 혁명은 16세기부터 18세기까지 유럽에서 일어난 자연 과학 분야의 급진적인 변화를 말해요. 과거에 과학은 철학자들의 생각이나 종교적인 믿음에 가까웠어요. 하지만 과학 혁명이 일어나면서 관찰하고 실험해 얻은 증거를 바탕으로 세상을 이해하기 위해 노력하기 시작했죠. 옛날에는 지구가 우주의 중심(천동설)이라고 믿었지만 과학자들의 노력 끝에 태양을 중심으로 지구가 그 주위를 돈다(지동설)는 것을 알게 됐어요. 처음에는 받아들이기 어려웠지만 시간이 지나면서 더 많은 증거가 쌓여 진실로 인정받게 됐어요.

16세기 이후 유럽에서 시작된 근대 과학 혁명은 천문학과 물리학 등 다양한 분야에서 엄청난 발견을 가져왔어요. 19세기에는 화학이나 생물학 등 자연 과학 분야가 크게 발전했고, 20세기에는 우주와 물질에 대한 이해를 완전히 바꿔놓은 대단한 이론들이 등장했죠. 이처럼 과학 혁명은 서구 문명이 비약적으로 발전하는 데 결정적인 역할을 했을 뿐만 아니라 인류 전체의 지식을 넓히는 데도 커다란 역할을 했답니다.

아이작 뉴턴

아이작 뉴턴은 1643년 영국에서 태어난 위대한 과학자이자 수학자예요. 뉴턴은 나무에서 사과가 떨어지는 것을 보곤 궁금증이 생겼고, 그 질문은 뉴턴이 중력이라는 아주 중요한 발견을 하게 되는 계기가 됐어요. 뉴턴은 사과가 땅으로 떨어지는 것뿐만 아니라 하늘에서 달이 지구 주위를 돌고, 지구가 태양을 도는 것이 모두 중력 때문임을 수학적으로 증명했어요. 또 물체가 무겁거나 가까울수록 더 강하게 끌어당긴다는 규칙을 발견했죠. 이를 '만유인력의 법칙'이라고 해요. 뉴턴의 발견은 당시 사람들에게 큰 충격을 줬어요. 보이지 않고 만질 수도 없는 힘이 세상을 움직인다는 걸 알려 줬기 때문이죠. 때문에 오늘날 뉴턴은 '과학의 아버지'라 불리며 많은 사람에게 존경받고 있답니다.

알베르트 아인슈타인

알베르트 아인슈타인은 20세기 가장 위대한 과학자라고 불려요. 그는 우리가 사는 시간과 공간, 물질과 에너지에 대한 생각을 완전히 뒤바꿔 놓으며 과학 혁명에 큰 영향을 미쳤어요.

아인슈타인의 대표적인 업적은 '상대성 이론'이에요. 그중 '특수 상대성 이론'을 통해 빛의 속도는 누가 보더라도 같다고 했어요. 또 사람의 움직임에 따라 시간이 더 느리게 흐르거나 공간이 더 짧아질 수 있다고도 말했죠. 즉 시간과 공간이 상황에 따라 달라질 수 있다는 거예요.

아인슈타인 덕분에 우리는 우주의 탄생과 블랙홀 같은 신비로운 현상을 더 깊게 이해하고, 다양한 첨단 기술을 만들게 됐어요. 아인슈타인은 새로운 과학의 길을 연 천재 과학자이자 인류 역사상 가장 위대한 이론 물리학자예요.

IT란 컴퓨터와 인터넷 같은 디지털 기술을
이용하는 모든 활동을 말해요.
일상생활에서 IT가 어떻게 활용되는지 알아봐요.

2장
IT

IT | 컴퓨터 | 인공 지능 | 4차 산업 혁명 | IT 범죄
사이버 보안 | 미래 기술 | IT 혁명과 관련된 두 인물

키워드	교과 과정	
IT	초등 실과 5 중학 기술·과정 2 중등 정보 고등 통합 과학 2	5. 프로그래밍으로 통하는 디지털 세상 5. 정보 통신 기술 4. 컴퓨터 시스템 3. 과학과 미래 사회
인공 지능	초등 실과 6 중등 정부 고등 통합 과학 2	6. 인공 지능과 로봇의 만남 3. 문제 해결과 프로그래밍 3. 과학과 미래 사회

IT

컴퓨터와 인터넷 같은 기술을 이용해서 정보를 만들어서 주고받는 모든 활동을 IT라고 해요. 우리가 스마트폰을 사용하거나 인터넷으로 정보를 쉽게 검색할 수 있는 건 모두 IT 기술 덕분이에요.

IT란?

IT(정보 통신)란 정보를 만들고 모으고 처리하고 전달하는 데 사용되는 모든 기술과 도구를 말해요. 컴퓨터나 인터넷, 스마트폰 등을 모두 IT라고 할 수 있죠. 컴퓨터로 글씨를 쓰고 그림을 그리거나 인터넷으로 다양한 정보를 검색하고, 외국에 있는 친구와 영상 통화를 하는 모든 활동이 IT 기술이에요. IT 기술은 우리 생활을 아주 편리하게 만들어 줘요. 또 사회를 빠르게 변화시켜 새로운 직업들을 만들어 낸답니다.

정보 통신 기술

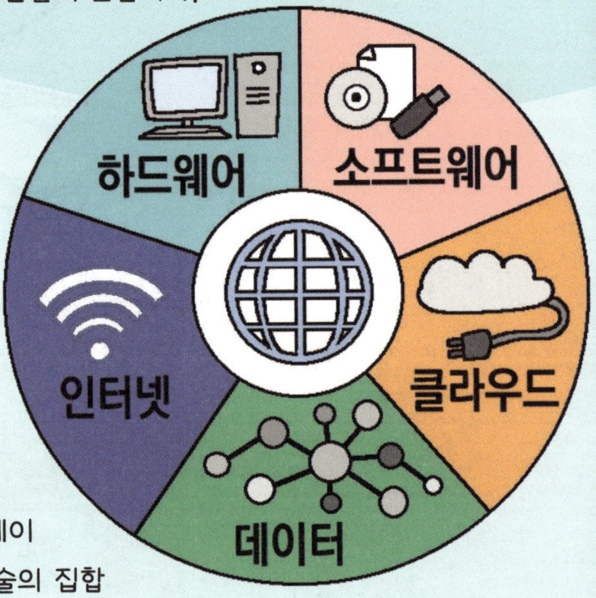

정보 통신 기술(ICT)은 IT와 비슷하지만 조금 더 넓은 의미예요. 정보를 만들고 저장하고 처리할 뿐만 아니라 그 정보를 서로 주고받는 데 사용되는 모든 기술과 도구를 합친 말이거든요. 정보 통신 기술은 일상 곳곳에서 찾아볼 수 있어요. 그중 전화나 문자, 인터넷, 애플리케이션 등을 사용하는 스마트폰은 정보 통신 기술의 집합체라고 할 수 있죠.

인터넷을 통해 집에서 공부하거나 일하는 것, 물건을 사거나 은행 업무를 보는 것 모두 정보 통신 기술을 활용한 거예요. 내비게이션으로 실시간 교통 정보를 받아 목적지까지 가는 것도 정보 통신 기술에 해당해요. 정보 통신 기술은 우리 사회의 모든 부분을 더욱 빠르고 편리하게 연결해 줄뿐만 아니라 앞으로도 우리 삶을 변화시킬 중요한 기술이에요.

하드웨어와 소프트웨어

하드웨어는 컴퓨터나 스마트폰처럼 우리가 직접 만질 수 있는 기계 장치를 말해요. 컴퓨터의 본체, 모니터, 키보드, 마우스, 스마트폰, 프린터, 게임기 등이 모두 하드웨어예요. 이러한 하드웨어들이 각자 맡은 역할을 잘해 줘야 컴퓨터나 스마트폰이 제대로 작동할 수 있어요. 모니터가 없으면 컴퓨터 화면을 볼 수 없고, 키보드가 없으면 글을 쓸 수 없는 것처럼요.

소프트웨어는 컴퓨터나 스마트폰이 어떤 일을 해야 할지 알려 주는 프로그램을 말해요. 하드웨어처럼 손으로 만질 수는 없지만 컴퓨터가 움직이도록 명령하고 일을 시키는 역할을 해요. 하드웨어가 몸속의 뼈대와 근육이라면 소프트웨어는 몸을 움직이는 정신이나 뇌라고 할 수 있죠.

소프트웨어는 크게 컴퓨터의 기본 운영을 담당하는 '시스템 소프트웨어'와 특정한 목적이나 작업을 하기 위해 만들어진 '응용 소프트웨어'로 나눌 수 있어요. 시스템 소프트웨어로는 윈도우, 맥OS, 안드로이드, 아이폰 OS와 같은 운영 체제(OS)가 있어요. 반면 마이크로소프트 워드, 파워포인트, 유튜브, 크롬, 카카오톡 같은 것들은 필요에 따라 사용자가 직접 설치하고 사용하는 응용 소프트웨어(애플리케이션)랍니다.

인터넷

인터넷은 전 세계의 수많은 컴퓨터와 연결망(네트워크)이 연결된 아주 큰 통신망을 말해요. 우리는 인터넷 덕분에 지구 반대편에 있는 사람과도 정보를 주고받을 수 있어요. 인터넷을 통해 궁금하거나 재미있는 것을 찾아보고, 친구들과 이야기하거나 게임을 할 수도 있죠. 또 온라인 쇼핑을 통해 외국에 파는 물건을 편하게 주문할 수도 있어요. 이처럼 인터넷은 정보를 쉽게 얻고 다른 사람들과 소통하며 다양한 활동을 할 수 있는 아주 편리한 도구예요. 하지만 가짜 뉴스나 나쁜 정보도 퍼질 수 있으니 조심해야 해요.

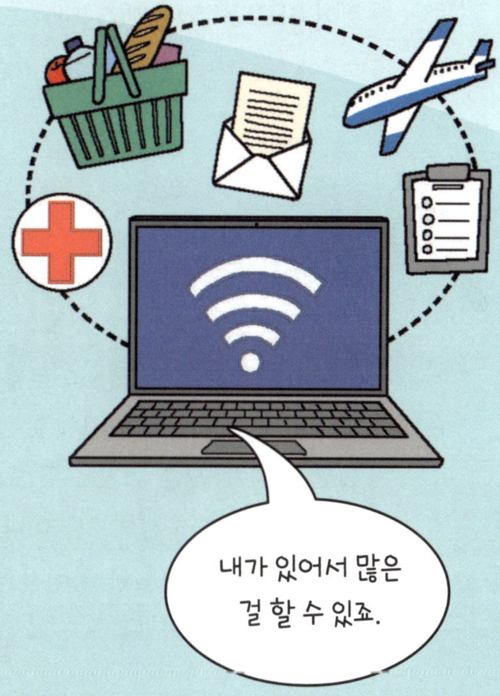

컴퓨터

컴퓨터는 우리가 원하는 일을 할 수 있게 돕는 똑똑한 기계예요. 단순히 계산만 하는 게 아니라 인터넷을 통해 다양한 정보를 찾아서 우리 생활을 편리하게 만들어 주죠.

운영 체제

운영 체제(OS)는 컴퓨터가 작동할 때 가장 기본이 되는 프로그램을 말해요. 컴퓨터의 뇌와 심장이라 할 수 있어요. 운영 체제가 없다면 컴퓨터는 책상 위에 덩그러니 놓여 있는 기계에 불과해요. 우리가 컴퓨터를 켜면 가장 먼저 실행되는 것이 바로 운영 체제랍니다.

운영 체제는 하드웨어, 응용 프로그램을 정리할 뿐만 아니라 컴퓨터 시스템의 중요한 정보나 파일이 바이러스와 같은 외부 공격으로부터 손상되지 않게 보호해요. 운영 체제는 PC용, 모바일 기기용 등 다양한 종류가 있어요. 이러한 운영 체제는 우리가 컴퓨터를 쉽고 빠르게 사용할 수 있도록 돕는 핵심 소프트웨어예요.

포털

포털은 인터넷을 사용할 때 다양한 정보와 서비스를 한 곳에서 편리하게 이용할 수 있도록 연결해 주는 웹사이트를 말해요. 인터넷에는 수많은 정보와 웹사이트가 있어 내가 원하는 정보를 찾기 어려워요. 포털은 이런 불편함을 해결해 주고 사람들이 원하는 정보를 쉽고 빠르게 찾을 수 있도록 도와주죠. 대표적으로 네이버, 다음, 구글, 야후 등이 있어요. 포털에 들어가면 검색 기능이나 이메일 서비스, 뉴스, 미디어 서비스 등 다양한 정보를 제공해요. 이처럼 포털은 우리가 인터넷을 더 쉽고 편리하게 사용할 수 있도록 도와주는 중요한 역할을 한답니다.

데이터

데이터라고 하면 스마트폰 데이터가 먼저 떠오를 거예요. 이때의 데이터는 스마트폰이 인터넷에 연결돼 정보를 주고받을 때 사용되는 양을 말해요. 스마트폰으로 뭔가를 하려고 할 때 이 데이터를 사용하게 되죠. 그런데 원래 데이터는 보다 넓은 의미로, 우리가 어떤 것을 알아내거나 컴퓨터가 이해하고 처리할 수 있는 모든 정보를 말해요. 사진이나 동영상, 음악, 글자, 숫자까지 모두 데이터(정보)라고 할 수 있죠. 이러한 데이터를 설문 조사나 관찰, 인터넷 등을 통해 모아 분석하면 새로운 사실을 알아내거나 더 좋은 서비스를 만들 수도 있어요. 또 일기 예보 등 미래를 예상하는 데도 사용할 수 있죠. 특히 인공 지능(AI)이 똑똑해지려면 아주 많은 양의 데이터가 필요해요.

옥쌤의 시사 상식

정보의 길, WWW!

WWW은 'World Wide Web'의 줄임말로 흔히 웹이라고 불러요. 인터넷이 전 세계의 컴퓨터들을 연결한 그물망이라면 WWW는 그 그물망 위에 있는 길이라고 할 수 있어요. 우리가 인터넷에서 보는 화면을 '웹페이지'라고 하는데 이런 웹페이지들을 한 묶음으로 모은 것을 '웹사이트'라고 해요. 그런데 모든 웹페이지에는 'www.naver.com'이나 'www.google.com' 같은 자신만의 특별한 주소가 있어요. 이 주소를 알면 내가 원하는 웹페이지에 바로 찾아갈 수 있죠. 이처럼 우리는 WWW를 통해 궁금한 게 있으면 인터넷으로 내가 원하는 정보를 찾거나 동영상을 보기도 하고 게임을 할 수도 있어요. 또 온라인으로 물건을 사거나 은행 업무를 보는 것도 모두 WWW가 있기 때문이랍니다.

메모리

메모리는 컴퓨터가 정보를 잠깐 기억하거나 빠르게 꺼내 쓸 수 있도록 돕는 장치를 말해요. 우리가 어떤 일을 할 때 필요한 정보를 잠시 머릿속에 저장해 두었다가 필요할 때 꺼내 쓰는 것과 비슷해요. 대표적인 메모리로는 주 기억 장치(RAM)와 보조 기억 장치(저장 공간)가 있어요. 주 기억 장치는 컴퓨터나 스마트폰이 현재 실행 중인 프로그램이나 데이터를 임시로 저장하는 공간이에요. 전원이 꺼지면 저장된 내용이 모두 사라지지만 여러 개의 애플리케이션을 이용하거나 복잡한 작업을 하면 컴퓨터나 스마트폰의 속도가 느려질 수 있어요. SD 카드나 HDD, USB와 같은 보조 기억 장치는 데이터를 영구적으로 보존하는 공간으로 전원이 꺼져도 저장한 내용이 사라지지 않아요. 주 기억 장치는 현재 작업 속도를, 보조 기억 장치는 얼마나 많은 데이터를 보관할 수 있는지를 결정하는 아주 중요한 장치예요.

클라우드

클라우드는 인터넷을 통해 정보를 저장하고 사용할 수 있는 가상의 공간을 말해요. 내 컴퓨터가 아니라 다른 공간에 정보를 저장한 거예요. 내 방이 아니라 거대한 창고에 물건을 쌓아 두고 필요할 때마다 가져오는 것과 비슷해요. 클라우드에 저장된 사진이나 파일 같은 정보는 인터넷만 연결되면 내 컴퓨터가 아닌 다른 컴퓨터라도 언제든지 확인할 수 있어요. 기기를 잃어버리거나 고장이 나도 네이버 MYBOX, 구글 포토, iCloud와 같은 클라우드에 저장된 정보는 안전하게 보관되는 거죠. 이처럼 클라우드는 정보를 저장하고 사용할 수 있는 편리하고 효율적인 공간이에요.

프로그래밍

프로그래밍은 컴퓨터가 우리가 원하는 대로 움직이도록 명령을 내리는 과정을 말해요. 컴퓨터는 매우 똑똑해 보이지만 사실 혼자서는 아무것도 할 수 없어요. 그래서 우리가 컴퓨터로 어떤 작업을 하려면 프로그래밍이 필요해요.

프로그래밍이 있으면 다양한 소프트웨어를 만들 수 있어요. 또 복잡한 계산을 하거나 많은 데이터를 정리해야 할 때 프로그래밍을 통해 컴퓨터에게 방법을 알려 주기도 해요.

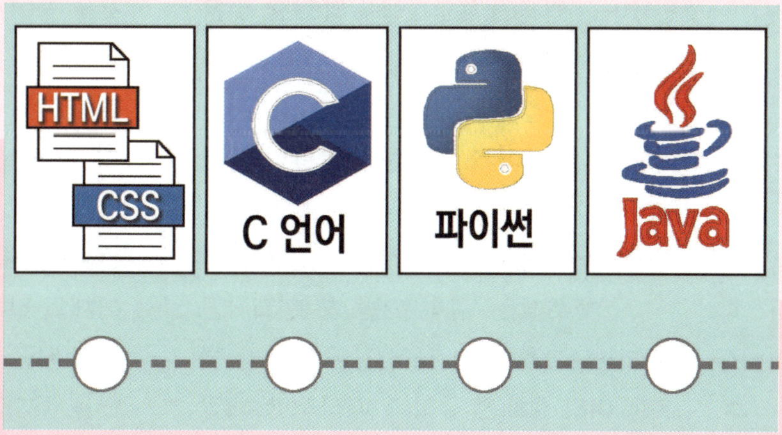

코딩

코딩은 프로그래밍 언어를 통해 컴퓨터에게 명령을 내리는 과정을 말해요. 똑똑해 보이는 것과 달리, 컴퓨터는 우리가 무엇을 해야 할지 알려 줘야만 움직일 수 있다고 했죠? 이때 컴퓨터가 알아들을 수 있는 언어로 명령을 적는 게 코딩이에요. 세상에는 정말 많은 프로그래밍 언어가 있는데 각 언어마다 잘하는 게 조금씩 달라요.

가장 배우기 쉬운 파이썬은 인공 지능(AI), 데이터 분석, 웹사이트 제작 등 다양한 분야에서 사용돼요. 자바는 안정적이기 때문에 안드로이드 애플리케이션, 웹 개발 등에 쓰이죠. C 언어는 게임이나 운영 체제(OS)와 같이 속도가 중요한 프로그램을 만들 때 써요. 이외에도 다양한 프로그래밍 언어들이 있답니다.

인공 지능

컴퓨터가 사람처럼 생각하고 배우며 문제를 해결하는 기술을 인공 지능 또는 AI라고 해요. 아주 똑똑한 로봇 친구가 스스로 공부하고 판단해 우리를 돕는 거예요.

챗봇

챗봇은 사람처럼 대화할 수 있도록 만들어진 컴퓨터 프로그램을 말해요. 질문하면 그 말을 알아듣고 적절한 답을 해 주거나 특정 업무를 대신해 주죠. 24시간 이용할 수 있어서 고객들의 간단한 질문에 계속 대답해야 하는 서비스 등 다양한 분야에서 사용되고 있어요.

챗봇에는 '규칙 기반 챗봇'과 '인공 지능(AI) 챗봇'이 있어요. 규칙 기반 챗봇은 미리 정해진 규칙에 따라서만 대답해요. 예를 들어 "배송 조회."라고 물으면 "주문 번호를 입력해 주세요."라고 답하는 거죠. 이처럼 정해진 질문 외에 다른 것을 물어보면 잘 대답하지 못한다는 단점이 있어요. 반면 인공 지능 챗봇은 스스로 학습해 다양한 답을 만들어 내곤 해요. "오늘의 날씨는 어때?"라고 물으면 오늘의 날씨를 알려 주죠. 그런데 "어제 날씨는 어땠어?"라고 다시 물어보면 이어서 어제의 날씨를 설명해 줘요. 사람이 말하는 것처럼 자연스러우면서도 창의적인 답변을 주지만 때로는 잘못된 정보를 진짜처럼 말하기도 해요.

생성형 인공 지능

인공 지능(AI)이 처음에 나왔을 때는 주어진 정보를 분석하거나 분류하는 일을 했어요. 하지만 오늘날에는 스스로 새로운 그림이나 글, 음악, 동영상까지 만들어 내고 있죠. 이처럼 기존에 없던 것을 만들어 내는 인공 지능을 생성형 인공 지능이라고 해요. 대표적인 예로는 챗GPT나 제미나이가 있죠. 생성형 인공 지능은 아주 많은 양의 그림이나 글, 음악 같은 데이터를 통해 그림에 어울리는 색감, 글을 쓰는 규칙, 음악의 리듬 등을 스스로 배우고 이해해요. 이렇게 학습이 끝난 생성형 인공 지능은 자신이 배운 것을 바탕으로 창의적인 결과물을 만들어요.

딥러닝

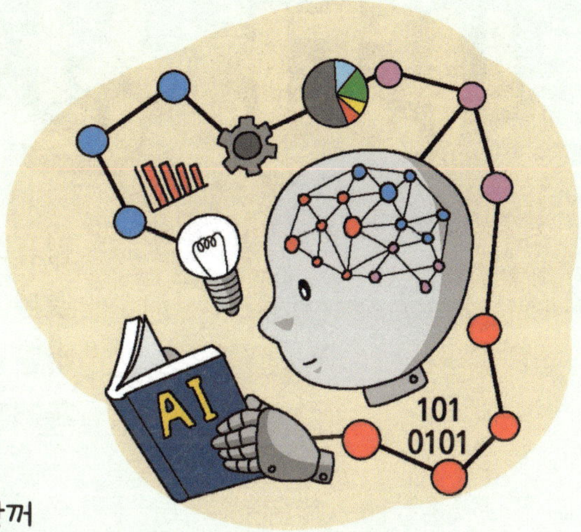

딥러닝은 인공 지능(AI)이 스스로 배우고 생각하는 방법을 말해요. 사람의 뇌처럼 여러 층으로 연결된 '인공 신경망'을 통해 학습해요. 딥러닝은 아주 복잡한 문제도 사람보다 더 정확하게 해결할 수 있고, 일일이 가르쳐 주지 않아도 데이터만 있으면 스스로 배울 수 있어요. 또 글이나 그림, 소리, 영상 등 다양한 종류의 데이터를 한꺼번에 처리할 수 있죠. 하지만 똑똑해지기 위해선 아주 많은 데이터와 계산이 필요해요. 또 딥러닝이 어떤 결과를 내놓았을 때 어떤 과정을 거쳐 그런 판단을 했는지 이해하기 어려울 때도 있답니다.

인공 지능 환각

인공 지능 환각은 인공 지능(AI), 특히 챗봇이나 생성형 인공 지능이 사실이 아닌 내용을 마치 진짜인 것처럼 그럴듯하게 말하는 현상을 말해요. 학습한 데이터에 없는 내용을 스스로 만들어 사실인 것처럼 말하는 거죠. 학습 데이터가 부족하거나 특정 정보에만 치우쳐 있다면 짐작해서 답을 만들기 때문이에요. 게다가 많은 챗봇은 특정 시점까지만 학습하기 때문에 그 이후에 발생한 사건이나 최신 정보에 대해서는 알지 못해요. 즉 과거 데이터를 기반으로 추측해 답하거나 없는 내용을 만들어 내는 거예요. 때문에 인공 지능이 제시하는 모든 내용을 믿는 대신 신뢰할 수 있는 출처를 통해 사실인지를 확인할 필요가 있어요. 질문할 때는 구체적으로 하고, 만약 인공 지능이 잘못된 정보를 말했다면 새롭게 학습할 수 있도록 도와줘야 해요.

4차 산업 혁명

컴퓨터와 인터넷 기술이 빠르게 발전하면서 인공 지능(AI), 로봇 등 다양한 새로운 기술들이 우리 생활과 산업을 크게 바꾼 것을 4차 산업 혁명이라고 해요. 모든 게 연결되고 똑똑해지는 미래 사회라고 볼 수 있어요.

사물 인터넷

사물 인터넷(IoT)은 우리 주변의 다양한 물건들이 인터넷에 연결돼 서로 정보를 주고받으며 스스로 작동하는 기술을 말해요. 스마트폰 애플리케이션으로 집 밖에서 에어컨을 켜거나 문을 잠그고 불을 끄는 등 집 안의 가전제품을 조종하는 거예요. 또 도시 곳곳에 설치된 센서가 교통량을 확인해 신호등을 조절하거나 주차할 곳을 자동으로 안내해 주기도 하죠. 스마트 워치처럼 몸에 착용하는 기기들은 사람의 심장 박동 수나 운동량을 측정해 건강 관리에 도움을 줘요. 밭에 설치된 센서가 흙의 상태를 확인해 필요한 만큼 자동으로 물과 비료를 줘서 농사가 잘되게 돕기도 하죠. 이처럼 사물 인터넷은 물건들이 인터넷에서 얻은 정보를 분석하고 스스로 판단해 사람의 삶을 더욱 편리하고 안전하게 만들어 주는 데 큰 역할을 한답니다.

드론

드론은 사람이 직접 타지 않고, 멀리서 조종하거나 스스로 움직이며 날아다니는 작은 비행체를 말해요. 프로펠러가 여러 개 달려서 헬기처럼 위로 떠오르고 자유롭게 움직여요. 드론은 우리 주변에서 다양하게 활용되고 있어요. 대표적으로 높은 곳에서 멋진 풍경 사진이나 동영상을 찍을 때 많이 사용되죠. 그래서 영화나 드라마 촬영에도 자주 등장해요. 이러한 기술은 산이나 건물에 불이 났을 때처럼 사람이 들어가기 힘든 곳을 확인하는 데 많은 도움이 돼요. 또 드론은 넓은 논밭에 농약을 뿌리는 데 사용되거나 작물이 잘 자라는지 확인할 수 있어요. 최근에는 드론이 직접 집 앞까지 배달해 주는 서비스도 시험 중이에요. 산속 깊은 곳 같이 사람이 가기 어려운 곳에 물건을 보내는 데 많은 도움이 돼요.

헬스케어

하나 더 알아보기

헬스케어는 사람들이 건강을 지키고 아플 때 치료를 받으며 미리 질병을 예방해 건강하고 오래 살 수 있도록 돕는 모든 활동을 말해요. 병원 진료나 규칙적인 운동, 올바른 식사 관리, 백신 접종 등 우리 건강과 관련된 모든 게 포함돼요. 오늘날 헬스케어는 다양한 기술과 만나 더욱 발전하고 있어요. 인공 지능(AI)은 환자의 증상이나 검사 결과를 분석해 질병을 확인하고, 그에 맞는 치료법을 추천해 줘요. 인공 지능을 통한 원격 의료 기술이 발달하면서 병원에 직접 가지 않고도 영상 통화를 통해 의사와 상담하고 치료받을 수 있어요. 개인의 유전자 정보나 생활 습관 등을 분석해 각자에게 잘 맞는 운동 방법이나 식단을 추천하기도 해요. 또 사람들의 심장 박동 수나 수면 습관, 운동량 등을 실시간으로 확인하고 관리할 수 있어요.

IT 범죄

컴퓨터와 인터넷 같은 IT 기술을 이용해서 사람들에게 피해를 주거나 법을 어기는 모든 행동을 IT 범죄라고 해요. IT 기술이 발전할수록 IT 범죄의 중요성이 커지고 있어요.

스팸 메일

스팸 메일은 우리가 원하지 않는데도 계속해서 보내지는 광고나 홍보성 메시지를 말해요. 주로 이메일이나 문자 메시지, 카카오톡 같은 애플리케이션으로 많이 받게 되죠. 스팸 메일은 우리에게 여러 가지 피해를 주곤 해요. 불필요한 메시지가 너무 많이 와서 중요한 메시지를 놓칠 수 있거든요. 또 나쁜 프로그램이 깔리게 하는 주소가 숨어 있어서 클릭하면 컴퓨터나 스마트폰이 바이러스에 감염되거나 개인 정보가 밖으로 빠져나갈 수도 있어요. 또 돈을 요구하는 사기성 스팸 메일도 있어서 조심해야 해요. 많은 기업이 스팸 메일을 막기 위한 기술을 개발하고 있어요. 지금으로서는 스팸 메일을 받았을 때 바로 삭제하는 게 가장 안전해요.

디도스 공격

우리가 사용하는 컴퓨터나 스마트폰, 웹사이트는 모두 인터넷이라는 길을 통해 연결돼 있어요. 그런데 아주 많은 가짜 정보가 한꺼번에 특정 컴퓨터나 웹사이트로 보내지기도 해요. 많은 정보를 보내 컴퓨터 등이 우리가 필요한 일을 처리할 수 없도록 하는 걸 디도스 공격이라고 해요.

디도스 공격을 하는 대표적인 이유는 상대방의 컴퓨터를 자신들이 마음대로 조종하기 위해서예요. 자신들이 원하는 정보를 쉽게 얻거나 상대방의 일을 방해할 수 있거든요. 은행이나 게임 사이트가 디도스 공격을 받으면 속도가 느려지거나 접속할 수 없게 돼요. 이로 인해 사람들은 큰 불편을 겪게 되고, 기업은 손해를 보게 되죠. 이런 공격을 막기 위해 기업들은 비정상적인 접속을 막는 등 다양한 보안 기술을 사용하고 있어요.

포렌식

포렌식은 범죄 수사에 필요한 증거를 찾기 위해 과학 기술을 이용하는 모든 활동을 말해요. 그중 디지털 포렌식은 컴퓨터나 스마트폰, 태블릿 같은 디지털 기기에 남아 있는 정보를 분석해서 범죄의 증거를 찾아내는 거예요. 전문가들은 범죄와 관련된 디지털 기기를 확인해서 지워졌거나 숨겨진 파일, 주고받은 메시지, 인터넷 접속 기록, 사진, 동영상 등 모든 정보를 찾아내 분석해요. 디지털 기기에 숨겨진 흔적은 범인을 밝히는 데 중요한 역할을 하거든요. 포렌식은 인터넷 사기나 해킹, 보이스 피싱처럼 IT 기술과 관련된 범죄가 늘어나면서 더욱 중요해지고 있어요.

해킹과 해커

해킹은 컴퓨터 시스템에 몰래 침입해서 정보를 훔치거나 시스템을 망가뜨리는 등 자기 마음대로 상대방의 컴퓨터를 조종하는 나쁜 행동을 말해요. 마치 누군가가 남의 집에 몰래 들어가서 물건을 훔치거나 집을 어지럽히는 것과 같아요. 그리고 이러한 해킹 행위를 하는 사람을 해커라고 불러요. 보통 해커는 컴퓨터에 대한 지식이 많고 기술이 뛰어나요. 그런데 해커는 이러한 기술을 나쁜 일에 사용하는 경우가 많아요. 다른 사람의 개인 정보를 훔쳐서 팔거나 은행 계좌에서 돈을 빼가기도 해요. 또 다른 사람의 컴퓨터에 스팸 메일을 보내거나 기업의 컴퓨터에 디도스 공격을 해서 기업의 시스템을 멈추게 하는 등 큰 피해를 주곤 하죠.

화이트 해커

보통 해커는 컴퓨터 지식과 기술을 활용해 나쁜 활동을 많이 하려 해요. 그런데 그렇지 않은 해커도 있어요. 뛰어난 해킹 실력을 나쁜 일에 사용하는 대신 컴퓨터 시스템을 보호하고 안전하게 만드는 데 사용하는 사람들을 화이트 해커라고 해요. 이들은 나쁜 해커들로부터 우리 정보를 지켜 주는 착한 보안 전문가예요.

화이트 해커는 나쁜 해커들이 어떤 방법으로 컴퓨터 시스템에 침입하는지 잘 알아요. 그래서 나쁜 해커들이 들어오지 못하도록 막는 역할을 하죠. 또 새로운 보안 기술을 개발하거나 해킹당했을 때 피해를 줄이고 시스템을 다시 되돌리는 일을 해요. 이처럼 화이트 해커는 디지털 세상 속 우리의 개인 정보와 시스템을 안전하게 지키는 아주 중요한 역할을 한답니다.

파밍

파밍은 인터넷 사기 방법 중 하나로 우리가 정확한 온라인 사이트 주소를 입력했는데도 나쁜 사람들이 만들어 놓은 가짜 주소에 들어가서 정보를 빼앗기는 것을 말해요. 자신이 가고 싶은 가게가 있는데 누가 몰래 간판을 바꿔서 다른 이상한 가게로 들어가게 되는 것과 같아요.

해커들이 우리가 사용하는 컴퓨터나 인터넷에 몰래 들어와 설정을 바꿔 놓거나 바이러스를 심으면 우리가 자주 들어가는 곳의 사이트 주소를 정확히 입력해도 해커가 만들어 놓은 가짜 사이트로 들어가지게 돼요. 이 가짜 사이트는 진짜와 비슷해서 가짜인지 쉽게 알아차리기가 어려워요. 만약 가짜 사이트에서 개인 정보를 입력하면 그 정보가 해커에게 전해져서 나중에 큰 피해를 입을 수 있어요. 파밍을 막기 위해서는 보안 프로그램을 잘 확인하고 모르는 파일이나 수상한 링크를 함부로 누르지 않는 게 중요해요.

옥쌤의 시사 상식

컴퓨터 바이러스란?

컴퓨터 바이러스는 해커처럼 나쁜 마음을 먹은 사람들이 만든 작은 프로그램이에요. 우리 몸에 들어오는 바이러스처럼 컴퓨터 바이러스도 컴퓨터에 몰래 숨어 들어와 여러 가지 문제를 일으켜요. 바이러스에 걸리면 컴퓨터의 속도가 느려지거나 내가 저장해 놓은 파일들이 사라지는 등 이상하게 변해요. 또 내가 원치 않는 이상한 인터넷 창이 뜨거나 컴퓨터 자체가 고장이 나기도 하죠. 컴퓨터 바이러스는 이상한 메일이나 수상한 웹사이트, 불법 프로그램 등 여러 가지 방법을 통해 우리의 컴퓨터에 들어와요. 이러한 바이러스에 걸리지 않기 위해선 백신 프로그램을 사용하고 수상한 파일을 열지 않는 습관을 들여야 해요. 또 바이러스에 걸리더라도 중요한 파일이 사라지지 않도록 평소 미리 다른 곳에 복사(백업)해 두는 게 좋답니다.

사이버 보안

사이버 보안은 컴퓨터와 인터넷을 안전하게 사용하고, 사람들의 소중한 정보를 지키는 모든 활동을 말해요. 디지털 세상의 나쁜 범죄로부터 우리를 보호하는 방패와 같아요.

인증서

인증서는 종이로 된 주민등록증이나 여권처럼 디지털 세상에서의 전자 신분증을 말해요. 이 인증서 덕분에 우리는 안전하게 중요한 정보를 주고받을 수 있어요. 금융 관련 온라인 사이트에서 자신을 증명할 방법이죠. 인증서는 자신이 맞는지 확인시켜 줘서 다른 사람이 자기 계좌에 함부로 접근하지 못하게 막아요. 또 인증서가 있으면 우리가 주고받는 정보가 중간에 몰래 바뀌거나 다른 사람에게 새어 나가지 않도록 암호화해 안전하게 전달돼요. 우리가 인터넷 쇼핑을 할 때 신용 카드 정보를 입력해도 안전한 것은 인증서 때문이에요.

방화벽

방화벽은 외부의 위험으로부터 컴퓨터와 중요한 정보를 보호하는 보호막을 말해요. 방화벽은 인터넷을 통해 컴퓨터로 들어오고 나가는 모든 정보를 꼼꼼하게 확인해요. 만약 나쁜 바이러스나 해커가 침입하려고 하면 그것을 알아차리고 막아 주는 역할을 하죠. 또 허락되지 않은 정보는 들어오지 못하게 하고, 나쁜 프로그램이 우리의 정보를 몰래 밖으로 보내지 못하게 막아 줘요.

악성 코드

악성 코드는 컴퓨터나 스마트폰에 몰래 숨어들어 나쁜 영향을 끼치거나 정보를 훔쳐 가는 컴퓨터 프로그램을 말해요. 마치 우리 몸에 들어와 병을 일으키는 나쁜 세균이나 바이러스와 같아요. 악성 코드는 이메일에서 파일을 확인하거나 수상한 온라인 사이트에 들어갔을 때 몰래 설치되는 경우가 많아요. 악성 코드는 우리의 소중한 개인 정보를 빼앗거나 디지털 기기를 망가뜨려 큰 피해를 줄 수 있으니 항상 조심해야 해요.

컴퓨터 백신

컴퓨터 백신은 컴퓨터나 스마트폰 등을 악성 코드로부터 지켜 주는 프로그램을 말해요. 예방 주사가 우리 몸에 병균이 들어오는 걸 막는 것처럼 컴퓨터에 나쁜 악성 코드가 들어오면 그것을 찾아 없애 주거나 막아 줘요. 백신은 컴퓨터의 파일을 검사해 악성 코드가 숨어 있는지 확인해요. 새로운 악성 코드가 발견되면 그 악성 코드를 치료하거나 컴퓨터에서 삭제해서 더는 피해를 주지 못하게 하죠. 백신 프로그램은 항상 최신 상태로 유지하고 자주 검사해 주는 게 좋아요.

IP 주소

하나 더 알아보기

IP 주소는 인터넷을 사용하는 기기들이 가진 주소를 말해요. 인터넷 세상에 연결된 모든 기기는 자신만의 특별한 주소를 갖고 있어요. 컴퓨터가 인터넷을 통해 다른 컴퓨터와 정보를 주고받으려면 상대방의 IP 주소를 알아야 해요. IP 주소가 있어야 온라인 사이트에 접속하거나 이메일을 정확하게 보낼 수 있거든요. 보통 온라인 사이트 주소를 쓸 때는 영어를 사용하지만 실제로 IP 주소는 숫자로 이뤄져 있어요. '192.168.0.1'처럼 말이죠. 컴퓨터는 영어로 된 주소를 숫자로 바꿔서 정보를 주고받는답니다.

미래 기술

앞으로 우리 생활을 더욱 편리하고 똑똑하게 바꿔 줄 새로운 기술을 미래 기술이라고 해요. 과학 기술을 통해 만화나 영화에서만 보던 놀라운 상상이 현실이 되는 시대가 만들어지고 있어요.

웨어러블 디바이스

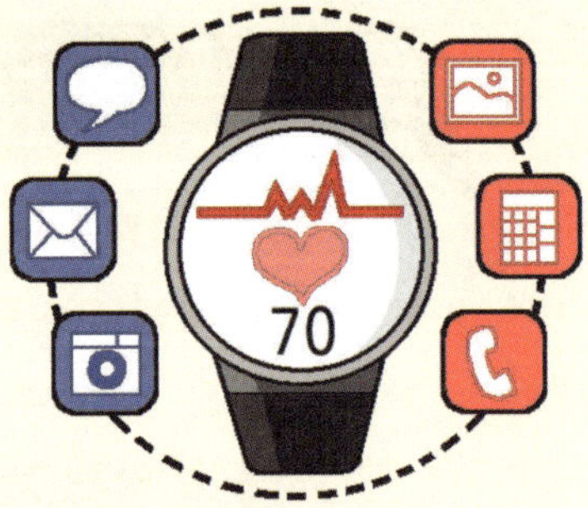

웨어러블 디바이스는 우리 몸에 직접 입은 채로 사용하는 전자 기기를 말해요. 대표적으로 스마트 워치나 스마트 밴드, 스마트 이어폰, 스마트 안경 등이 있어요. 스마트 워치는 손목에 차고 다니면서 심장 박동 수나 걸음걸이 수 등을 확인해서 건강 관리에 도움을 줘요. 이어폰 형태의 웨어러블 디바이스는 음악을 듣거나 실시간으로 주변 소리를 조절해 줘서 집중력을 높여 주기도 하죠. 웨어러블 디바이스는 앞으로 더욱 다양한 형태로 발전해 사람들의 건강을 지키고 일상생활을 더욱 편리하게 만들어 줄 거랍니다.

스마트 안경

하나 더 알아보기

스마트 안경은 평범한 안경처럼 생겼지만, 안경 렌즈를 통해 컴퓨터 화면처럼 정보를 보여 주거나 외부의 정보를 우리에게 실시간으로 알려 주는 똑똑한 안경을 말해요. 스마트 안경에는 아주 작은 화면이 숨어 있어서 문자 메시지나 길 안내, 날씨 정보 등을 눈앞에 가상의 화면처럼 띄워 줘요. 예를 들어 길을 걷다가 스마트 안경으로 주변 식당을 검색하면 안경 렌즈에 식당 이름이나 메뉴가 뜨는 거죠. 또 안경에 달린 카메라로 주변의 모습을 찍을 수도 있어요.

로봇 공학

로봇 공학은 스스로 움직이고 생각하며 다양한 작업을 할 수 있는 로봇을 만들고 연구하는 과학 기술을 말해요. 단순한 기계가 아니라 마치 살아 있는 것처럼 행동하고 도와주죠. 공장에서는 물건을 만들거나 나르고 식당에서는 음식을 만들거나 서빙해요. 로봇 청소기는 집 안을 깨끗하게 청소해 주고, 수술용 로봇은 의사가 더 정확하고 섬세하게 수술하도록 도와요. 사람이 가기 어렵고 위험한 곳에 가기도 하죠. 로봇 공학은 사람의 일을 대신해 주거나 사람이 하기 힘든 일을 도와주는 데 큰 역할을 해요.

스마트 팩토리

스마트 팩토리는 공장 안의 모든 기계와 생산 과정이 인터넷으로 연결돼 인공 지능(AI)이 스스로 모든 것을 조절하고 관리하는 똑똑한 공장을 말해요. 스마트 팩토리에서는 로봇 팔이 물건을 조립하고 부품을 필요한 곳으로 정확하게 옮겨요. 생산 과정에서 생기는 모든 정보를 인공 지능이 실시간으로 모으고 분석해 문제를 미리 파악해요. 또 공장 안에 사람이 없어도 멀리 떨어진 컴퓨터나 스마트폰으로 공장의 모든 상황을 확인하고 조절할 수 있어요.

디지털 발자국

디지털 발자국은 우리가 인터넷이나 스마트폰을 사용하면서 남기는 모든 흔적을 말해요. 예를 들어 어떤 온라인 사이트에 들어가고 가입했는지, 어떤 광고를 눌렀는지, 어떤 장소에서 스마트폰을 사용했는지 등을 알 수 있어요. 디지털 발자국은 우리의 관심사나 생활 습관을 확인하는 데 사용할 수 있고, 우리에게 필요한 정보를 추천하는 데 사용되기도 해요. 하지만 이러한 정보는 나쁜 목적으로 사용될 수도 있어서 조심해야 해요.

IT 혁명과 관련된 두 인물

IT 혁명은 컴퓨터와 인터넷 기술이 아주 빠르게 발전하면서 우리 삶의 많은 것을 바꾼 큰 변화를 말해요.

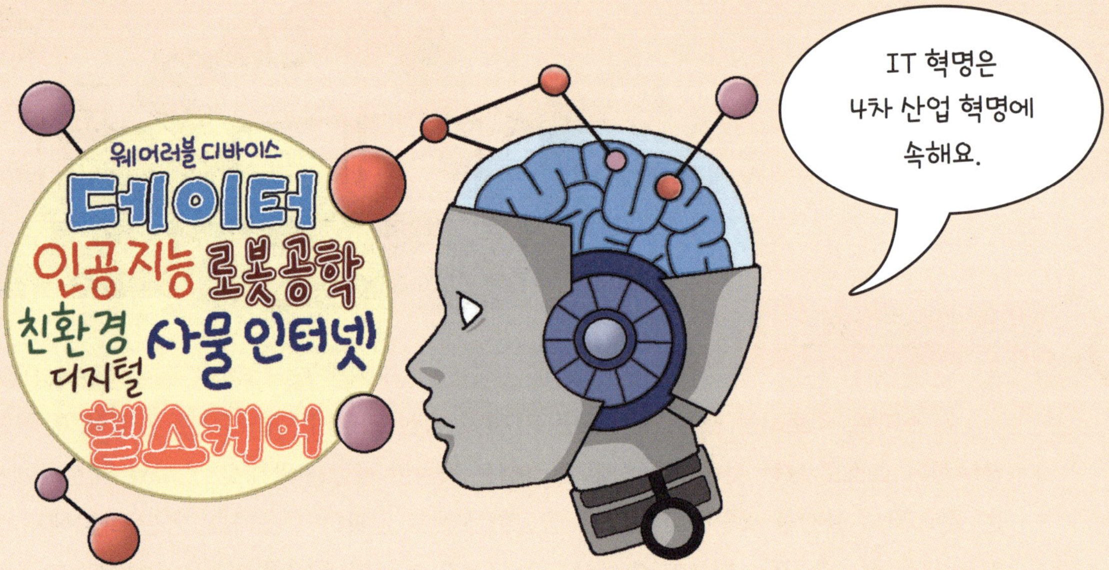

IT 혁명

예전에는 주로 책이나 신문, 텔레비전 같은 것을 이용해서 정보를 얻었어요. 컴퓨터가 있었지만 크고 비싸서 아주 적은 사람만 사용했거든요. 그런데 IT 혁명으로 개인용 컴퓨터와 스마트폰 같은 휴대용 전자 기기가 등장했어요. 이로 인해 멀리 있는 친구와 바로 영상 통화를 하고, 궁금한 것은 인터넷에서 순식간에 찾아볼 수 있게 됐어요. 새로운 산업과 직업이 탄생했고, 온라인 강의나 교육 애플리케이션을 통해서 언제 어디서든 배우고 싶은 것을 공부할 수 있게 됐죠.

IT 혁명은 현재 진행 중이에요. 인공 지능(AI), 빅 데이터, 사물 인터넷(IoT) 등 새로운 기술들이 계속 등장하면서 우리 삶을 더욱더 빠르게 변화시키고 있어요. 우리 주변의 모든 게 디지털로 바뀌는 세상이 곧 다가올 거예요.

빌 게이츠

1955년 미국에서 태어난 빌 게이츠는 친구 폴 앨런과 함께 세계에서 가장 큰 소프트웨어 회사인 '마이크로소프트'를 만들어 IT 혁명을 이끈 인물이에요. 그의 노력 덕분에 컴퓨터는 전문가들만이 사용하는 어려운 기계가 아니라 누구나 쉽게 사용할 수 있는 친근한 도구가 됐어요.

게이츠는 컴퓨터 운영 체제(OS)인 '윈도우'를 개발하면서 IT 혁명을 이끌었어요. 윈도우는 컴퓨터를 작동시키는 기본적인 프로그램으로 컴퓨터를 켜거나 마우스를 움직일 뿐만 아니라 다양한 프로그램을 사용할 수 있게 해 주죠. 윈도우가 만들어지기 전, 컴퓨터를 사용하려면 복잡한 용어를 외워야 했어요. 하지만 윈도우가 발명되면서 전 세계 수많은 사람이 개인용 컴퓨터를 쉽게 사용할 수 있게 됐어요. 이뿐만 아니라 게이츠는 '게이츠 재단'을 통해 전 세계의 가난과 질병 문제를 해결하기 위해 많은 노력을 하고 있어요.

스티브 잡스

1955년 미국에서 태어난 스티브 잡스는 친구 스티브 워즈니악과 함께 '애플'을 만들었어요. 잡스는 IT 기술도 중요하지만 제품의 디자인과 사용자가 제품을 사용한 경험이 아주 중요하다고 생각했어요. 그 결과 탄생한 게 아이폰이에요.

아이폰이 등장하기 전에도 휴대 전화는 있었어요. 하지만 아이폰은 손가락으로 화면을 직접 만질 수 있고, 다양한 애플리케이션을 설치해 쓸 수 있도록 했죠. 단순히 전화만 하는 게 아니라 인터넷 검색이나 사진 촬영, 음악 감상 등을 편리하게 사용할 수 있게 된 거예요. 게다가 아이폰만의 특별한 디자인은 사람들을 매우 끌어당겼어요. 이후 그는 컴퓨터 아이맥, MP3 플레이어 아이팟, 태블릿 아이패드 등을 만들면서 IT 기기의 디자인을 단순하면서도 아름답게 만들었어요. 그의 제품들은 전 세계 사람들의 생활 방식을 바꾸며 IT 혁명을 이끌었답니다.

의료는 사람들의 몸과 마음을 치료하고
다시 건강할 수 있도록 하는 모든 활동을 말해요.
일상생활에서 볼 수 있는 의료 활동을 알아볼까요?

3장 의료

의료 | 의료 질환 | 의료 환경 | 의료 기술 | 의료 윤리
정신 의학 | 의학 기술 | 선언문과 관련된 두 인물

키워드	교과 과정	
의료	초등 과학 6-2	4. 우리 몸의 구조와 기능
	중학 과학 3-2	5. 생식과 유전
	고등 통합 과학 1	3. 시스템과 상호 작용
	고등 통합 과학 2	3. 과학과 미래 사회
의학 기술	초등 과학 6-1	4. 식물의 구조와 기능
	중학 과학 3-2	5. 생식과 유전
	중학 기술·과정 2	6. 생명 기술과 적정 기술
	고등 통합 과학 1	3. 시스템과 상호 작용

의료

의료는 우리 몸이 건강하지 못하고 아플 때 아픈 곳을 찾아 치료하고, 다시 건강해지도록 돕는 모든 활동을 말해요.

의료란?

우리는 다치거나 병에 걸리면 치료하기 위해 병원이나 약국에 가요. 병원에서 의사는 환자의 몸 상태를 확인한 뒤 병에 걸렸으면 주사를 놓거나 약으로 치료하죠. 건강 상태가 좋지 않으면 수술하기도 해요. 사람들은 질병에 걸리지 않도록 평소 생활 습관을 관리하고, 예방 주사를 맞아요. 이 모든 활동을 '의료'라고 해요. 의료는 단순히 병만 고치는 것이 아니라 사람들이 건강하게 살아갈 수 있도록 돕는 것을 말해요. 의사나 간호사, 약사, 물리 치료사 등 다양한 의료 전문가들이 사람들의 건강을 위해 노력하고 있어요. 또 새로운 약을 개발하거나 더 좋은 치료 방법을 연구하는 것도 의료의 중요한 부분이에요.

질병

질병은 우리 몸이 건강하지 못하고 아픈 상태를 말해요. 감기에 걸리거나 열이 나는 것처럼 우리 몸의 기능이 제대로 작동하지 않아서 불편함을 느끼는 거죠. 질병은 여러 가지 원인으로 생길 수 있어요. 몸속에 들어온 바이러스나 세균 때문에 생기기도 하고, 식사를 제대로 하지 못해서 생기기도 해요. 또 스트레스 때문에 생기기도 하고, 사고로 다쳐서 생길 수도 있어요. 어떤 질병은 금방 나을 수 있지만 어떤 질병은 오래도록 치료하고 관리해야 해요. 다양한 이유가 있지만 질병에 걸렸을 때는 빨리 병원에 가서 의사의 도움을 받아 치료하는 것이 중요해요.

바이러스와 세균

우리 주변에는 아주 작아서 눈에 보이지 않지만 우리 몸을 아프게 하는 작은 생명체들이 있어요. 바로 바이러스와 세균이에요. 바이러스는 아주 작아서 현미경으로도 보기 힘들어요. 이러한 바이러스는 스스로 살아갈 수 없고, 살아 있는 다른 생명체의 몸에 들어가야 해요. 감기나 독감, 코로나19 등이 모두 바이러스 때문에 생기는 질병이에요. 바이러스를 이기기 위해서는 면역력을 강화해야 하죠.

세균은 바이러스보다 크고 스스로 살아갈 수 있는 아주 작은 생명체예요. 우리 몸속에 많은 세균이 살고 있어요. 어떤 세균은 우리 몸에 좋은 영향을 주기도 하지만 나쁜 세균은 질병을 일으키곤 해요. 식중독이나 폐렴, 결핵 등이 세균 때문에 생기는 질병이에요. 세균에 의한 병은 보통 약으로 치료할 수 있어요.

건강 검진

건강 검진은 우리가 아프지 않을 때 미리 병원에 가서 몸의 상태를 확인하는 것을 말해요. 건강 검진을 하면 질병을 미리 발견할 수 있어요. 질병 대부분은 초기에 특별한 증상이 없어서 질병에 걸렸는지 알아차리기 어려워요. 하지만 건강 검진을 통해 미리 발견하면 빨리 치료해서 병이 커지는 것을 막을 수 있어요. 또 내 건강 상태를 정확히 파악하는 데도 도움이 돼요. 내 몸 어떤 부분이 약한지 알게 되면 그에 맞춰 생활 습관을 바꿔 병이 생기는 걸 미리 막을 수도 있죠. 우리나라는 국가 건강 검진을 통해 모든 국민이 건강 상태를 확인할 수 있도록 하고 있어요.

의료 질환

우리 몸이 건강하지 못하고 아픈 상태를 의료 질환이라고 해요. 감기처럼 금방 낫는 병도 있고, 오랜 시간 치료해야 하는 병도 있어요. 건강하게 살기 위해서는 병을 예방하고 치료하는 것이 중요해요.

전염병

전염병은 병균이 사람이나 동물에 옮겨져서 생기는 병을 말해요. 바이러스나 세균 같은 아주 작은 병균들이 몸속으로 들어와서 병을 일으켜요. 이런 병균들이 다른 사람에게 퍼지면 여러 사람도 아프게 돼요. 불이 한 곳에서 시작해 여기저기로 번져나가는 것과 비슷해요. 재채기나 기침할 때 나오는 작은 침방울 속에 병균이 섞여 있어요. 그게 공기 중으로 퍼져 나가면 다른 사람이 숨을 쉴 때 병에 걸리는 거예요. 또 병균이 묻은 손으로 다른 사람의 몸을 만지거나 병균이 묻은 물건을 만진 다음 입이나 코를 만져도 병균이 퍼져요. 상한 음식을 먹거나 오염된 물을 마실 때 병에 걸리기도 하고, 모기나 쥐 같은 곤충이나 동물에 의해 병균이 사람에게 옮겨지기도 해요. 이러한 전염병을 예방하려면 평소 손을 자주 씻고 마스크를 쓰는 게 좋아요. 아플 때는 다른 사람을 만나는 걸 피하고 미리 백신을 맞아서 면역력을 키우는 것도 좋은 방법이에요.

옥쌤의 시사 상식

식물도 전염병에 걸리나요?

우리가 감기에 걸리거나 배탈이 나는 것처럼 식물도 병균 때문에 아프기도 해요. 대표적인 식물 전염병으로는 '탄저병'이 있어요. 탄저병은 숯처럼 검다는 뜻으로 고추나 딸기, 수박 같은 과일이나 채소가 걸리곤 해요. 탄저병에 걸리면 잎이나 줄기, 열매 등에 검은색이나 갈색 반점이 생기기도 하고 물렁물렁해져 썩곤 해요. 이처럼 식물이 탄저병에 걸리는 건 보통 곰팡이 때문이에요. 물론 사람이나 동물도 탄저병에 걸려요. 하지만 이건 다른 병균에 의해 생기는 전염병으로, 식물이 걸리는 탄저병과는 다른 질병이랍니다.

알레르기

알레르기는 우리 몸이 어떤 물질에 예민하게 반응하는 것을 말해요. 몸속에 세균이나 바이러스 같은 나쁜 것들이 들어오면 면역계가 그들과 싸워 우리를 지켜요. 그런데 꽃가루나 먼지, 동물 털, 음식물처럼 나쁜 게 아닌데 과하게 반응하기도 해요. 우리 몸의 면역 시스템이 너무 민감하게 반응한 거죠.

알레르기는 사람마다 원인과 반응이 달라요. 콧물, 재채기, 피부 이상, 호흡 곤란 등이 일어나는데 반응이 심한 경우 목숨을 잃기도 하죠. 때문에 평소 알레르기를 일으키는 물질을 피하고, 심하면 약을 먹거나 치료받아야 해요. 자신이 어떤 알레르기 증상을 가졌는지 알고, 증상이 나타나면 어른들에게 알려 제때 치료받는 게 가장 중요하답니다.

급성 질환과 만성 질환

우리 몸에 찾아오는 병은 크게 '급성 질환'과 '만성 질환'으로 나눌 수 있어요. 이 두 가지는 병이 얼마나 갑자기 생기는지 그리고 얼마나 오랫동안 이어지는지에 따라 구분돼요. 급성 질환은 병이 갑자기 생기고 증상이 심하게 나타나는 병을 말해요. 대신 상대적으로 짧은 시간 내에 치료할 수 있어요. 대표적으로 독감, 감기, 급성 위염, 맹장염 등이 있어요. 이런 병들은 적절한 치료를 받으면 대부분 빠르게 나아질 수 있어요.

만성 질환은 병이 천천히 시작돼서 오랫동안 이어지는 병을 말해요. 처음에는 병인지도 모를 만큼 천천히 시작돼요. 만성 질환은 보통 몇 달에서 몇 년, 심하면 평생 관리가 필요해요. 대표적으로 고혈압, 당뇨병, 아토피, 천식 등이 있어요. 만성 질환은 완전히 낫기는 어렵지만 약을 꾸준히 먹거나 생활 습관을 잘 관리하면 건강하게 생활할 수 있어요. 만성 질환을 예방하기 위해서는 어릴 때부터 건강한 식습관과 규칙적인 운동을 하는 게 중요해요.

3대 질환

우리나라 사람들의 건강을 가장 많이 위협하고, 치료비도 많이 들며 생명을 빼앗아 가는 세 가지 질병을 3대 질환이라고 불러요. 3대 질환에는 암, 뇌혈관 질환, 심장 질환이 있어요.

암은 몸속의 세포들이 계속 자라나 덩어리를 만들고, 몸속 다른 곳으로 퍼져나가 몸을 망가뜨리는 무서운 병이에요. 암은 위암, 췌장암, 간암, 대장암 등 다양한 종류가 있어요. 암은 처음에 별다른 증상이 없을 수 있어서 검사를 통해 미리 발견하고 치료하는 것이 매우 중요해요. 현대 의학 기술이 발전하면서 다양한 치료법이 나왔어요. 하지만 무엇보다도 일찍 발견하는 게 가장 중요하답니다.

뇌혈관 질환은 우리 몸에서 가장 중요한 역할을 하는 뇌에 문제가 생기는 병을 말해요. 대표적으로 뇌졸중이 있어요. 뇌졸중은 뇌에 피가 잘 통하지 않거나 혈관이 터지는 거예요. 갑자기 팔다리에 힘이 없거나 말이 어눌해지는 등의 증상이 나타날 수 있어요. 때문에 빠른 치료와 꾸준한 재활이 중요해요.

심장 질환은 우리 몸 전체에 피를 보내 주는 심장에 문제가 생기는 병을 말해요. 대표적으로 심근 경색과 협심증이 있어요. 심근 경색은 심장 근육에 피를 주는 혈관이 막혀서 심장 근육이 죽는 아주 위험한 병이에요. 협심증은 혈관이 좁아져서 가슴에 통증이 생기는 병이죠. 심장 질환은 갑자기 생명을 위협할 수 있어서 평소 건강한 생활 습관을 유지하는 게 중요해요.

치매

치매는 뇌의 기능이 점점 떨어져서 기억력이 나빠지거나 생각하고 판단하는 능력이 줄어들어서 일상생활이 어려워지는 병을 말해요. 단순히 뭔가를 잊어버리는 건망증과는 달라요. 아주 중요한 사실이나 사람을 기억하지 못하게 되거나 말하고 행동하는 것이 힘들어질 수 있거든요. 치매는 주로 나이가 들면서 많이 생기지만 최근 들어 젊은 사람에게도 생기는 경우(젊은 치매)가 늘어나고 있어요.

치매를 완벽히 치료할 방법은 없지만 약물 치료나 뇌 활동을 자극하는 다양한 훈련을 통해 증상이 더 나빠지는 것을 늦출 수 있어요. 또 치매를 예방하기 위해서는 평소 뇌를 건강하게 관리하는 게 중요해요. 치매를 막으려면 규칙적인 운동을 하고 건강한 음식을 먹어야 해요. 새로운 것을 배우거나 책을 읽으며 뇌를 활발하게 사용하면 도움이 돼요. 또 사람들과 자주 대화하고 사회 활동에 참여하는 것도 좋아요.

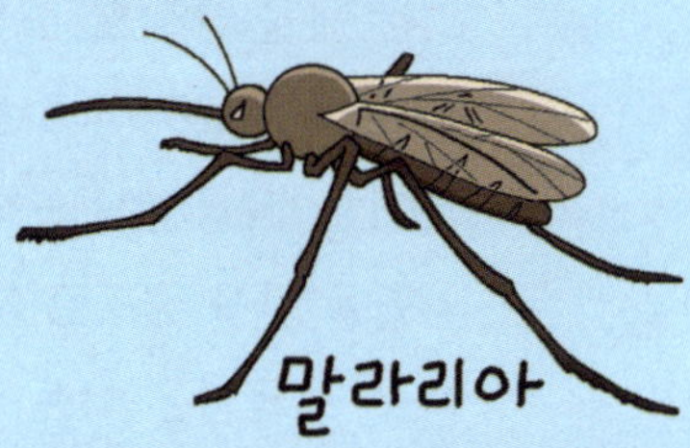

세계 3대 질병

하나 더 알아보기

세계 보건 기구(WHO)나 국제 보건 기구들이 퇴치하기 위해 노력하는 주요 감염병을 '세계 3대 질병'이라고 해요. 개발 도상국에서 주로 생겨나는 이 질병들은 빈곤과 밀접하게 연관돼 발생하고 전염성이 높아요. 세계 3대 질병에는 결핵, 후천 면역 결핍증(AIDS), 말라리아가 있어요. 결핵은 공기를 통해 전염되는 만성 감염병으로 폐뿐만 아니라 다른 장기에도 영향을 미칠 수 있어요. 과거 우리나라에서도 매우 흔했답니다. 후천 면역 결핍증은 HIV 바이러스에 감염돼 면역 체계가 손상되면서 여러 감염병이나 암에 취약해지는 질병이에요. 말라리아는 모기에 물려 감염되는 기생충 질환으로, 고열이나 오한을 동반해요. 심한 경우 죽을 수도 있고, 아프리카 등 열대 지역에서는 여전히 많은 사람이 위협받고 있어요.

의료 환경

우리 몸이 아프거나 다쳤을 때 도움을 받을 수 있는 병원이나 약국, 보건소 같은 시설이나 건강을 지키기 위한 시스템을 모두 합쳐서 의료 환경이라고 해요. 우리가 건강하게 생활할 수 있도록 도와주는 모든 것이 포함돼요.

응급실

응급실은 갑자기 몸이 아프거나 크게 다쳐서 생명이 위험할 수 있는 사람들을 치료하는 곳을 말해요. 교통사고나 갑작스러운 심장 마비, 화상, 숨쉬기 힘든 경우처럼 최대한 빠르게 치료해야 하는 환자들이 찾아와요. 응급실에서는 24시간 내내 의사와 간호사가 있어요. 응급실에 도착하면 환자의 상태에 따라 치료 순서가 정해지는 편이에요. 생명의 위협을 받을 정도로 심한 환자는 먼저 치료받고, 그렇지 않으면 조금 기다려야 할 수도 있어요. 응급실은 아픈 사람들에게 마지막 희망이 될 수 있는 아주 중요한 곳으로, 갑작스러운 위기 상황에서 우리의 생명을 지켜 줘요.

보건소

보건소는 동네 주민들의 건강을 지키고 질병을 예방하기 위해 나라에서 세운 치료기관을 말해요. 동네에 사는 사람들이 건강하게 생활할 수 있도록 여러 가지 서비스를 무료로 제공하거나 아주 싼 금액으로 제공해요. 보건소에서는 예방 주사나 독감 주사 등을 맞을 수 있고, 건강 검진을 받아서 질병을 예방하거나 일찍 발견할 수 있도록 해요. 또 치매나 고혈압, 당뇨병 같은 질병이 있는 사람을 꾸준히 관리하죠. 건강한 식생활과 올바른 운동 방법을 알려 주는 교육 프로그램을 운영하기도 하고, 담배를 끊거나 술을 줄이고 싶은 사람들을 도와주는 프로그램도 진행해요.

질병 관리청

질병 관리청은 우리나라 사람들이 전염병이나 다른 위험한 질병으로부터 안전하게 지낼 수 있도록 도와주는 나라의 중요한 기관을 말해요. 질병을 미리 막고 병이 생겼을 때 빠르게 원인을 알아내죠. 질병을 치료할 수 있는 약을 개발하거나 병이 빠르게 퍼지지 않도록 관리해요. 또 어떤 질병이 유행하는지, 어떻게 예방할 수 있는지 등의 건강 정보를 사람들에게 알려줘요. 이처럼 질병 관리청은 사람들의 건강을 지키는 아주 중요한 역할을 한답니다.

의약 분업

예전에는 병원에서 진료받고 약도 받을 수 있었어요. 하지만 지금은 병원에서 의사가 환자의 병을 확인하고 어떤 약을 먹어야 할지 처방전을 주면 환자는 약국에 가서 약사에게 약을 받아요. 이러한 시스템을 의약 분업이라고 해요.

의약 분업이 되면서 약사는 환자에게 약을 정확하게 설명해 환자가 약을 잘못 먹거나 너무 많이 먹는 걸 막을 수 있게 됐어요. 환자는 자신이 먹는 약이 어떤 약이고, 어떻게 먹어야 하는지 더 잘 알 수 있게 됐죠. 의약 분업은 의사와 약사가 각자의 전문 분야에서 환자에게 더 좋은 의료 서비스를 제공하기 위해 만들어진 중요한 시스템이에요.

옥쌤의 시사 상식

진료는 의사에게, 약은 약사에게!

우리나라에서 의약 분업이 된 건 2000년대에 이르러서예요. 예전에는 병원에 약사가 있었기 때문에 병원에 가면 진료와 약 처방을 한 번에 받을 수 있었어요. 작은 병원에서는 의사의 처방에 따라 간호사나 간호조무사가 약을 주기도 했죠. 이처럼 의사와 약사 모두 전문 의약품을 마음대로 약을 지을 수 있다 보니 약물의 오남용이 심해졌어요. 그 결과 의약 분업이 실시됐죠. 그 뒤로 진료는 의사에게, 약은 약사에게 받게 됐답니다.

의료 기술

사람들의 건강을 지키고 병을 치료하는 데 사용하는 모든 과학 기술을 의료 기술이라고 해요. 눈에 보이지 않는 몸속을 살펴보고, 아픈 곳을 고쳐 주는 놀라운 기술이에요.

엑스레이, CT, MRI

겉으로 보이지 않는 몸속을 자세히 살펴보기 위해 사용하는 특별한 촬영 장치가 있어요. 바로 엑스레이(X-ray), CT(컴퓨터 단층 촬영), MRI(자기 공명 영상)예요. 엑스레이는 몸을 통과하는 특별한 빛을 이용해서 뼈나 폐의 모습을 평면 그림으로 보여 주는 기술을 말해요. 뼈가 부러졌는지, 폐에 문제가 생겼는지 등을 확인할 수 있어요.

CT는 엑스레이로 여러 방향에서 찍은 그림을 컴퓨터로 합쳐서 몸을 자세히 보여 주는 기술을 말해요. 뼈와 장기를 선명하게 볼 수 있어서 암과 같은 질병을 확인하는 데 쓰죠.

MRI는 아주 강력한 자석의 힘을 이용해서 우리 몸속을 다양한 각도에서 자세하게 보여 주는 기술을 말해요. MRI는 엑스레이나 CT와 달리 방사선을 사용하지 않아서 안전해요. 또 뇌나 척추, 관절, 근육 같은 부드러운 조직을 아주 선명하게 볼 수 있어요. 대신 엑스레이나 CT에 비해서 촬영 가격이 비싼 편이에요.

심폐 소생술

심장은 우리 몸에 피를 보내는 역할을 하고 폐는 숨을 쉬게 해 우리 몸에 산소를 넣어 주는 역할을 해요. 이 두 가지가 멈추면 우리 몸은 아주 위험해지죠. 이때 심폐 소생술(CPR)을 통해 갑자기 쓰러져 숨을 쉬지 않거나 심장이 멈춘 사람을 도와줄 수 있어요. 심폐 소생술을 할 때는 먼저 쓰러진 사람의 가슴 중앙을 양손으로 빠르게 눌러 심장을 다시 뛰게 만들어야 해요. 그다음 입으로 숨을 불어 넣어 폐에 산소를 줘야 하죠. 119 구급대원이 오거나 쓰러진 사람이 의식을 찾을 때까지 이 두 가지 동작을 반복해야 해요. 심장이 멈춘 후 짧은 시간 내에 심폐 소생술을 하면 생명을 살릴 확률을 크게 높일 수 있어요.

신약

신약은 기존에 없던 새로운 약을 만든 것을 말해요. 이미 알고 있는 약보다 더 효과가 좋은 약을 개발하는 거예요. 신약 개발은 아주 오랜 시간과 큰 노력이 필요해요. 신약을 개발하려면 과학자들이 어떤 질병을 치료할 새로운 물질을 찾아야 하거든요. 또 찾은 물질이 정말 효과가 있고 안전한지 확인하기 위해 여러 단계의 실험과 연구를 진행할 필요가 있어요. 이 모든 과정을 성공적으로 통과해야 새로운 약으로 사람들에게 사용되죠. 신약은 암이나 치매 등 치료하기 어려운 질병으로 고통받는 사람들에게 새로운 희망을 줄 수 있어요.

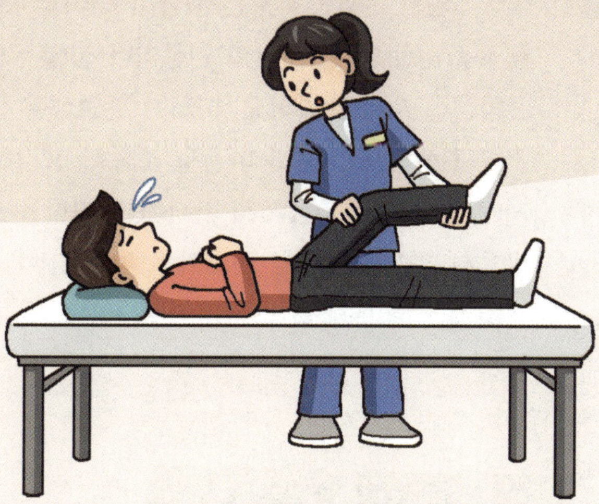

물리 치료

물리 치료는 물리 치료사의 도움을 받아 약이나 수술 없이 운동, 열, 전기 같은 방법으로 아픈 곳을 치료하는 것을 말해요. 허리나 어깨, 무릎 등에 통증이 있을 때 근육을 풀어주고 낫게 해 주는 거예요. 만약 사고를 당해 수술을 받았다면 약해진 근육을 강하게 하고 관절의 움직임을 좋게 만드는 운동을 꾸준히 하도록 해요. 또 잘못된 자세로 몸의 균형이 깨졌다면 올바른 자세를 잡고, 근육을 바르게 사용하는 방법을 알려 주죠. 물리 치료는 아픈 몸을 다시 건강하게 만들고 일상생활을 살아갈 수 있도록 도와준답니다.

의료 윤리

의료 기술을 사용할 때 사람의 생명을 가장 소중히 생각하고, 환자의 마음을 이해하며 무엇이 옳은지를 깊이 생각하는 것을 의료 윤리라고 해요. 사람의 생명과 건강을 다루는 데에 꼭 지켜야 할 중요한 약속이에요.

인간 존엄성

인간 존엄성은 모든 사람이 태어날 때부터 그 자체로 소중하며 존중받아야 한다는 생각을 말해요. 그 사람의 인종이나 성별, 나이, 건강 상태, 재산과 상관없이 모든 사람은 존엄성을 지니고 있어요. 이러한 존엄성은 의료 과정에서도 아주 중요해요. 먼저 의사나 간호사는 환자의 몸과 마음을 소중히 생각하고 존중할 필요가 있어요. 또 환자의 비밀을 지켜 주고 치료 과정에서 환자가 창피함을 느끼지 않도록 해야 하죠. 환자는 질병을 치료받을지, 말지를 결정할 권리가 있어요. 이때 의사나 간호사는 환자가 결정할 수 있도록 충분히 설명해야 해요. 환자가 어리거나 말을 제대로 하지 못하면 환자의 보호자와 함께 충분히 이야기를 나눠야 한답니다.

안락사와 존엄사

안락사와 존엄사는 사람들이 죽음을 맞이하는 과정을 말해요. 안락사는 환자가 너무 심한 고통을 겪고 있고 나아질 가능성이 전혀 없을 때 환자의 고통을 덜어 주기 위해 생명을 마감하는 것을 말해요. 약물을 넣어서 환자를 편안하게 죽음에 이르게 하는 거예요. 그러나 생명의 존엄을 중요하게 생각하는 사회일수록 안락사를 반대하는 경우가 많아요. 우리나라를 비롯해 대부분 나라에서는 법으로 금지돼 있답니다.

존엄사는 더는 치료받지 않겠다는 것을 말해요. 환자가 죽음을 앞두고 있을 때 단순히 살아 있기 위한 치료를 받지 않겠다는 거예요. 존엄사는 환자의 고통을 덜어 주고 자연스러운 죽음을 받아들이도록 도와요. 우리나라는 2018년부터 환자의 선택에 따라 존엄사를 할 수 있게 됐어요.

연명 의료

연명 의료는 큰 질병에 걸려 더 나아질 가능성이 없다는 것을 알지만 생명을 유지하기 위해 받는 치료를 말해요. 혼자 힘으로 숨을 쉬기 어려울 때 인공호흡기를 사용하거나 아무것도 먹을 수 없을 때 주사를 통해 영양소를 받는 것 등이 있어요.

사람들은 오랫동안 의식 없는 환자가 기계의 도움을 통해 생명을 유지하는 게 환자에게 의미가 있는지 고민했어요. 이러한 고민 끝에 우리나라도 2018년부터 '연명의료결정법'을 진행하게 됐죠. 이 법은 환자가 의식이 있을 때 연명 의료를 받을지, 받지 않을지를 결정할 수 있도록 도와주는 거예요. 이 법은 환자가 삶의 마지막 순간을 어떻게 마주할지 선택할 기회를 주는 중요한 법이랍니다.

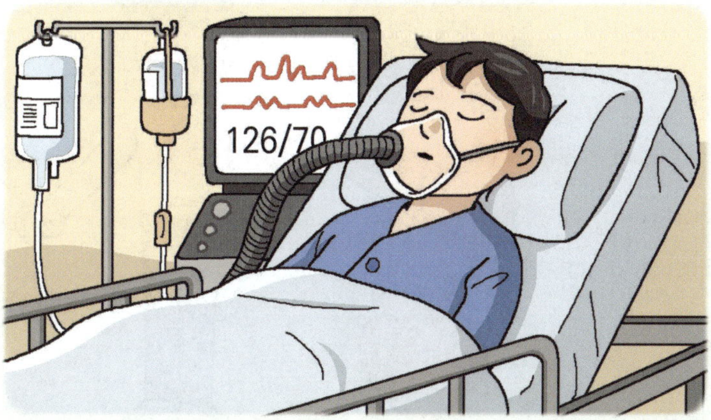

호스피스

하나 더 알아보기

호스피스는 더는 병을 고치기 어려운 환자와 그 가족들이 편안하고 평화롭게 마지막 시간을 보낼 수 있도록 돕는 특별한 의료 서비스를 말해요. 호스피스 팀은 의사나 간호사, 사회복지사, 자원봉사자 등 여러 전문가로 이뤄져 있어요. 이들은 환자의 고통을 줄여 주고 다른 증상들을 편안하게 조절해 줘요. 또 환자와 가족이 느끼는 불안감이나 슬픔을 함께 나누며 위로하죠. 호스피스는 환자가 병원 침대에만 누워 있지는 않아요. 집에서 돌봄을 받기도 하고 호스피스 전문 병원에 입원해 관리받기도 한답니다.

장기 이식

우리 몸에는 심장, 폐, 간, 위 등 다양한 장기가 있어요. 이러한 장기가 병으로 망가지거나 기능을 잃어버리면 건강이 위험해질 수 있어요. 이를 해결하기 위해 건강한 다른 사람의 장기로 바꾸는 특별한 수술을 장기 이식이라고 말해요. 장기 이식은 매우 복잡하고 어려운 수술이에요. 하지만 정말 아프고 위험한 상황에 놓인 사람에게는 유일한 희망이기도 하죠.

장기 이식은 장기를 주는 사람이 있어야 가능해요. 그 사람은 살아 있는 사람일 수도 있고 아닐 수도 있어요. 장기 이식은 생명을 살리는 중요한 행위지만 윤리적인 문제가 이어질 수도 있어요. 그래서 각 나라는 장기 이식과 관련된 법을 만들어서 건강한 장기 이식 문화가 이어질 수 있도록 돕고 있어요.

옥쌤의 시사 상식

꼭 사람의 장기만 이식할 수 있나요?

장기 기증이 부족하다 보니 동물의 장기를 이식하는 방법도 연구했어요. 이를 '이종 장기 이식'이라고 해요. 하지만 오랫동안 연구했음에도 이종 장기 이식은 성공적인 결과를 얻지 못했어요. 다른 사람의 장기를 이식했을 때 거부 반응이 나타나는 것처럼 동물의 장기를 이용했을 때도 거부 반응이 있었거든요. 때문에 오늘날에는 이종 장기 이식뿐만 아니라 여러 '인공 장기'를 개발해 많은 사람이 장기 이식을 받을 수 있도록 노력하고 있답니다.

약물 오남용

약물의 오남용은 약을 잘못 사용하거나 필요하지 않은데도 약을 쓰는 걸 말해요. 아프지도 않은데 감기약을 먹거나 의사가 먹으라 한 것보다 더 많은 약을 먹는 거예요. 이렇게 약을 잘못 사용하면 몸에 나쁜 영향을 줄 수 있어요. 몸이 아프거나 병이 더 심해질 수도 있고 약에 의지하게 돼 나중에는 약 없이 아무것도 못 하게 될 수도 있어요. 약물은 꼭 의사나 약사의 말에 따라 먹어야 하고, 필요할 때 정해진 양만 먹어야 해요. 또 다른 사람이 먹던 약을 함부로 먹거나 아무 약이나 먹는 행위는 아주 위험하답니다.

플라시보와 노시보

플라시보와 노시보는 사람의 기대감이나 믿음이 몸에 영향을 줄 수 있다는 걸 보여주는 현상을 말해요. 플라시보는 진짜 약은 아니지만 약이라 믿었을 때 몸이 좋아지는 거예요. 실제로는 아무 성분이 없는 약이지만 '이 약을 먹으면 병이 낫는다'라는 말을 듣고 환자가 그 약을 먹었을 때 정말로 병이 낫거나 통증이 줄어들기도 해요. 약의 힘이 아니라 믿음 때문에 생긴 효과죠.

반대로 노시보는 아무 문제가 없는데 나쁜 영향을 줄 거라 믿어서 몸이 안 좋아지는 현상이에요. 몸에 좋은 약이라고 해도 환자가 나쁜 약이라고 믿고 있으면 실제로 몸이 나빠지는 거죠. 이처럼 플라시보와 노시보는 긍정적인 생각과 부정적인 생각이 사람의 몸에 어떠한 영향을 미치는지 알려 줘요.

정신 의학

우리 마음의 건강을 돌보거나 생각이나 감정에 어려움이 있을 때 이를 이해하고 치료하는 분야를 정신 의학이라고 해요. 눈에 보이지 않는 마음이 아플 때도 병원에서 치료받을 수 있어요.

주의력 결핍 과잉 행동 장애

주의력 결핍 과잉 행동 장애(ADHD)는 사람들이 무언가를 제대로 집중하기 어려워하거나 감정을 잘 조절하지 못하는 증상을 말해요. 이 증상들은 단순히 산만하거나 활발한 것을 넘어서 학교생활이나 친구 관계에 어려움을 줄 수 있어요. 이 증상을 가진 친구들은 수업 시간에 집중하기 어려운 모습을 자주 보여요. 또 가만히 앉아 있기 힘들어 하고 계속 움직이거나 뛰어다니려고 하는 모습을 보이기도 하죠. 이 증상들은 뇌의 특정 부분에 문제가 생겨서 발생하는 경우가 많아요. 그래서 전문가의 도움이 필요해요. 약을 먹거나 행동을 조절하는 방법을 배우면 증상을 좋게 만들 수 있어요.

번아웃

번아웃은 어떤 일에 너무 열심히 노력하다가 몸과 마음이 지쳐서 모든 에너지가 사라진 상태를 말해요. 촛불이 활활 타오르다가 꺼진 것과 같아요. 주로 학업이나 직장 생활처럼 스트레스가 많고 책임감이 클 때 나타나곤 하죠. 번아웃이 오면 잠을 자도 매일 피곤해요. 하던 일에 흥미와 열정이 사라지고 짜증이 많아지거나 슬퍼져요. 또 주위 사람들과 부딪히는 일이 생길 수 있어요. 번아웃을 피하려면 평소 충분한 휴식이 필요해요. 규칙적으로 운동하며 스트레스를 푸는 자신만의 방법을 찾는 게 중요해요. 혼자 해결할 수 없다면 주변에 도움을 구하는 것도 좋아요.

우울증

우울증은 모든 게 하기 싫고 우울한 기분이 자주 드는 마음의 병을 말해요. 우울증에 걸리면 아무것도 하고 싶지 않은 마음이 오랫동안 이어져요. 몸이 계속 피곤하고 힘이 없다 느끼며 자신을 나쁘게 생각하거나 모든 것이 자기 잘못이라고 느끼기도 해요. 그러면 자연스럽게 공부나 일에 집중하기가 어려워지죠. 우울증은 마음의 감기로 누구에게나 찾아올 수 있어요. 이럴 때 혼자 해결하려 하지 말고 전문가의 도움을 받으면 충분히 좋아질 수 있답니다.

외상 후 스트레스 장애

외상 후 스트레스 장애(PTSD)는 아주 무섭거나 충격적인 일을 겪은 후 그 기억 때문에 오랫동안 힘들어 하고 고통받는 마음의 병을 말해요. 전쟁이나 사고, 폭력, 자연재해 등 다양한 일로 생길 수 있어요. 외상 후 스트레스 장애가 있는 사람들은 겪었던 무서운 일이 자꾸만 꿈에 나타나거나 깨어 있을 때도 그때의 일을 다시 경험하는 것처럼 괴로워해요. 그래서 그 일을 떠올리게 하는 장소나 사람, 물건 등을 피하게 되죠. 외상 후 스트레스 장애는 혼자서 이겨 내기 힘든 만큼 전문가의 도움을 받는 게 좋아요.

가스라이팅

가스라이팅(심리적 지배)은 다른 사람의 생각이나 감정을 계속 의심하게 만들어 결국 그 사람을 자기 마음대로 조종하려는 나쁜 행동을 말해요. 가스라이팅을 하는 사람들은 보통 '다 너를 위해서 하는 말이야'와 같은 말들을 사용해요. 이런 말들을 계속 들으면 자신이 정말 이상하거나 틀렸다고 생각해서 자신감을 잃고 상대방에게 기대게 돼요. 가스라이팅은 상대방의 마음을 조종하는 심각한 감정 폭력으로 친구 사이나 연인, 가족, 직장 등 다양한 곳에서 일어날 수 있어요. 이럴 때일수록 자기 자신을 믿고 소중히 생각해야 한답니다.

의학 기술

사람들의 건강을 지키고 병을 치료하는 데 사용되는 모든 과학 기술을 의학 기술이라고 해요. 눈에 보이지 않는 몸속을 살펴보고 아픈 곳을 고쳐 주는 놀라운 기술이에요.

원격 진료

원격 진료는 환자가 병원에 직접 가지 않고도 진료받을 수 있는 것을 말해요. 컴퓨터나 스마트폰 같은 전자 기기를 이용해 의사에게 진료받거나 상담을 할 수 있어요. 멀리 떨어져 있는 친구와 영상 통화하듯 의사와 환자가 화면을 통해 만나는 거예요.

원격 진료는 병원이 멀리 떨어져 있거나 움직이는 게 불편해서 병원에 가기 어려운 환자들에게 많은 도움이 돼요. 특히 의료 시설이 부족한 곳에서 큰 도움이 될 수 있어요. 또 가벼운 감기처럼 간단한 질병이나 만성 질환으로 꾸준히 약을 받아야 할 때 병원에 가지 않고 진료를 볼 수 있어서 시간을 절약할 수 있죠.

로봇 수술

로봇 수술은 의사가 로봇을 이용해서 하는 수술을 말해요. 의사가 수술실 옆에 앉아 화면을 보면서 로봇 팔을 움직이고, 로봇 팔은 의사의 손이 돼 환자의 몸 안에서 수술을 진행해요. 로봇 팔은 사람의 손보다 훨씬 더 섬세하고 정교하게 움직일 수 있어서 아주 작은 혈관이나 신경을 다치게 하지 않고 수술할 수 있어요. 의사는 오랜 시간 수술해도 피로가 크지 않아서 오랫동안 집중력을 유지할 수 있죠. 로봇 수술을 하면 상처가 작고 출혈도 적어서 수술 후 환자가 회복하는 데 걸리는 시간이 줄어들기도 해요. 오늘날 로봇 수술은 암 수술이나 심장 수술 등 다양한 분야에서 사용되고 있어요.

줄기세포 치료

줄기세포는 우리 몸을 이루는 아주 특별한 세포예요. 다른 세포들과 다르게 줄기세포는 몸을 이루는 여러 종류의 세포로 변할 수 있는 능력이 있거든요. 스스로 계속해서 똑같은 세포를 만들어 내기도 해요. 이러한 줄기세포의 특별한 능력을 이용해 병을 치료하는 기술을 줄기세포 치료라고 말해요. 사고로 다친 부위를 치료하거나 근육을 다시 만드는 데 줄기세포를 사용할 수 있어요. 또 백혈병처럼 피를 만드는 세포에 문제가 생기면 환자에게 건강한 줄기세포를 줘서 새로운 피를 만들도록 해요. 줄기세포 치료는 아직 연구 중이지만 미래에 치료하기 어려운 질병을 고치는 데 큰 희망을 주는 첨단 의료 기술이에요.

유전자 치료

유전자 치료란 우리 몸속에 있는 유전자를 고쳐 병을 치료하는 걸 말해요. 어떤 사람의 유전자에 문제가 있어서 병이 생기면 잘못된 유전자를 찾아서 정상적인 유전자로 바꾸거나 새로운 유전자를 넣어 병을 치료하는 거죠.

유전자 치료는 특정 유전자 이상으로 생기는 유전자 질환이나 암과 같은 질병을 치료하는 데 큰 가능성을 보여 주고 있어요. 아직 연구와 개발이 더 필요하지만 치료하기 어려웠던 많은 질병을 앓는 환자들에게 새로운 희망이 되고 있답니다.

선언문과 관련된 두 인물

의료 선언문

의료 선언문은 의사나 간호사 등 의료 분야에서 일하는 사람들이 환자를 치료하고 돌볼 때 어떤 마음가짐으로 해야 하는지 약속한 글을 말해요. 단순히 규칙만 정하는 게 아니라 환자의 생명과 건강을 가장 소중하게 생각하고, 아픈 사람들을 돕기 위해 최선을 다하겠다는 약속이 담겨 있어요.

이는 의학이 발전하면서 사람의 생명과 건강에 대한 고민이 깊어졌기 때문이에요. 의료는 사람의 생명과 직접 관련돼서 의료인들이 책임감을 느껴야 해요. 의료 선언문은 의료인들이 올바르게 생각하고 행동할 수 있게 돕고, 환자들에게는 의료 서비스에 대한 믿음을 줘요. 환자의 비밀을 지켜 주는 것, 환자를 차별하지 않고 모두에게 최선을 다하는 것, 자기 실력과 지식을 계속해서 공부하는 것 등이 의료 선언문에 포함돼요. 또 인종이나 종교, 나라에 상관없이 모두의 건강을 위해 노력하겠다는 내용도 담겨 있어요. 이처럼 의료 선언문은 의료의 발전과 인류의 건강을 지키기 위한 약속이에요.

플로렌스 나이팅게일

플로렌스 나이팅게일은 1820년 영국에서 태어난 간호사예요. 그녀는 크리미아 전쟁에서 병든 군인들을 돌보았어요. 밤에도 등불을 들고 병실을 돌아다니며 환자를 살펴서 '등불을 든 여인'으로 불리기도 했죠.

나이팅게일 이전에는 간호사라는 직업은 존중받지 못했어요. 하지만 나이팅게일이 전쟁터에서 환자들의 생명과 건강을 위해 노력하는 모습을 보여 주며 간호사가 얼마나 중요한지를 사람들에게 알려 줬어요. 특히 그녀의 간호 기록을 통해 단순히 약을 주는 것보다 깨끗한 물과 영양가 있는 음식이 환자들에게 더 필요하다는 것을 알게 됐죠.

나이팅게일의 이러한 노력은 현재 간호학의 기초가 됐고, 전문적인 간호사 교육 시스템을 만들게 했어요. 그녀는 1860년 영국 런던에 세계 최초의 간호 학교를 세워 간호사들을 정식으로 교육하기 시작했어요. 이후 그녀의 가르침을 기념하기 위해 오늘날 모든 간호사가 〈나이팅게일 선서〉를 하고 있답니다.

히포크라테스

히포크라테스는 약 2400년 전 고대 그리스에 살았던 의사로서 '의학의 아버지'라고 불려요. 그는 다양한 국가를 여행하며 의학에 대한 지식과 경험을 쌓았어요. 당시 대부분 사람은 질병을 신이 내린 벌로 믿었어요. 그러나 히포크라테스는 의학과 종교를 나눠야 한다고 생각했어요. 질병은 몸에서 일어나는 일이어서 충분히 치료할 수 있다고 보았거든요. 그는 사람들에게 생기는 질병과 그 질병을 얻게 되는 이유를 다양한 글로 풀어냈어요.

히포크라테스는 병을 치료하는 방법을 과학적으로 생각하고, 의사들이 환자를 대할 때 어떤 마음가짐을 지녀야 하는지를 중요하게 생각했어요. 이러한 가르침은 오늘날 수많은 의사에게 큰 영향을 미쳤죠. 이후 그의 가르침을 기념하기 위해 오늘날 모든 의사는 〈히포크라테스 선서〉를 하고 있어요.

찾아보기

옥효진 선생님의

어린이 시사 용어 대백과

초등 대백과 ❸

글 옥효진
그림 장선영

1판 1쇄 인쇄 2025년 12월 4일
1판 1쇄 발행 2025년 12월 17일

펴낸이 김영곤
TF팀 김종민 양선희
기획 및 편집 북케어(김혜인) **디자인** 표지 design S 본문 정유정
마케팅 정성은 김지선
영업팀 정지은 한충희 남정한 장철용 강경남 황성진 김도연 이민재
제작팀 이영민 권경민

펴낸곳 ㈜북이십일 아울북
출판등록 2000년 5월 6일 제406-2003-061호
주소 (우 10881) 경기도 파주시 회동길 201(문발동)
연락처 031-955-2100(대표) 031-955-2421(팩스)
홈페이지 www.book21.com

이미지 출처 Designed by Freepik

ISBN 979-11-7357-673-7 73300

함께 읽어보세요!

마법천자문 1~68권

문해력의 시작은 한자!

손오공의 일촉즉발 한자 대모험!
읽기만 해도 마법처럼 한자가 저절로
기억됩니다!

글 유대영 외 | 그림 정수영 | 감수 강용철 외

몽스터즈 1권

아울북의 새로운 손오공 등장!

슈퍼만렙 손오공의 실크로드 원정대!
고전 소설 서유기가 신나는 모험으로
다시 태어났어요!

글 김언정 | 그림 정수영

30초로 보는
몽스터즈

※ 교보문고, 예스24, 알라딘, 쿠팡 등 온라인 서점 및 전국 오프라인 서점에서 만나볼 수 있습니다.